U1021021

21世纪高职高专财经类能力本位型规划教材
高职高专教育教学改革教材

管理学实务教程

主　编　杨清华
参　编　梁小娟　池　烨　陈细英
　　　　罗　明　蓝庆专　王　娟

北京大学出版社
PEKING UNIVERSITY PRESS

内 容 简 介

本书是“管理学”课程的教学用书，主要包括了解管理、管理思想、管理环境与组织文化、计划职能、组织职能、领导职能(上)、领导职能(下)、控制职能、管理创新共9章。

本书在适度基础知识的框架下，突出了对管理活动所需技能的讲解和训练。每章都以“学习目标—阅读小品—管理情景—理论研习—职业能力训练”为线索来谋篇布局。各章中引进的管理漫画、管理小故事、拓展知识、案例链接和研讨与质疑等小模块，使本书的内容更贴近实际。技能训练是本书的主要教学目标，大量的技能实训带给学生贴近管理现实的情境，便于学生理解知识和掌握技能。

本书适合作为高职院校经管类和企管类专业的管理学教材，也可作为高校自学考试或函授教材。

图书在版编目(CIP)数据

管理学实务教程/杨清华主编. —北京：北京大学出版社，2013.1

(21世纪高职高专财经类能力本位型规划教材)

ISBN 978-7-301-21324-7

Ⅰ. ①管… Ⅱ. ①杨… Ⅲ. ①管理学—高等职业教育—教材 Ⅳ. ①C93

中国版本图书馆CIP数据核字(2012)第233501号

书　　名：管理学实务教程

著作责任者：杨清华　主编

责 任 编 辑：李　辉

标 准 书 号：ISBN 978-7-301-21324-7/F・3355

出 版 发 行：北京大学出版社

地　　址：北京市海淀区成府路205号　100871

网　　址：http://www.pup.cn　　新浪官方微博：@北京大学出版社

电 子 信 箱：pup_6@163.com

电　　话：邮购部62752015　发行部62750672　编辑部62750667　出版部62754962

印 刷 者：北京鑫海金澳胶印有限公司

经 销 者：新华书店

787毫米×1092毫米　16开本　16.5印张　378千字

2013年1月第1版　2016年7月第4次印刷

定　　价：33.00元

前 言

近年来，高等职业教育发展势头强劲，为适应教学的需要，我们组织力量编写了这本教材。管理学是一门系统地研究管理活动基本规律和方法的学科，是管理类、经济类专业的重要基础课程之一。本书是面向高职院经管类、企管类或其他相关专业的专用教材，选择的内容注重保留管理学传统知识，并尽可能地吸纳近年来管理学界的新理论、新方法。本书的教学目的在于培养学生的通用管理技能，帮助学生拓展视野，更新理念，提升素养。

根据高职高专教材的要求，本书主要突出了五个特点。

(1) 学生每学习一章就可以掌握一项或多项技能。

(2) 凸显管理学这门学科的趣味性，这是本书区别于其他同类教材的一大亮点。本书力求突破传统，通过管理漫画、管理小故事、拓展知识、案例链接和研讨与质疑等小模块的设计，图文并茂。在选取相关材料时，不但考虑材料的相关性、知识性，而且还顾及材料的趣味性和简单性，从而减轻学生学习管理知识的枯燥感。

(3) 突出管理的实践性。本书每一个小节均设有管理情景，每一章均设有习题与相关的技能训练；除了巩固所学理论知识之外，还强化了学生对管理技能的掌握程度。

(4) 结构独具匠心，内容详略得当。以“学习目标—阅读小品—管理情景—理论研习—职业能力训练”为线索，对每一章内容进行严密的组织与整合，理论研习与实践能力并重。

(5) 为方便师生的教学，本书不但对每一个小节的管理情景都提供了参考答案，还配备了题库与教学课件。

本书由福建船政交通职业学院管理工程系杨清华任主编，拟定编写大纲，负责总撰定稿工作，由福建师大公共管理学院梁小娟、池烨、陈细英、罗明、蓝庆专、王娟参与编写，具体分配如下：杨清华(第 1 章、第 5 章、第 6 章)，梁小娟(第 2 章)，池烨(第 3 章)，陈细英(第 4 章)，罗明(第 7 章)，蓝庆专(第 8 章)，王娟(第 9 章)。

本书在编写过程中，参阅了目前已经出版的国内外部分优秀教材和相关资料，引用了其中一些相关的内容和研究成果，恕不一一详尽说明，仅在参考文献中列出，在此谨向有关作者致以衷心的感谢！另外，本书还引用了大量的管理漫画，在此也向相关创者们表示深深的谢意！

由于编者水平有限，书中难免有疏漏、不妥之处，恳请使用本书的师生与读者批评指正。

编 者

2012 年 9 月

目　　录

第1章 了解管理

学习目标

知识目标

(1) 理解管理的概念，了解管理的性质，认识管理重要性。
(2) 掌握管理系统的构成，明白管理的基本职能。
(3) 掌握管理者基本素质和技能要求，明白管理对象的构成和类型。
(4) 了解管理机制的内涵、构成和作用方式，理解管理方法的分类。

技能目标

(1) 初步培养自己的管理思维，能从管理系统的角度分析管理现象。
(2) 有意识地提高自己的管理素质，能将管理的科学性与艺术性相结合来处理组织的管理问题。
(3) 逐步培养自己的管理技能，能运用管理机制分析和解决实际管理问题。

本章知识结构图

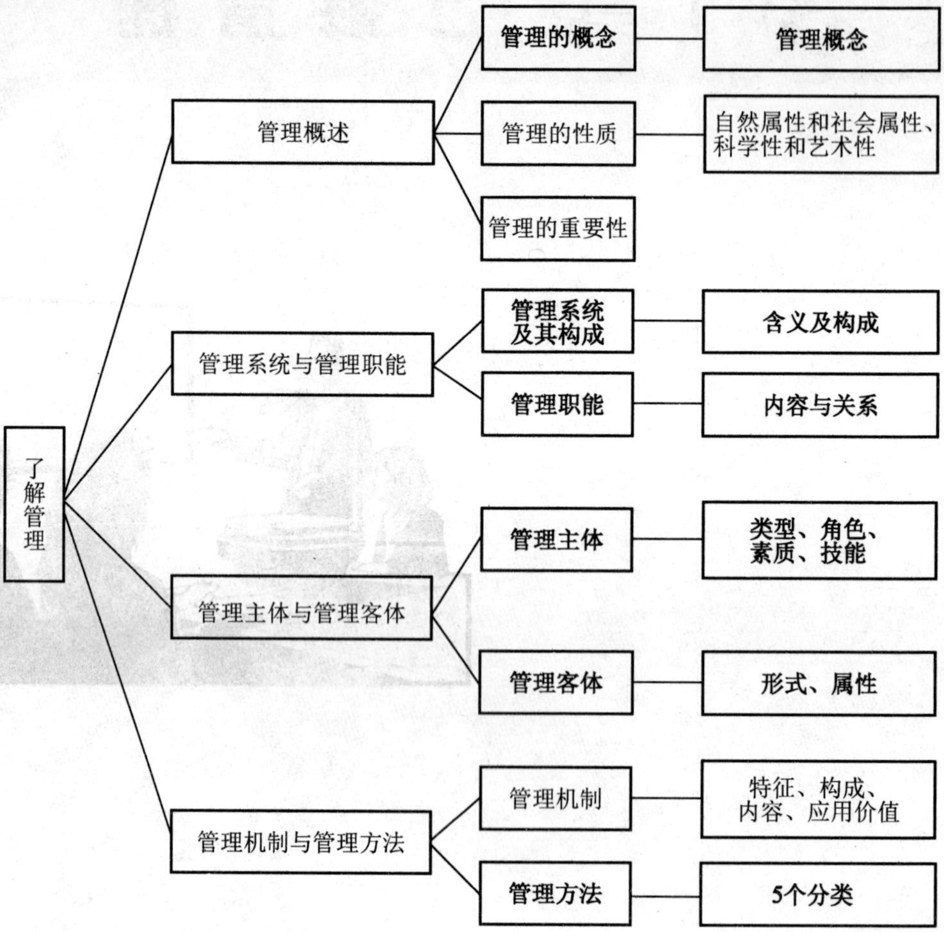

注：加粗字体表示本章的重点内容。

阅读小品

一场"什么是管理"的探讨

李叶和王斌是大学同学，学的都是管理科学与工程专业。毕业后，李叶去了深圳一家有名的外资企业从事管理工作，而王斌却被学校免试推荐为该校的硕士研究生。一晃3年过去了，一次偶然的机会两人不期而遇。老同学相见自然免不了要"促膝长谈"，两人在酒足饭饱之余对"什么是管理"展开讨论。

王斌非常谦虚地问："李兄，我虽然读了许多有关管理方面的著作，但是公说公有理，婆说婆有理。你是从事管理工作的，那你认为到底什么是管理？"

李叶略为思索了一会儿，说道："对于什么是管理，过去我从来没有认真去想过，不过从我工作的经验看来，管理其实就是管人，人管好了，什么都好。"

"那么依你看，善于交际的、会拍'马屁'的人就是最好的管理者了？"王斌追问道。

"那也不能这么说，"李叶忙回答说，"虽然管人非常重要，但管理也不仅仅是管人，正如你所说的，管理者还必须做决策、组织和协调各部门的工作等。"

"你说得对，管理不仅要管人，还要做计划、定目标、选人才、做决策、组织实施和控制等，那么，也就是说，做计划、定目标、选人才、做决策、组织实施和控制等活动就是管理啦？"王斌继续发表自己的见解。

"可以这么说，我们搞管理的差不多啥都得做，今天开会，明天制定规则，后天拟订方案等，所以说，搞好管理可真不容易。"李叶深有感触地说。

"那你怎么解释'管理就是通过其他人来完成工作'，难道在现实中这种说法本身就是虚假的吗？"王斌显得有点激动地说。

李叶想了一会儿才回答道："管理的确要协调和控制其他人的活动，使之符合企业制定的目标和发展方向，但管理者绝不是我们有些人所理解的是单纯的发号施令者，其实管理者的工作量非常大，在很多方面，他们还必须起到带头和表率的作用。"

"我同意你的观点，管理者是'舵手'，是'领航员'，他必须带领其他人一起为组织目标的实现而奋斗。不过在咱们中国，听说在一些国有企业，只要你能吃、能喝、会拍'马屁'，你就是一个好的管理者，就会受到上级的器重，对此你有何高见？"

"在咱们中国，的确存在着相当普遍的官僚主义、拉关系的现象，这恐怕是我们的传统体制留下的弊端，但这不是说管理就是陪人吃饭、喝酒、拍领导'马屁'，在外资企业，这种现象几乎不存在，只要你有本事，能干出成绩，用不着你去拍马屁送礼，上级也一样器重你，你就能获得提拔，得到加薪。因此，从某种意义上来说，管理就是管理者带领组织成员一起去实现组织的目标。"

"可是……"

夜深了，可李叶和王斌好像并没有丝毫的睡意，两人还在围绕着关于"什么是管理"的话题继续探讨着。

随着生产力的发展、人类文明的进步、社会的高度现代化，管理作为不可缺少的社会机能，其作用日益增强。管理是保障社会与经济秩序，合理配置资源，有效协调与指挥社会各类活动，调动人的积极性，实现社会及各组织目标的关键性手段。没有现代化管理，就没有现代化社会。

1.1 管理概述

管理情景

什么是管理

林芳大学毕业后在一家公司做业务员。由于她工作认真、业绩突出、最近被公司提拔为销售部副主任。按照销售部的分工，她要带领一个由5人组成的区域销售团队。林芳每天不但要处理大量的业务工作，同很多顾客打交道，还要管理好自己的团队，带好部下。她每天忙得团团转，却不知道如何从总体上对团队进行把握。她问自己："什么是管理呢？管理都包括哪些方面呢？

【讨论】

1. 依据你的理解，你能告诉她什么是管理吗？
2. 结合实际，试对管理的性质进行简要的概括。

理论研习

1.1.1 管理的概念

管理是人类最基本也是最重要的社会活动之一。

从历史上看，管理与人类社会几乎同时产生。世界上著名的埃及金字塔、万里长城等历史遗迹，它们宏伟的建筑规模都是人类管理能力的佐证。

从范围上看，它广泛存在于社会生活的各个领域、组织和部门。在现实生活中，不论是政府、军队，还是企业、医院、学校、家庭等社会基本单位都存在着管理活动。可见，凡是由两人以上组成的，有一定活动目标的集体或组织都离不开管理。

什么是管理？19世纪以来，许多管理学者从不同的研究角度与侧重点，对管理的定义进行了大量的研究和不同的注释。我们可从中得到启发，进而深刻地领悟管理的内涵。

科学管理之父泰勒认为：管理就是"确切地知道你要别人去干什么，并使他用最好的方法去干"。

现代经营管理理论之父法约尔认为：管理是所有人类组织都有的一种活动，这种活动由5项要素构成：计划、组织、指挥、协调和控制。法约尔的这一看法使人们认识到，当从事计划、组织、指挥、协调和控制工作时，便是在进行管理。

诺贝尔经济学奖的获得者西蒙对管理曾有一句名言：管理就是决策，决策贯穿于管理的全部过程。他认为管理就是面对各种情况做出决策，使组织运行直到实现令人满意的组织目标。

现代著名管理学家孔茨教授认为：管理是设计和维持一种环境，使集体工作的人们能够有效地完成预定目标的过程。他强调管理是组织中保证个体努力相互协调的必要措施。

我国南京大学周三多教授则将管理的概念表述为：管理是社会组织中，为了实现预期的目标，以人为中心的协调活动。

综上所述，管理就是在特定的环境和条件下，管理者通过行使计划、组织、领导、控制、创新等一系列职能，对组织所拥有的资源进行合理而有效的利用，从而实现组织既定目标的动态创造性活动。

为深刻理解这一定义，应该注意以下几点：

(1) 管理的目的是实现组织的目标。

(2) 管理的基本职能是计划、组织、领导和控制。然而随着时代的变迁，创新也成为组织中一种越来越重要的职能。

(3) 管理的对象是组织所拥有的资源。组织资源包括人、财、物、信息、技术、时间、组织信誉和社会关系等。管理最主要的对象是人。管理工作的有效性和组织资源的有限性都要求组织应该合理有效地利用这些有限的资源，使之发挥最大效用。

(4) 管理为实现组织目标服务，这表明管理是一个有意识、有目的的行为过程。

(5) 管理工作是在特定的环境下进行的，有效的管理必须把握环境的现状及其变化趋势的规律，使管理适应不断变化的环境。

(6) 管理的活力在于创造性。管理是一种动态的活动，没有唯一的可以参照的章程，对于不同的管理对象必须应用不同的的管理模式，所以要达到组织的目标就需要具有一定的创造性。

研讨与质疑

你认为本书关于管理的定义是否有不足的地方？如果有，请用你自己的语言给管理下一个定义。

1.1.2 管理的性质

从本质上看，管理具有二重性，即与生产力相联系的自然属性和与生产关系相联系的社会属性。同时，许多管理学者从多方面进行过分析、总结，其中强调管理工作也具有科学性和艺术性。

1. 管理的自然属性和社会属性

1) 管理的自然属性

管理是由人类活动的特点所产生的，管理职能早已成为社会劳动过程中不可缺少的一种特殊职能。而管理的过程是对人、财、物、信息、时间等资源进行组合、协调和利用的过程。这其中包含着许多客观的、不因社会制度和社会文化的不同而变化的规律。管理揭示了这些规律，并创造了与之相适应的管理手段、管理方法。管理活动只有遵循这些规律，利用相应的方法和手段，才能保证生产等各种组织活动顺利进行。

2) 管理的社会属性

管理是为了达到预期目的所进行的具有特殊职能的活动。谁的预期目的？什么样的预期目的？实质上就是“谁管理”的问题。在人类漫长的历史中，管理从来就是为统治阶级、为生产资料的占有者服务的。管理必然是一定的社会关系的反映。国家的管理、企业的管理、以至于各类社会组织的管理都是如此。而且现实社会中各个方面所发生的新变化，也都深刻地影响到管理的社会属性。

拓展知识

管理二重性的启示

管理的自然属性为我们学习、借鉴发达国家先进的管理经验和方法提供了理论依据，使我们可以大胆地引进和吸收国外成熟的经验，迅速提高我国的管理水平。管理的社会属性则告诉我们，决不能全盘照搬国外做法，必须考虑我们自己的国情，逐步建立有中国特色的管理模式。

2. 管理的科学性和艺术性

1) 管理的科学性

管理是一门科学。管理的科学性是指管理工作有其内在的客观规律，这种内在必然性反映了管理过程各方面、各要素、各职能之间的相互关系，这些关系是从长期管理实践中总结出来的知识理论，它是由相互依存的概念、原理、原则、职能等构成的管理知识框架或组合，管理的科学性反映了其理论知识的准确性，所以它对管理实践具有重要的指导作用。

2) 管理的艺术性

管理是一门艺术。管理的艺术性就是强调管理的实践性，由于管理工作面临的许多变量是极其复杂的，所以说，停留在书本上的管理理论，或靠背诵管理原则、管理原理进行管理活动是不能保证其成功的。管理人员必须在管理实践中，发挥积极性、主动性和创造性，灵活地将管理知识与具体管理活动相结合，才能有效地进行管理。

管理既是一门科学，又是一门艺术，是科学与艺术的有机结合体。管理的科学性与艺术性并不互相排斥而是相互补充的，不注重管理的科学性只强调管理工作的艺术性，这种艺术性将会表现为随意性；不注重管理工作的艺术性，管理科学将会是僵硬的教条。管理的这一特性，对于学习管理学和从事管理工作的主管人员来说是十分重要的，它可以促使人们既注重管理基本理论的学习，又不能忽视在实践中因地制宜地灵活运用，这可以说是管理成功的一个重要保证。

管理小故事

鞋　带

有一位表演大师上场前，他的弟子告诉他鞋带松了。大师点头致谢，蹲下来仔细系好。等到弟子转身后，他又蹲下来将鞋带解松。有个旁观者看到了这一切，不解地问：“大师，您为什么又将鞋带解松呢？”大师回答道：“因为我饰演的是一位劳累的旅者，长途跋涉让他的鞋带松开，可以通过这个细节表现他的劳累憔悴。”“那你为什么不直接告诉你的弟子呢？”大师笑笑地答道：“他能细心地发现我的鞋带松了，并且热心地告诉我，我一定要保护他的这种热情，及时地给他鼓励，至于为什么要将鞋带解开，将来会有更多的机会教他表演，可以下一次再说啊。”

管理启示：领导是一门领导艺术。领导者如何保护好下属的热情和积极性，如何进行有效的沟通等，在很多时候比教给员工更多的专业技术更加重要。

(资料来源：博维咨询．68个经典管理小故事[M]．北京：华夏出版社，2008)

1.1.3　管理的重要性

管理是一种普遍的社会活动，管理活动是保证组织通过作业活动有效地实现组织目标的手段。可以说，小到企业，大到国家的任何组织都需要管理活动，而管理活动也发挥着越来越重要的作用。

概括起来说，管理的重要性主要表现在两个方面。

1. 管理使组织发挥正常功能

在一个组织中，没有管理，其各要素就无法彼此协作地进行工作，就无法达到既定的目的，甚至连这个组织的存在都是不可能的。现代化大工业生产，不仅生产技术复杂，而且分工协作严密，专业化水平和社会化程度都高，社会联系更加广泛，需要的管理水平就更高。工业如此，农业亦同样如此，一个规模大、部门多，分工复杂、物质技术装备先进、社会化专业化商品化水平高的农场，较之过去规模简单、自给或半自给的农业生产单位，就要求有高水平、高效率的管理。总之，生产社会化程度越高，劳动分工和协作越细，就越要有严密的科学的管理。组织系统越庞大，管理问题也就越复杂，庞大的现代化生产系统要求有相当高度的管理水平，否则就无法正常运转。

2. 管理有助于高效实现组织目标

组织是有目标的，组织只有通过管理，才能有效地实现组织的目标。有效的管理，通过寻求组织各要素、各环节、各项管理措施、各项政策以及各种手段的最佳组合，充分发挥这些要素的最大潜能，使之人尽其才，物尽其用。在相同的物质条件和技术条件下，由于管理水平的不同而产生的效益、效率或速度的差别，这就是管理所产生的作用。例如，对于人员来说，每个人都具有一定的能力，但是却有很大的弹性。如能积极开发人力资源，采取有效管理措施，使每个人聪明才智得到充分地发挥，就会产生一种巨大的力量，从而有助于实现组织的目标。

综上所述，管理是保证组织有效地运行所必不可少的条件。在当代，人们普遍认为，先进的科学技术和先进的管理科学是推动现代社会发展的“两个车轮”，缺一不可。这已被许多国家的发展经验所证明。管理实践也表明，世界一流的企业是那些在管理方法和手段有所突破和创新的企业；世界一流的经济强国是那些在管理理论和管理思想有所突破和创新的国家。

拓展知识

当前，我国不少企业存在着重技术轻管理的思想，认为技术是企业发展不可缺少的硬件，而管理都是可以凭经验、感觉、权威对付的软件。重视科学技术的引进，却忽视管理思想的引进和创新。大量技术重复引进，却因管理跟不上而造成人、财、物的巨大浪费，先进的技术并未转化成企业的生产能力。同发达国家相比，我们的技术落后，但我们的管理更落后一大步。

1.2 管理系统与管理职能

管理情景

王厂长的等级链

王厂长总结自己多年的管理实践，提出在改革工厂的管理机构中必须贯彻统一指挥原则，主张建立执行参谋系统。他认为，“一个人只有一个婆婆”，即全厂的每个人只有一个人对他的命令是有效的，其他的是无效的。

如书记有什么事只能找厂长，不能找副厂长。下面的科长只能听从一个副厂长的指令，其他副厂长的指令对他是不起作用的。上下级领导界限要分明。副厂长是我的下级，我做出的决定他们必须服从。副厂长和科长之间也应如此。厂长对党委负责，我要向党委打报告，把计划、预算、决算整理后，经批准就按此执行。规定，报忧不报喜，工厂一切正常就不用汇报，有问题来找我，无问题各忙各的事。王厂长认为，一个人管理的能力是有限的，所以规定领导人的直接下级只有5～6人，可以直接布置工作，其他的人由“等级”中的上级负责。

【讨论】

1. 根据案例，你能对管理系统的构成进行概括吗？
2. 谈谈你对管理职能的理解。

理论研习

1.2.1 管理系统及其构成

1. 管理系统的含义

管理系统是指由相互联系、相互作用的若干要素或子系统，按照管理的整体功能和目标结合而成的有机整体。这定义包含以下几个含义。

(1) 管理系统由若干要素构成，这些要素可以看作是管理的子系统。这些要素之间相互联系、相互作用。

(2) 管理系统是一个内部划分成若干子系统的层次结构，其结构的组成是有序的。同时，任何管理系统又成为更大范围的社会管理系统的子系统。

(3) 管理系统是一个整体，发挥着整体功能，即其存在的价值在于其管理功能的大小。任何一个子系统都必须为了实现管理的整体功能和目标服务。

2. 管理系统的构成

从系统论的观点出发，管理就是一个完整的系统。管理系统中的任何一项管理活动都要具备5个基本要素，即管理目标、管理主体、管理客体、管理媒介和管理环境，如图1.1所示。

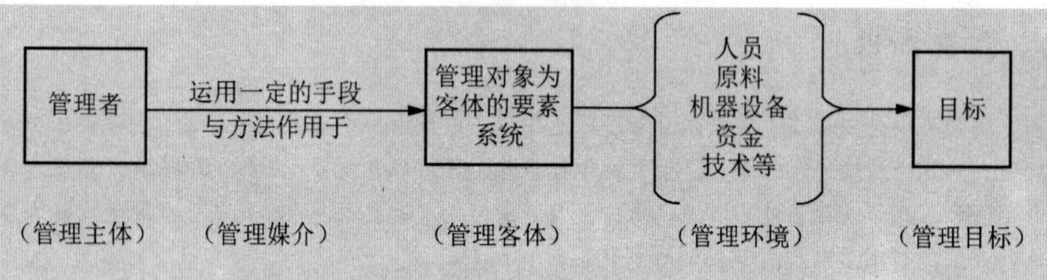

图 1.1 管理系统示意图

1) 管理目标

管理是人类有意识、有目的的活动，它具有明显的目的性。因此，管理目标是指人们在管理活动中，用科学合理的管理措施所要达到的预期结果。管理目标是管理的出发点和归宿，也是指导和评价管理活动的基本依据。任何管理活动都必须把制定管理目标作为首要任务，管理系统要围绕管理目标建立与运行。

2) 管理主体

管理主体即管理者，是管理活动中最核心、最关键的要素。管理主体决定着管理的性质，决定着管理活动的方向，决定着管理的效率和效果。一切管理职能与管理行为都需要管理者具体实施，其发挥着主导作用。

3) 管理客体

管理客体也称管理对象，是指为实现管理目标，能够被一定的管理主体直接作用和影响的对象。国外较早的管理理论认为，管理的客体是人、财、物3种形式。后来，有些管理学家指出，时间、信息、科技也是重要的管理客体。

4) 管理媒介

管理媒介主要指管理机制与方法，是管理主体作用于管理对象过程中的运作原理、实施方法和手段。管理机制是决定管理功效的核心问题。建立科学有效的管理机制，是推行科学管理的核心内容和本质要求。管理方法是管理机制的实现形式，是管理者管理行为的工作方式。

5) 管理环境

管理环境是指实施管理过程中的各种内外部条件和因素的总和。管理行为依一定的环境而存在。管理环境对组织的生存和发展产生直接或间接的制约和影响。

1.2.2 管理职能

1. 管理职能的含义和内容

管理职能是指管理者在管理过程中所进行的各种基本活动及体现出的具体作用。管理的各项职能是为了实现管理的目标服务的。本书采用学界公认的看法，把管理职能划分为计划、组织、领导和控制4个方面。

(1) 计划。计划职能是指管理者对所管理的未来的活动进行的预先筹划和安排，是管理的首要职能。其内容包括对组织未来环境进行分析并做出预测，根据预测的结果和组织所拥有的资源确定组织活动的目标，对目标的实施进行具体的规划和安排。

(2) 组织。组织职能是指为保证计划的顺利实现而对组织系统的设计及对各单位、各成员在工作执行中的分工协作关系进行合理的安排。其内容包括组织结构的设计、组织资源的调配、组织运行和组织变革等。

(3) 领导。领导职能是指管理者利用组织赋予的职权和个人影响力去指挥、影响和激励他人为实现组织目标而努力工作的管理活动过程。其内容包括：选择正确的领导方式；运用权威，实施指挥；激励下级，调动积极性；进行有效的沟通等。

(4) 控制。控制职能所起的作用是检查组织的活动是否按照既定的计划、标准和方法进行，及时发现偏差、分析原因并进行纠正，以确保组织目标的实现。计划职能和控制职能密不可分，计划是控制的标准和前提，控制的目的是实现计划。

研讨与质疑

你是否还了解其他学者关于管理职能划分的观点？请以熟悉的管理者为例，描述其管理职能。

2. 管理职能之间的关系

管理职能之间的联系十分紧密。一方面，在管理实践中，计划、组织、领导和控制职能一般按照顺序履行，即先要执行计划职能，然后是组织、领导职能，最后是控制职能。另一方面，计划、组织、领导和控制职能又相互融合、相互交叉贯穿于管理的全过程。

管理职能存在着普遍性与差异性。总体上说，各级各类管理者的管理职能具有共同性，即都体现在执行计划、组织、领导、控制等几大职能上。同时，不同层次、不同级别的管理者执行这几大职能时的侧重点与具体内容又各不相同。

1.3 管理主体与管理客体

管理情景

三个管理者

张玲是一家造纸厂的厂长，这家厂正面临着一项指控：厂里排放出来的污水污染了邻近的河流，因此张玲必须到当地的水资源管理局去为本厂申辩。王军是该厂的技术工程部经理，他负责自己部门的工作和销售部门的计划协调。李刚负责厂里的生产管理，他刚接到通知：昨天向本厂提供包装纸板箱的那家供应厂商遭了火灾，至少在一个月内无法供货，而本厂的包装车间想知道，现在他们该干什么。

【讨论】

1. 在这家造纸厂里，张玲、王军、李刚分别扮演了什么管理角色？
2. 依据他们的角色，你觉得他们应该相应具备哪些技能？

理论研习

1.3.1 管理主体——管理者

1. 管理主体的概念

管理主体即管理者，是对全部或部分从事管理活动的人的总称，是一个组织的核心人物。

传统观点认为，管理者是运用职权、权力，指挥和统驭他人的人，它强调的是组织中正式的职位和职权。例如，企业的厂长、公司的经理、部队的军官等。

而现代的观点认为，管理者是掌握特定组织资源，并通过资源的纵向和横向整合完成特定组织任务，实现组织目标的管理主体。“纵向”整合是指管理者要处理好自身工作同上级工作和下级工作的关系，通过有效配置和利用各种资源，高效地完成组织任务。这正是传统定义所强调的。“横向”整合是指管理者需要把自己所管辖的资源同相关领域的资源结合起来，实现管理的协同效应，有效地完成组织的整体目标。例如，某一个领域的工程师。

2. 管理主体的类型

1) 按组织层次划分

管理者按照其所处的组织层次可以划分为高层管理者、中层管理者和基层管理者，如图 1.2 所示。

(1) 高层管理者。高层管理者是指对整个组织的管理负有全面责任的人。其主要的职责是：建立组织的愿景，创建与维持组织文化，制定组织的战略和总体目标，评价组织的绩效等。高层管理者往往以组织代表人的身份与外界交往。高层管理者管理的内容主要是战略性的。高层管理者在组织中的数量很少，如企业中的董事长、首席执行官、总裁、副总裁、总经理、副总经理，学校校长等。

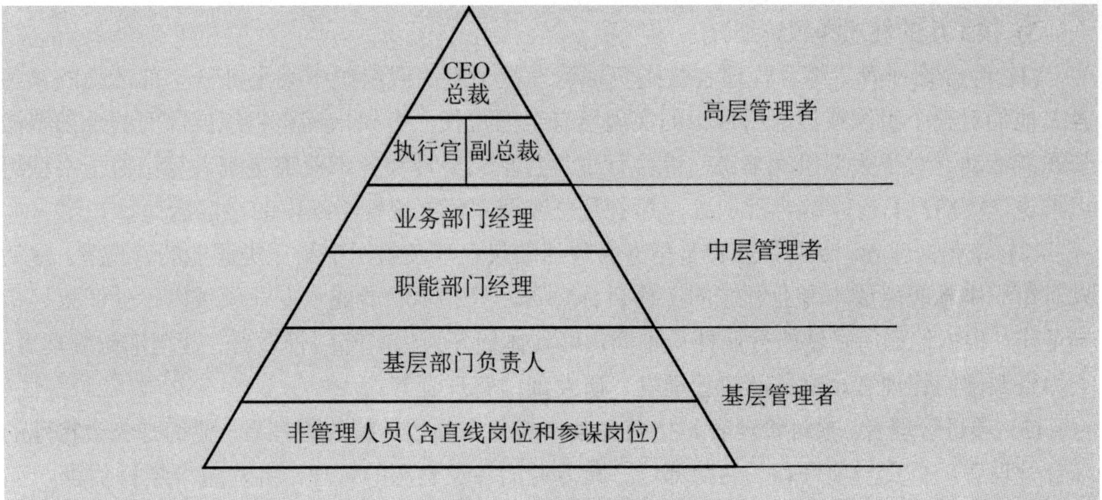

图 1.2 管理的层次

(2) 中层管理者。中层管理者是指处于组织结构的中间层次，即高级管理者和基层管理者之间的一个或若干个中间层次的管理者。主要职责是将高层管理者制订的计划和目标转化为具体的目标和行动，行使高层授予的指挥权，并向高层汇报工作，同时，监督、指导和协调基层管理者的工作。中层管理者的数量较多，如企业中的地区经理、部门经理、单位主管、办事处主任等。

【管理漫画】

◎对中层来说，沟通是最重要的一项活动，不能有半点含糊，真是不容易

(3) 基层管理者。基层管理者又称一线管理者，是指处于组织中最低层次的管理者，他们所管辖的仅仅是作业人员和生产运作设备设施，而不涉及其他管理者。其主要职责是给下属人员安排具体任务，直接指挥和监督现场作业活动，保证各项任务有效完成，一般属于作业性的管理内容。这一层次的管理者人数众多，如企业中的生产车间的车间主任、工段长、班组长等。

2) 按职权关系的性质划分

按照职权关系的性质，管理者可分为直线管理人员和参谋人员。这一内容在第 5 章中会有详细讲述，此处从简。

3) 按工作的性质和领域划分

(1) 综合管理者。综合管理者是指负责管理整个组织或组织中某个部分全部活动的管理者。他们对整个组织或该部门目标的实现负有全面责任，有权指挥该组织或部门的全部资源与职能活动。对于大型组织来说，综合管理者包括总经理和各事业部负责人等；对于小型组织来说，可能只有一个综合管理者，那就是总经理，他要统管组织内的全部活动。

(2) 专业管理者。专业管理者是指其管理活动仅仅涉及组织中某一类职能的管理者。他们只对组织中本职能或本专业领域的工作目标负责，只在本职能或本专业领域内行使职权、指导工作。根据他们所管辖的行业性质不同，可具体划分为生产部门管理者、营销部门管理者、人力资源部门管理者、财务部门管理者、研发部门管理者等。

(3) 项目管理者。项目管理者是指负责某一或几个项目运行的管理者。他们是一类特殊的综合管理者，负责与项目有关的跨部门、跨专业的各类资源的管理，并对整个项目负责。

与一般综合管理者的区别是他们不负责某个具体业务单位或部门的整体业绩和行为，与一般专业管理者的区别是他们往往要跨多个专业领域行使职权、开展工作。

3. 管理者的角色

20 世纪 60 年代末期，亨利·明茨伯格在大量观察和分析的基础上，提出了管理者角色理论。他认为一个管理者扮演着 10 种不同的但却高度相关的角色，这 10 种角色可以归为三大类：人际关系角色、信息传递角色和决策角色，如图 1.3 所示。

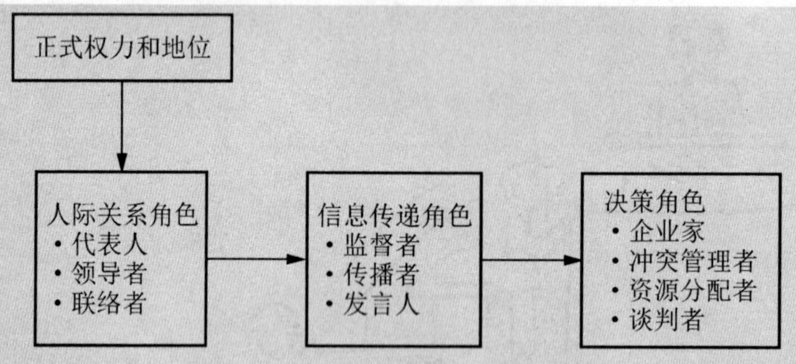

图 1.3　领导者的角色

1) 人际关系角色

人际关系角色是指所有的管理者都要履行礼仪性和象征性的义务。管理者在处理与组织成员和其他利益相关者的人际关系时，需要扮演人际角色。管理者需要通过人际沟通和交往展现组织形象，激励下属，建立人际关系网络，创造有利于组织发展的内外部环境。管理者的人际关系角色包括代表人、领导者、联络者等。

2) 信息传递角色

信息传递角色是指所有的管理者在某种程度上是内外部信息收集和传播的渠道。在组织中，管理者需要根据自己的工作范围和权限，收集、掌握和不断更新与其权限范围相对应的信息。同时，还需要将自己掌握的全部或部分信息，传达给需要的员工或部门，促使其有效地完成工作任务。管理者的信息角色包括监督者、传播者、发言人等。

3) 决策角色

在获取信息的基础上，管理者需要对获得的信息进行处理并得出结论，做出决断，明确组织发展方向、战略和政策，有效配置资源，协调内外部关系，确保员工、部门、外部利益相关达成共识，为实现共赢而努力。管理者的决策角色包括企业家、冲突管理者、资源分配者和谈判者等。

4. 管理者的素质和技能

1) 管理者的素质

管理者的素质是指与管理相关的管理者的生理和心理方面稳定的基本属性。管理素质是形成管理水平与能力的基础，是做好管理工作、取得管理成效的极为重要的主观条件。

管理素质的内容是非常丰富的，概括起来有思想素质、知识素质、能力素质、身体素质和心理素质 5 个方面。

(1)思想素质。思想素质是管理者最根本的素质。主要包括思想观念、价值体系、政策水平、职业道德、工作作风等方面的要求，具体表现在 3 个方面：一是正确的世界观、人生观和价值观；二是强烈的事业心、高度的责任感、正直的品质及民主的作风；三是强烈的管理愿景和能够变通的管理思想；实事求是、勇于创新的精神。

(2) 知识素质。一是文化知识。文化知识是现代管理者的必备素质，也是管理者提高素质修养的基础条件。虽然不同的行业、不同的职位和不同的层次的管理者对所需要的文化水平的要求有所差别，但是毋庸置疑，知识越丰富越有利于管理能力和管理水平的提高，至少是要求能满足工作的要求。

二是业务知识。管理者应该是通才与专才相结合。所谓通才就是掌握通用的知识，包括自然科学知识和社会科学知识。而专才则是掌握从事本职工作所需要的、与职位要求相适应的专业技术知识，而且要具备相关的业务阅历和经验，真正透彻地了解和掌握所在行业和所在组织的现状、问题、优劣势、潜力和发展趋势等。这是管理者取得成功必不可少的基本条件。

三是管理知识。由于现代科学技术与生产的进一步结合，生产社会化程度的不断加深，企业的规模越来越大，复杂性增强，经营管理的作用日益扩大，管理学逐渐成为一门每一个管理者应学的学科，如组织管理的基本原理、方法、程序和各项专业管理的基本知识，组织行为学、心理学、社会学等方面的知识。

(3) 能力素质。管理者的能力素质是指管理者从事管理工作，完成管理职能的方式、方法、能力和技巧。主要包括较强的分析、判断和概括能力，决策决断能力，组织协调能力，获取知识的能力，识才用才的能力、人际交往和沟通的能力，自我管理和自我约束的能力，不断探索和创新的能力等。

(4) 身体素质。一项管理活动的顺利进行不仅需要管理者具有足够的知识储备与能力，更需要管理者消耗大量的精力。所以，一个优秀的管理者应具备强健的体魄和充足的精力去应对管理中高强度的体力和脑力工作。

(5) 心理素质。在管理实践中，管理者需要面对不同类型、不同层次的人物和问题。要应付自如、游刃有余地面对复杂多变的管理环境，除了前面这些素质要求外，还需要具备健康的心理素质，如坚韧的毅力、豁达的心胸、有勇气、有主见等。

拓展知识

优秀管理者的10种素质

(1) 思路敏捷。思路敏捷是解决问题的必备要素。一个能成功处理繁杂事物的人必须思维清晰，反应敏捷，能够很快抓住事物的本质，做出判断，使问题迎刃而解。

(2) 谈吐得当。谈吐应对能够表现一个人的学识和修养。个人修养不是一朝一夕完成的，需要不断努力和完善。

(3) 身体健康。竞争压力越来越大，管理者要在竞争中取胜，健康的体魄是保证。身体健康的人不仅精力充沛，而且心胸宽广、态度乐观，在压力面前不会轻易败下阵来。

(4) 团队精神。不要以为当领导就是一个人说了算，一意孤行必将众叛亲离。善待他人，尊重每一个人，是做好事情的关键。协调、沟通、协商才是管理者需要做的事。

(5) 领导才能。领导才能不是专业技能，不是学历和文凭，而是学识修养、人生经验、世故阅历等多方面综合素质的反映，集中表现在识人、用人、容人的能力上。

(6) 敬业精神。人与人能力上的差别，有时就在于99步与1步之间，有毅力走完最后一步的人往往是成功者。成功取决于高度负责的精神和锲而不舍的精神。一个有成就的人一定是个乐观进取、百折不挠的人。

(7) 好学创新。竞争瞬息万变，社会高速发展，满足现状就是落伍。所以，要不断接受新事物、新观念，善于创新进取，才能求得不断发展。

(8) 个人操守。一个人再有学识，再有能力，操守把持上有问题，久之必酿成大错。越是成大事者，越要拘小节。

(9) 生活习惯。一个生活习惯良好而有规律的人，才能做事认真讲原则。从一个人生活上的点点滴滴，能够观察到他的未来发展。

(10) 适应能力。适者生存的法则不光适用于自然界，人类更是这样。一个个性极端的人，即使很有天分，也不一定适合当管理者。一个成功的管理者能够很快适应各种环境，使企业发展壮大。

(资料来源：http: //www.51labour.com)

2) 管理者的技能

管理者要想很好地履行管理职责，实现管理目标，除了具备良好的基本素质外，还必须掌握一定的管理技能。美国管理学家罗伯特·卡茨提出，所有的管理者都必须具备3个方面的技能，即技术技能、人际技能和概念技能。

管理小故事

马丁吉他公司被公认是世界上最好的乐器制造商之一，其吉他每把价格超过10 000美元，很少有哪家公司像马丁吉他公司一样有如此持久的声誉。马丁吉他公司目前的CEO是克里斯，不仅秉承了马丁吉他的精良制作工艺，还遍访公司在全世界的经销商，并为他们举办培训讲座。

一方面，自从公司创办以来，马丁吉他公司做任何事情都非常重视质量。即使这些年在产品设计、制造方法、分销系统方面发生了很大变化，公司仍然始终坚持对质量的承诺。

另一方面，公司在坚守优质音乐标准和满足顾客需求方面的坚定性渗透到公司的每一个角落。虽然设备和工具逐年更新，但员工始终坚守着高标准的优质音乐原则。

虽然公司深深植根于过去的优良传统，克里斯却毫不迟疑地推动公司朝向新的方向。克里斯解释道："如果马丁公司只是崇拜它的过去而不尝试任何新事物的话，那恐怕就不会有值得崇拜的马丁公司了。"

管理启示：作为管理者，需要具备多方面的技能和能力，最主要的技能有概念技能、人际技能和技术技能。管理者在从事不同的企业经营活动时扮演着不同的角色，发挥着不同的管理技能，并且处于的管理层次不同时，所需要的主要管理技能也是不一样的。

(1) 技术技能。技术技能是指管理者掌握和运用某一专业领域内有关的程序、技术知识和方法完成组织任务的能力。技术技能包括：专业知识、经验；技术、技巧；程序、方法、操作与工具运用熟练程度等。例如，工程师、会计师等，都掌握有相应领域的技术技能，所以被称为专业技术人员。

管理者虽然不一定使自己成为精通某一领域的专家，但需要了解并初步掌握与其管理的专业领域相关的基本技术技能，这样才能在实际工作中进行有效的决策、指挥、沟通、协调、监督等。一般而言，越是基层管理者对于技术技能的要求越高。

(2) 人际技能。人际技能是指管理者处理人事关系的技能。这种能力不仅包括一般的人际沟通和交往能力，还包括与人相关的管理能力，如激励、协调、领导和解决冲突的能力等。

一个具有较强人际技能的管理者善于将自己的思想与内外部相关人员分享，促进相互理解、相互合作，形成和谐共赢的良好工作氛围。在以人为本的当今社会，人际技能对于现代管理者而言是十分重要的，尤其是对于中高层管理者而言。

(3) 概念技能。概念技能是指管理者观察、理解和处理各种全局性的复杂关系的抽象能力。管理者要能够在混乱复杂的环境中进行有效的管理，洞察事物的发展和变化趋势，去粗取精，去伪存真，抓住问题的关键，找出解决方法。

概念技能的核心是一种观察力和思维力。这种能力对于组织的战略决策和全局发展具有极其重要的意义，是组织高层管理者所必须具备的一种重要技能。

各层次管理者应具备的 3 种技能的比例关系，如图 1.4 所示。

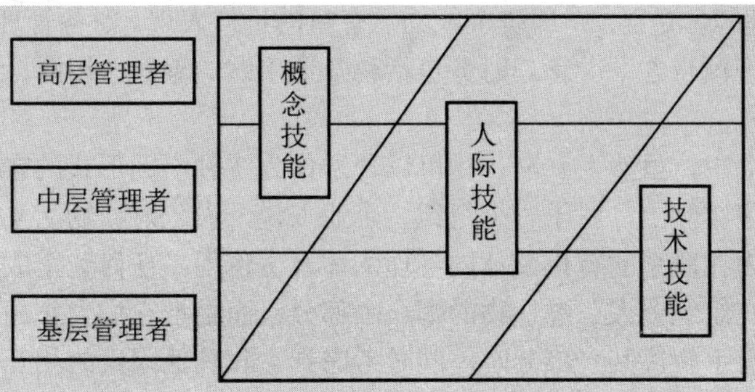

图 1.4 各层次管理者应具备的 3 种技能的比例关系

研讨与质疑

以上 3 种管理技能是管理学界普遍认同的技能，此外，你认为管理者还应具备其他什么技能？请举例说明。

1.3.2 管理客体——管理对象

管理客体也称管理对象，是指管理者为实现管理目标，通过管理行为作用于其上的客体。管理客体是进入管理主体活动领域的人或物，是管理活动不可缺少的因素。

1. 管理客体的形式

1) 人、物、财是管理客体的基本形式

从管理哲学的角度看，管理客体可以分为人、财、物3种类型。管理，在一定意义上说，也就是充分利用人力、物力和财力，把工作做得更好。

(1) 人是社会管理的第一类客体。人是社会的细胞，是一切社会财富的创造者。只有将人管理好，才是一切社会财富的创造者。只有将人管理好，充分调动人的主动性、积极性和创造性，才能推动社会生产的发展，促进社会不断进步。

【管理漫画】

◎不可一世的楚霸王就是这么失败的，管理者千万不要失人心

(2) 第二类管理客体是物。在管理哲学中，作为管理客体的物，是同人、财相并列的客观事物，主要指生产资料，即生产力中的物的因素。它包括工具、设备、材料等。

(3) 第三类管理客体是财。财即资金或物质资料的价值表现。财务管理是一个组织特别是经济组织的重要管理项目之一。管理财务包括科学地生财、聚财、用财，开源节流，提高经济效益等。

在社会管理活动中，虽然人、财、物可以分别作为3种不同形式的客体同管理主体发生联系、相互作用，但实际上，对于一个组织、企业来说，人、财、物从来都是不可分割的，它们作为一个具有内在联系的有机整体同管理主体发生作用。任何一个成功的管理主体，他并不只是把眼睛盯在组织中人、财、物的哪一个部分，而是把它们当作相互影响、相互制约的系统看待。当他着手解决某一部分时，同时考虑到它和其他因素的相互作用及可能产生的后果。

研讨与质疑

将管理客体分为人、财、物3种类型，你认为是否合理？你有什么更好的看法？

2) 管理主要是对人的管理

在管理客体系统中，人是最主要的。管理，归根结底是对人和人的行为的管理。这是因为，人是生产力和整个管理中最活跃、最能动、最积极的因素。组织活力的源泉在于脑力和体力劳动者的积极性、智慧和创造力。十分明显，财和物之所以能够成为管理容体，是因为有人。财和物都是人所创造的，并被人用之于生产和生活之中去。只是由于人的活动和为了满足人们的需要，财和物才作为社会系统的组成部分，成为一种社会现象。没有人，财、物就失去客体的属性。

同样明显的是，对财和物的管理是通过人来实现的。没有对人的管理，根本谈不上对于财和物的管理，财、物管理的效果直接取决于管物理财者的积极性。所以，任何单位的主管人员，他的首要任务是对人的管理，通过对人的组织、指导和调节而实现对财、物的科学管理。因此，做好人的工作，调动一切人的社会主义积极性，这是社会主义社会管理的根本任务。

研讨与质疑

你是否赞成“管理主要是对人的管理”这句话？结合实例，谈谈你的见解。

2. 管理客体的属性

在管理活动中，管理主体是主导的因素。在整个管理活动中起着积极的、能动的作用。但是，管理主体的积极性和能动性必须表现在对管理客体的认识和作用上。因此，正确地了解管理客体及其特性，是管理主体发挥积极的、能动的作用的重要前提。

1) 管理客体的客观性

首先，管理客体具有客观性，它是不依赖于管理主体的意志而独立存在的。它在管理主体的意识之外，有着自己的特性和活动规律。无论管理主体是喜欢还是不喜欢，它都以其本来的面目存在着，按照固有的规律运动着。一切管理活动，都必须从这种客观存在着的事实出发，承认它、尊重它，按照它的客观规律去管理。如果管理主体无视这些事实，仅凭想当然办事，其结果只能导致管理活动的失败。

其次，财和物是管理客体中的物质的因素，其客观性是不言而喻的。任何一个管理者，在他从事管理活动的时候，都面临着财、物状况的既成事实。那些技术设备、生产条件、材料性能和资金状况等，都是客观存在着的。

最后，作为管理客体的人，也是客观的。虽然人的一切活动都是有目的、有意识的，但这丝毫不影响人作为管理客体的客观性。作为管理客体的人包括思想观念、工作作风、行为准则等诸多因素。这些因素虽是管理客体的主观精神，但对于管理主体来说，也是一种客观存在，具有不以管理主体的意志为转移的客观性质。这是因为，管理的目的总是要通过管理客体去实现的。管理客体的思想观念、工作作风、行为准则如何，直接影响到管理活动的效果。

2) 管理客体的可控性

管理客体是可管理的，具有可控性。管理客体的这种可控性，是它成为管理客体的根本标志。管理客体的可控性表明，管理客体并不是某种先天固有的属性，而是在管理活动中获得和表现出来的。只有当某人或物同管理主体建立起对象性关系，成为主体活动的现实客体时，才从中获得管理客体的属性。

(1) 管理客体的可控性取决于它本身的客观规律性。一切管理客体之所以是可控的，就在于它们作为一种客观存在，具有一定的客观规律，它的存在和发展并不是完全任意的、随机的，而是遵循某种规律进行的。这才使人们有可能把握它们的现状和趋势，从而进行科学管理。

(2) 管理客体的可控性还取决于管理者的主体能力。因为客体的规律需要主体去认识，只有当管理主体正确地把握了人或事物的规律的时候，他才能够把这些人或事物作为管理的客体加以控制。

(3) 管理客体的可控性表明，在管理活动范围内，主体和客体是相互依存、互为前提的。就是说，没有管理主体，就没有管理客体；反之，没有管理客体，也就没有管理主体。

(4) 管理客体的可控性还表明，管理客体是变化的，具有社会历史性。因为管理客体的可控性在一定程度上取决于管理主体的能力，而管理主体的能力又是随时代的发展、人类的进步、各种工具的发明和使用而不断变化的。

【管理漫画】

◎管理个体的可控性，使得管理者能很好地了解被管理者的心理并促使其产生有利于组织发展的行为，大道组织的目标。

3) 管理客体的系统性

管理客体从来都不是某一孤立的事物(它本身也是一个系统)，而是由多种成分构成的复合体，是由人和物以及直接环境这些基本因素组成的一个处于变化中的人工开放系统。

不管管理主体承认不承认，管理客体都是作为系统而存在和运动、变化的。因此，要进行科学的管理，就应该对管理客体的一切方面和联系进行全面的研究和系统的分析，包括各个部分之间的关系，以及各个部分与整体之间的关系。

管理客体的系统性要求管理主体在动态中调整整体与部分之间的关系，使部分的功能目标服从总体的目标，从而使总体达到优化的目的。

1.4 管理机制与管理方法

管理情景

谁的蜜蜂产的蜜多

黑熊和棕熊喜食蜂蜜，都以养蜂为生。它们各有一个蜂箱，养着同样多的蜜蜂。有一天，它们决定比赛看谁的蜜蜂产的蜜多。

黑熊想，蜜的产量取决于蜜蜂每天对花的“访问量”。于是它买来了一套昂贵的测量蜜蜂访问量的绩效管理系统。在它看来，蜜蜂所接触的花的数量就是其工作量。每过完一个季度，黑熊就公布每只蜜蜂的工作量；同时，黑熊还设立了奖项，奖励访问量最高的蜜蜂。但它从不告诉蜜蜂们它是在与棕熊比赛，它只是让它的蜜蜂比赛访问量。

棕熊与黑熊想得不一样。它认为蜜蜂能产多少蜜，关键在于它们每天采回多少花蜜——花蜜越多，酿的蜂蜜也越多。于是它直截了当告诉众蜜蜂：它在和黑熊比赛看谁产的蜜多。它花了不多的钱买了一套绩效管理系统，测量每只蜜蜂每天采回花蜜的数量和整个蜂箱每天酿出蜂蜜的数量，并把测量结果张榜公布。它也设立了一套奖励制度，重奖当月采花蜜最多的蜜蜂。如果一个月的蜂蜜总产量高于上个月，那么所有蜜蜂都受到不同程度的奖励。

一年过去了，两只熊查看比赛结果，黑熊的蜂蜜不及棕熊的一半。

【讨论】

1. 你认为两只熊比赛结果的不同原因在哪里？有人说是管理机制的差异，你赞成这种意见吗？

2. 谈谈你所理解的管理机制是什么？

理论研习

1.4.1 管理机制

1. 管理机制的含义与特征

管理机制是指管理系统的结构及其运行机理。管理机制本质上是管理系统的内在联系、功能及运行原理，是决定管理功效的核心问题。管理者在管理中存在何种管理关系，采取何种管理行为，达到何种管理效果，归根到底是由管理机制决定的。有什么样的管理机制，就有什么样的管理行为，就有什么样的管理效果。因此，建立科学有效的管理机制，是推行科学管理的科学内容和本质要求。

管理机制有以下 5 个特征。

(1) 内在性。管理机制是管理系统的内在结构与机理，其形成与作用是完全由自身决定的，是一种内运动过程。

(2) 系统性。管理机制是一个完整的有机系统，具有保证其功能实现的结构与作用。

(3) 客观性。任何组织，只要其客观存在，其内部结构、功能既定，必然要产生与之相应的管理机制。这种机制的类型与功能是一种客观存在，不以任何人的意志为转移。

(4) 自动性。管理机制一经形成，就会按一定的规律、秩序，自发地、能动地诱导和决定企业的行为。

(5) 可调性。机制是由组织的基本结构决定的，只要改变组织的基本构成方式或结构，就会相应改变管理机制的类型和作用效果。

2. 管理机制的构成

管理机制的构成可以从以下三个方面来理解。

(1) 管理机制是以客观规律为依据，以组织的结构为基础，由若干子机制有机组合而成的。管理机制的自动作用，是严格按照一定的客观规律的要求施加于管理对象的。违反客观规律的管理行为，必然受到管理机制的惩罚。

(2) 管理机制以管理结构为基础和载体。

(3) 管理机制本质上是管理系统的内在联系、功能及运行原理。

3. 管理机制的内容

(1) 运行机制。运行机制是指组织基本职能的活动方式、系统功能和运行原理。其本身还具有普遍性。这是组织中最基本的管理机制，是管理机制的主体。

(2) 动力机制。动力机制是指管理系统动力的产生与运作的机理，是管理机制中一种极为重要的机制。主要表现在以下 3 个方面。

一是利益驱动。这是社会组织动力机制中最基本的力量，是由经济规律决定的。人们会在物质利益的吸引下，主动采取有助于组织功能实现的行动，从而有效推动整个系统的运行。

二是政令推动。它是由社会规律决定的。管理者凭借行政权威，强制性地要求被管理者采取有助于组织功能实现的行动，以此推动整个系统的运行。

三是社会心理推动。这是由社会与心理规律决定的。管理者利用各种管理手段或措施，对被管理者进行富有成效的教育和激励，以调动其积极性，使其自觉自愿地努力工作，实现组织目标。

管理小故事

华东输油管理的激励方式

华东输油管理局有 8 000 多名职工，1 万余名职工家属，管理着沧临、濮临和鲁宁 3 条输油管线，担负着华北、胜利、中原三大油田生产原油的输送任务。这样一条地下大动脉，在我国经济建设中有着重要的战略意义。

但在管线建成投产后的一段时间内，出现了职工不安心在泵站工作、劳动纪律松懈等问题。基层单位的领导常常花费很大气力做思想工作而收效并不大。通过调查、分析，找出了问题的原因。

从客观原因上看，输油生产有着与其他企业不同的点多、线长和分散等特点，4 个输油公司和 20 多个输油泵站，70%以上建在远离城镇的乡村。正是这种特殊性，给生产第一线的职工带来了一系列困难，如购粮买菜、子女上学、幼儿入托、家属就业、食堂伙食花样少和质量差，以及业余文化生活单调等。

从主观原因上看，一些单位的领导片面地强调“先生产，后生活”，甚至把生活后勤工作和生产对立起来，这样，就形成了落后的生活后勤和广大职工、家属生活方面的需要不能相适应的矛盾，并逐渐上升为影响职工思想情绪、影响生产的主要矛盾。例如在几个问题比较突出的泵站，有 20%以上的职工向领导提出请调报告；有的由于食堂办得差，50 多个职工竟有 30 多个煤油炉，做小锅的人数远远超过了在食堂就餐的人数；有的由于吃菜困难，职工中脱岗买菜的现象时有发生；有的为了买一斤盐、一支牙膏也要跑几里路。

管理启示：一个企业的动力机制的制定和实行是调动员工的积极性，使企业正常健康运行的关键。

(3) 约束机制。约束机制是指对管理系统行为进行限定与修正的功能与机理。约束机制主要包括以下 4 个方面的约束因素。

一是权力约束。权力约束既要利用权力对系统运行进行约束，又要对权力的拥有与运用进行约束。失去约束的权力是危险的权力。

二是利益约束。利益约束是约束机制极为有效的组成部分，故常被称为“硬约束”。利益约束既要以物质利益为手段，对运行过程施加影响又要对运行过程中的利益因素加以约束。

三是责任约束。责任约束指通过明确相关系统及人员的责任，来限定或修正系统的行为。

四是社会心理约束。社会心理约束指运用教育、激励和社会舆论、道德与价值观等手段，对管理者及有关人员的行为进行约束。

管理小故事

麦当劳的约束机制

麦当劳公司通过详细的程序、规则和条例规定，是分布在世界各地的所有麦当劳分店的经营者和员工们都遵循一种标准化、规范化的作业。公司在芝加哥开办了专门的培训中心——汉堡包大学，要求所有的特许经营者在开业之前都接受为期一个月的强化培训。回去之后，他们还被要求对所有的工作人员进行培训，确保公司的规章制度得到准确的理解和贯彻执行。

为了确保所有特许经营分店都能按照统一的要求开展活动，麦当劳公司总部的管理人员还经常走访、巡视世界各地的经营店，以能够进行直接的监督和控制。例如，有一次巡视中发现某家分店自作主张，在店里摆设电视机和其他物品以吸引顾客，这种做法因与麦当劳的风格不一致，提出问题后立即得到纠正。除了直接控制外，麦当劳还定期对各分店进行业绩考评。为此，各分店要及时提供有关营业额、经营成本、利润等方面的信息。这样，总部管理人员就能把握各分店经营的动态和出现的问题，以便商讨和采取改进的对策。

管理启示：良性的约束机制有利于组织发展，加强组织内部部门的协调，推动组织统一前进的步伐。

4. 管理机制的应用价值

(1) 管理机制的研究是对管理行为内在本质与规律的揭示。因此，管理机制的好坏对于管理行为有直接影响。

(2) 管理机制是加强科学管理的依据。管理机制决定了管理者在管理中存在的管理关系、采取的管理行动、达到的管理效果等。研究与改革管理机制，就为实行科学管理提供了依据。利用管理机制进行管理就能收到事半功倍的效果。

(3) 管理机制的转换与创新是组织(企业)改革的核心。管理机制是决定管理功效的核心的问题。管理机制不革新，企业改革就很难成功，因此，要将建立科学有效的管理机制作为推行企业改革的核心内容和本质要求。

1.4.2 管理方法

1. 管理方法的含义

管理方法是指管理者为实现组织目标、保证管理活动顺利进行，在管理过程中对管理对象采取的方式、手段、措施和途径等的总和。管理方法是管理理论、原理的自然延伸和具体化、实际化，是管理原理指导管理活动的必要中介和桥梁，它的作用是一切管理理论、原理本身所无法替代的。

2. 管理方法的分类

不同的组织由于其工作性质、内容的差别所采取的管理方法也是千差万别，但各个组织采用的一般管理方法是相同的，即行政方法、经济方法、法律方法、教育方法和技术方法。

1) 行政方法

行政方法是依靠行政组织的权威，运用职位权力，通过命令、规定、指示、规章制度等行政手段，按照行政系统的职权有层次地进行管理的一种方法。行政方法是以鲜明的权威和服从为前提的，特别强调职位、职责、职权，而非个人的能力或特权。行政方法的表现形式包括命令、指示、计划、指挥、协调、监督、检查等。

行政方法的主要特点有权威性、强制性、垂直性、具体性、速效性。行政方法的优势在于能够迅速有力地贯彻上级的方针、政策，使组织的运行保持集中统一，对全局活动实施有效的控制。行政方法的局限性是：强制干预容易引起被管理者的抵触，这不仅对管理者提出了较高的素质要求，也需要健全的组织管理制度作保证。

2) 经济方法

经济方法是根据客观经济规律的要求，运用经济手段来调节有关方面的经济利益，以获取较高的经济利益和社会利益的管理方法。经济方法的核心问题是经济利益问题，经济利益是人们进行社会实践活动的动因。宏观管理中经济方法的主要形式有价格、税收、信贷、利润等；微观管理中经济方法的主要形式有工资、奖金、罚款、经济责任等。

经济方法的主要特点包括利益性、关联性、灵活性、平等性。在使用经济方法时，一方面要科学地确定经济方法的应用范围和力度，综合运用各种经济手段，同时和其他方法配套使用，才能收到更好的效果；另一方面，防止管理者过分看重金钱，产生负面作用，影响工作的主动性和创造性。

3) 法律方法

法律方法是借助国家的法律法规，通过司法、仲裁机构，严格约束管理对象以便实现组织目标的一种管理方法。法律是保障社会秩序的最后一道屏障，因此管理者和被管理者都要树立法律意识，依法办事，善于运用法律武器维护组织及公民个人的权利。其表现形式包括国家法律法规、组织内部规章制度、司法和仲裁等。

法律方法的主要特点有强制性、严肃性、规范性。其局限性表现在很难适用于特殊情况，缺乏灵活性。

4)教育方法

教育方法是通过思想工作进行启发、说服、引导、教育，解决被管理者思想认识问题，使其自觉地按照组织的愿望和要求去行动的一种管理方法。教育方法是实现管理目标的思想保证，是激发人们积极性的重要手段。

教育方法其主要特点有非强制性、示范性、长期性、渐进性、灵活性。

5) 技术方法

技术方法是指组织中各个层次的管理者根据管理活动的需要，运用自己或他人掌握的各类技术，提高管理的效率和效果的管理方法。技术方法是把技术融进管理中，利用技术来辅助管理。

技术方法其主要特点有客观性、规律性、精确性和动态性。

管理小故事

齐鲁石化公司的管理方法

齐鲁石化公司是一个现代石油化工生产的企业，由于这种行业具有特殊性和危险性，公司一开始就实行从严从实管理，制定岗位操作要求，实行公司、厂两级的检查和奖惩制。

1990年7月，公司所属烯烃厂裂解一班工人提出“自我管理，让领导放心”的口号，并提出“免检”申请。公司抓住这一契机，在全公司推广创“免检”活动，并细化为一套可操作的行为准则，这就是①工作职责标准化；②专业管理制度化；③现场管理定量化；④岗位培训星级化；⑤工作安排定期化；⑥工作过程程序化；⑦经济责任和管理责任契约化；⑧考核奖惩定量化；⑨台帐资料规格化；⑩管理手段现代化。

公司开展“信得过”活动，采用了新的管理基本方法，使企业基层以及整个企业的管理水平有了显著提高。

主要表现在以下方面。

(1) 职工的主人翁意识普遍增强，实现了职工从“我被管理”到“我来管理”，群众性从严管理蔚然成风。

(2) 基层建设方面明确了由专业管理制度、管理人员职责范围和工作标准、班级岗位10项规章制度3方面构成，使基层管理水平有了明显提高。

(3) 星级管理使职工主动学技术、技能，努力成为多面手；对管理装置工艺流程全面了解，提高了处理本岗本系统突发事件的应变能力，事故发生率大幅度降低。

(4) 企业经济效益显著提高。

管理启示：正确的管理方法提高了企业管理水平，促进了企业生产效率，提高了企业的经济效益。

职业能力训练

知识测试

1. 什么是管理？根据自己的经验来谈谈管理的重要作用有哪些？
2. 管理系统的构成要素有哪些？
3. 管理有哪些职能，它们之间有什么关系？
4. 管理主体包括哪些类型？
5. 在管理实践中，管理者应该具备哪些素质？
6. 为什么处于同一组织的不同层次的管理者其所需要的技能结构是不同的？
7. 管理客体具体表现在哪些方面？
8. 如何理解管理机制的含义？
9. 管理机制包括哪些子机制，怎样理解这些子机制？
10. 怎样有效地运用管理方法？

学生小论坛

1. 有一种说法“实践重于理论，艺术多于科学”，你是否赞成？谈谈你对管理的科学性和艺术性的理解？

2. 结合实际谈谈，管理者应该怎样培养自己的素质？

技能训练

实训项目一　调查访问

1. 实训目标

(1) 通过对实际企业调查访问的开展，使学生加深对管理理论的认知和管理活动的理解。

(2) 培养学生的管理意识和管理思维。

2. 实训内容

(1) 由学生自愿结合成小组，每组5～8人，并产生小组长，实行小组长责任制。

利用课余时间，到当地一家中小企业进行调查访问。

(2) 在调查访问之前，每组需根据课堂所学知识经过讨论制定调查访问的提纲，包括调研的主要问题与具体安排，主要包括3项内容。

① 至少访问两位企业管理者，了解他们的工作内容、工作职位、工作职责以及他们工作职位需要的技能，并重点分析他们的工作职责和工作技能的不同。

② 调查该企业现在的管理环境和以前的(至少是一年前)的管理环境，重点是外部环境。并重点分析全球性的经济危机给该企业带来的变化和影响。

③ 该企业中有哪些管理机制是你认为合理的，哪些是不合理的，作简要分析。

3. 实训效果

(1) 每组要产生合理的调查提纲或调查问卷，每位成员要写出调研报告，调查报告须包括上述 3 项内容，字数不少于 1 500 字。

(2) 在调查结束后 ，通过讨论的形式组织一次交流会，并根据发言者的语言能力、逻辑能力和管理观点给予现场打分。

(3) 结合以上两项成绩，给出每位成员该项实训课成绩。

实训项目二　管理模拟公司

1. 实训目标

通过模拟公司的组建，结合管理理论，制定出适合公司的管理风格和管理制度。

2. 实训内容

设想你们(学生 5 人一组)是一家设计大学国际贸易学教学用的计算机软件公司的创建人，公司产品销售得很好，在短短的一年内公司的销售额已达到 660 万元，人员也已扩大到 60 人，企业正处于一个良好发展的阶段，由于这方面的软件市场正在扩大，许多大公司，特别是原来只为企业提供管理软件服务的大公司也转向大学开发这一业务，你公司面临的竞争也正在加剧，根据公司情况重新设计公司的管理风格、管理模式。

3. 实训效果

(1) 每个组要产生详细的管理方案，方案包括所设计的管理风格和管理模式，并做合理分析和阐述，字数不少于 2 000 字。

(2) 教师根据方案，给出每位成员该项实训课成绩。

第2章 管理思想

学习目标

知识目标

(1) 了解中西方早期管理思想的演进历程。
(2) 掌握古典管理理论与人际关系理论的主要思想。
(3) 了解现代管理理论各学派的主要内容。
(4) 掌握当代管理理论的最新发展。

技能目标

(1) 能应用现代管理知识分析和处理实际遇到的管理问题。
(2) 能从管理学的角度分析我国经济领域的管理体制改革活动。

本章知识结构图

- 管理思想
  - 管理思想与管理理论萌芽
    - 早期的管理思想
      - 中国古代的管理思想
      - 西方早期管理思想
      - 东西方古代管理思想之比较
    - 管理理论萌芽
      - 亚当·斯密的管理思想
      - 罗伯特·欧文的管理思想
      - 查尔斯·巴贝奇的管理思想
  - **古典管理理论概要**
    - **泰勒的科学管理理论**
      - **科学管理理论的内容**
      - 对科学管理理论的评价
    - **法约尔的一般管理理论**
      - **一般管理理论的主要内容**
      - 对一般管理理论的评价
    - **韦伯的行政组织理论**
      - **行政组织理论的主要内容**
      - 对行政组织理论的评价
    - 霍桑试验与人际关系理论
      - 人际关系理论的主要内容
  - 现代管理理论丛林
    - 现代管理理论丛林产生的背景
    - 现代管理理论丛林的主要学派
      - 管理过程学派
      - 社会系统学派
      - 管理科学学派
      - 经验学派
      - 决策理论学派
      - 权变理论学派
  - **当代管理理论最新发展**
    - Z理论
      - 主要观点
    - 全面质量管理
      - 概念、基本内容
    - **学习型组织**
      - **概念、5项修炼**
    - **企业再造**
      - **概念、内容**

注：加粗字体表示本章的重点内容。

阅读小品

自我改善的柔性管理

某制冷有限公司是一家中日合资兴办企业，成立于1992年，现在已有职工400余人。该公司从成立开始就把严格管理作为企业管理的主导思想，强化遵纪守规的意识。

可是，随着公司的发展和员工素质的不断提高，原有的制度、管理思想和方法已经不能完全适应企业的管理需求。随着国内外市场竞争越来越激烈，公司为了增强自身的应变能力，针对逐渐培养起来的员工自我管理的意识，使其逐步升华为立足岗位的自我改善行为，从而增强公司的市场竞争力。

该公司的经营领导者在实行柔性管理中领悟到，公司不能把员工当成“经济人”，他们是“社会人”和“自我实现的人”。员工是改善活动的主体，公司从员工入厂开始，就开始坚持进行以“爱我公司”为核心的教育，以“创造无止境改善”为基础的自我完善教育。他们在吸纳和研究员工危机意识与改善欲求的基础上，总结出自己的自我改善观念，并使这些观念成为职工立足岗位，自我完善的指导思想和自觉行为。

公司职工的自我改善是在严格管理的基础上日渐形成的。公司制定了严格规范的管理制度，要求员工适应适度，遵守制度。员工把制度当做自我安全和成长需要的自觉行动，进一步使制度能有利于发挥员工的潜能。公司不硬性规定员工“不准迟到”、“不准早退”，逢年过节公司也会与员工一同庆祝。企业为员工提供舒适的工作环境，员工以极大的热情关心公司的发展，通过立足岗位的自我改善成为公司发展的强大动力。

管理学是一门对管理活动的普遍规律及其一般方法进行系统研究的科学。从整个管理活动的发展历史来看，管理思想是伴随着人类社会管理实践活动的发展而产生的。随着管理实践经验越来越丰富，人们会对管理实践进行新的研究、总结，进而探索其中的规律和本质，归纳出一套管理活动的一般性原理知识体系，这就是管理理论。管理理论的形成始于19世纪末20世纪初，随着管理实践的不断发展与社会生产力的不断提高，管理学也在不断地丰富和完善。纵观整个管理学的发展历程，管理思想的形成与发展主要经历了早期管理思想产生阶段、管理理论萌芽阶段、古典管理理论阶段以及现代管理理论阶段。当然，随着社会的不断发展与进步，为了适应新的社会发展，管理科学也呈现出不断发展的趋势。

2.1 管理思想与管理理论萌芽

管理情景

先有人走才有路

世界著名建筑大师格罗佩斯设计的迪士尼乐园，经过3年的施工，在即将对外开放之际。各景点之间的道路要怎样连接却还没有具体的方案。格罗佩斯大师从事建筑研究40多年，在世界各地留下了70多处精美杰作，然而路径设计这种最微不足道的小事——却让他伤透脑筋。

经过反复思考，格罗佩斯终于想到一个办法。他让施工部在乐园中撒了草种，没多久，小草长出来了，整个乐园的空地都被绿草覆盖了。在迪士尼提前开放的半年里，草地被踩出的小道有宽有窄，优雅自然。

第二年，格罗佩斯让人根据这些痕迹铺设了人行道。1971 年，迪士尼乐园的路径设计被伦敦国际园林建筑艺术研讨会评为世界最佳设计。

【讨论】

这个案例对学习管理思想及管理理论萌芽有什么启发呢？

理论研习

2.1.1 早期的管理思想

1. 中国古代的管理思想

中国是世界公认的四大文明古国之一，中华民族所积累的丰富管理实践和管理思想都对人类社会的进步与发展做出了巨大的贡献。中国古代曾经出现过孔子、荀子、老子、庄子等一大批伟大的思想家，其中孔子的儒家思想最具影响力，并不断在世界各国广为流传。以儒家思想为代表的中国传统管理思想主要包括以下几个方面。

1) 民本

民本即“以民为本”。基于民本，孔子提倡以“德治”和“仁政”进行管理活动，相当重视人的因素。孔子主张“行仁德之政，因民之所利而利之”，也就是说，如果领导者能以德治作为管理基础，那么他就会受到民众的拥戴，被民众置于中枢地位，这样的管理者必然会为民众所跟随。与孔子同一时代的政治家管仲也在其《管子·霸言》中论述了民本思想。管仲指出“以人为本，本理则固，本乱则国危”，即治理国家要以人民百姓的利益为基础，这样国家才能长治久安。此外，荀子也认为人有形态、生命，更有礼义道德，这是与水火、草木、禽兽有本质区别的。无论是管仲的以德治国论，还是荀子的人贵论，这些都和孔子的儒家思想一样体现着中国传统文化中“民本”思想，对如今的企业文化意义影响深远。

【管理漫画】

◎孟子也有先进的管理思想：仁义为本。

2) 中庸

中庸原意是指对事物不偏不倚，保持中立态度。孔子主张“中庸之为德也，其至矣乎”，意思是说实行中庸的道德法则是再正确不过了。孔子提倡大家在认识事物的时候要尽量避免“过”和“不及”两个极端。在当今社会各种管理工作中，中庸思想体现的就是“度”的问题，比如赏罚有度、用人有度、处理关系有度等。所以，中庸思想对管理活动是颇有现实意义的观点。

3) 人和

在《论语·子路》中，孔子说“君子和而不同，小人同而不和”，此处“和”是指社会成员之间协调和睦的关系，而非同流合污。在管理活动中，企业成员之间只有通过彼此理解和沟通，建立良好的人际关系，才能齐心协力完成任务。当然，人和还包括广义的企业与外部环境之间、部门与部门之间的协调平衡。因此，以和为贵的“人和”思想对企业的进步和发展具有重要的价值。

4) 义利

孔子强调的“义”指礼仪道德，“利”指利益。所谓“君子喻于义，小人喻于利”，如果一个管理者的价值取向是先义后利，那么他必然是一个先人后己的好管理者。从现代的义利观来看，“义”和“利”是相互矛盾的统一体，彼此相互转化、相互渗透。在管理中，领导者不仅要重视物质利益，还要重视精神因素，提倡先义后利，反对功利主义。

5) 教育

作为中国古代史上最伟大的教育家，孔子向来十分重视人才的培养。孔子提倡“学而优则仕”，即要学到一定程度了，才能成才。在教育方法上，孔子倡导“因材施教”，即对不同的学生要施以不同的教学方法，这样才能培训出各类人才。孔子的教育思想及其著名论述对如今教育管理工作者也有现实的指导意义。

拓展知识

中国古代主要用人思想

汉高祖刘邦提出“用人之长”的思想。

诸葛亮提出“动态发现人才”的用人思想。诸葛亮在其《明察》中提出：“洗不必江河，要之去垢；马不必骐骥，要之疾足；人不必圣贤，要之智通。”

曹操提出“我用天下之智力，以道御之，无所不能。”

2. 西方早期管理思想

西方的管理实践和管理思想可以追溯到 6 000 多年前，古埃及、古巴比伦、古罗马等国家在建造建筑物、指挥军队作战、组织教会活动的管理中就体现出管理思想了。

公元前 5 000 年左右，古埃及人建造了世界闻名的金字塔。那些修建者在交通工具落后、科学技术欠缺的情况下能创造出这样伟大的奇迹，不得不说这位负责修建金字塔的人是最优秀的管理者。

公元前 2 000 年左右，古巴比伦国王汉谟拉比颁布了《汉谟拉比法典》。这部法典包含着丰富的管理思想，例如“如果一个人在另一个人那里存放了金银或其他东西，必须有一个证人，并拟订契约，然后再存放”，这是对贵重物品的存放做出明确规定。除此之外，这部法典还对责任的承担、借贷、货物的交易等问题都有明文规定。

古罗马帝国持续了几个世纪的兴盛在很大程度上归功于狄奥克利雄大帝卓越的组织才能。公元 284 年，狄奥克利雄大帝登上王位后迅速对下级人员进行重新管理，他按地理区域划分基层组织，对各级组织又配备了参谋人员。他的管理战略思想为后人在管理方面留下了宝贵的经验。

拓展知识

外国古代社会的管理思想

苏美尔人——制定《汉谟拉比法典》，建立了最早的法律体系，对各种职业、各个层面人员的责、权、利关系给予明确的规定，提出了民事控制、事故责任、生产控制与激励以及最低工资的规定。

古埃及人——建立以法老为最高统治者的中央集权的专制政权，制定了土地制度、税收制度、档案制度。

古希腊人——突出民主管理思想，建立了有一定民主成分的政府。同时，一些思想家提出了一些重要的管理思想，如柏拉图提出专业化和合理分工的原则。

古罗马人——建立并实行连续授权的组织的制度。

(资料来源：亓名杰. 管理思想史[M]. 北京：机械工业出版社，2008)

3. 东西方古代社会管理思想之比较

不同的国家和地区，其管理模式的差异是非常大的。随着人类科技水平的不断提高，各国家地区之间的交流也变得更加频繁，彼此间的文化也逐渐融合。所以，有必要对东西方管理思想进行比较，研究它们之间的共性与互补性。

1) 东西方管理思想的共性研究

(1) 无论是东方管理思想还是西方管理思想，在讨论管理问题时都是将人放在第一位。不过在东方的管理思想中，人文主义从一开始就是其管理思想的中心要素。而西方管理思想则是通过对员工的尊重达到组织的发展。

(2) 东方管理思想和西方管理思想都是以追求社会组织的高效率为最高目标。从古希腊到管理决策学派，西方的管理思想都是将提高管理效率作为组织宗旨。与此相同的是，东方管理思想的提出也是源于提高组织效率。

(3) 东方管理思想同西方管理思想都存在强势与弱势管理模式之分。不同的管理模式之间存在着竞争关系，一成不变的管理模式只会被新的模式所取代，所以管理模式是在不断发展和变化的。

随着社会经济的发展，各国之间的交流也变得越来越频繁，人类社会的文化也逐渐被接纳甚至融合，各国之间的文化差异正在渐渐变小，因此，东西方之间管理思想的共性必然会越来越多。

2) 东西方管理思想的互补性研究

(1) 科学管理与人本管理的互补。西方的管理思想由于过分强调其科学性，因此很难让人感受到其中的人文气息，而东方的管理思想从一开始就是将人文主义作为其管理基础，这正好弥补了西方管理思想的不足。当然，过分强调人治必然显得这样的管理刚性不足。因此，西方的科学管理同东方的人本管理具有相当大的互补性。

(2) 目标管理与跨度思维互补。目标管理是西方管理的一个重要管理方法，它是指在特定时期内，组织先制定一个总目标，在具体实施过程中再将总目标分解为各个子目标，通过组织内部的自我控制达到管理目标。这是一种明显的循序渐进型管理模式。而东方管理通常习惯于抓住问题的主要矛盾，跨越诸多中间环节直接到达关键环节。事实上，这两种模式是可以产生互补作用的。当组织稳定发展时，目标管理非常有效；当组织发展不定时，就要采取东方的跨度思维进行管理。

(3) 权变理论与辩证观点的互补。西方的权变理论是为适应现代经济复杂多变的内在要求而产生的一种管理模式，其核心是以现实为中心，以目标多变性为特点。中国古代管理思想的辩证观认为事物是在不断发展变化的，任何矛盾都是可以相互转化的。两种管理思想能相互借鉴对其发展也是大有帮助的。

2.1.2 管理理论萌芽

工业革命以前的管理是以经验管理的方法为主流方式，这种管理模式非常具有个性化，缺乏科学的管理方式和理论体系。而由于工业革命与生产规模的扩大极大程度地推动了科学管理知识体系的产生以及发展，那种依靠经验管理的方式，显然已经不适应工业革命生产力的要求。由于当时经济、社会和政治的变化为管理理论的萌芽形成了气候与土壤，当时这些国家的政治哲理与经济理论也为管理论的出现创造了必要的前提条件。虽然这一时期还没有产生比较系统的管理理论，但是在管理理论的研究上，已经在不少方面出现了对于管理理论的建立和发展具有深远影响的管理思想。

1. 亚当·斯密的管理思想

亚当·斯密是英国古典经济学家的杰出代表和理论体系建立者，他认为劳动是获得财富的源泉。在《国民财富的性质和原因的研究》中，亚当·斯密提出了劳动分工和经济人的观点。

(1) 劳动分工的观点。亚当· 斯密认为劳动分工是导致劳动生产率提高的重要因素。首先，分工能使劳动者专门从事一种简单的工作，从而增加熟练程度。其次，分工减少了劳动者交换工作的时间，从而促进生产率提高。再次，分工可以使劳动者的注意力集中在一种特点对象上，有利于发现更简便的工作方法。

(2) 经济人的观点。亚当·斯密把经济现象中具备利己主义的人称为经济人。经济人追求的是完全的个人利益，由于利益是相互依存和相互制约的，所以个人在追求私利时才会顾及他人利益，因此产生相互的共同利益。

2. 罗伯特·欧文的管理思想

罗伯特·欧文是英国卓越的空想社会主义者，被人们誉为现代人力资源管理的先驱。欧文曾在苏格兰的纽拉纳克经营过一家纺织厂，他在工厂里做了大量的实验，包括改善工作条件，缩短工作时间，严禁使用未满 9 岁的儿童参加劳动；提高工资；免费供应午餐；建设工人住宅区；开设工厂商店，按成本出售给职工所需要的必需品；设立幼儿园和模范学校；创办互助储金会和医院，发放抚恤金等。通过这一系列的改革使得工人阶级的处境大为改善，同时提高了企业的利润。由此，欧文提出要重视工厂管理工作中人的因素，这实际上是人际关系和行为科学理论的思想基础，对以后的管理产生了相当大的影响。

3. 查尔斯·巴贝奇的管理思想

查尔斯·巴贝奇是英国著名的数学家，他曾用多年时间对英、法两国的一些工厂进行考察研究，并于 1832 年出版了《论机器和制造业的经济》一书对专业分工、作业方法、机器与工具的使用和成本记录等都进行了专门论述。他还对亚当·斯密的劳动分工理论观点进行补充，认为劳动分工具有如下优点。

(1) 分工节省了学习所需的时间。生产中包含很多的工序，如果进行分工，每个工人从事的工序就会减少，就只需要较少的学习时间。

(2) 分工后雇主可以按照工序的技艺难度对不同的工人实行不同的工资。未实行分工前，雇主必须按照全部工序中要求最好或是最难的技艺的标准支付工资，而实行分工后，对于一些相对简单的工序交由一般工人完成，并支付较低的工资，而一些难度较大的工序交由技艺熟练的工人完成，并支付较高的薪酬。

(3) 脑力劳动和体力劳动一样可以进行分工。他将技术工作进行分类并指出，把复杂的工作交给有高度能力的数学家去做，而把简单的工作交给只能从事简单算数的人去做，从而大大提高了整个工作的效率。

管理小故事

同为公司员工，待遇怎么差这么多？

一天，车间的小李对公司财务部主管说，我每天在车间这么辛苦的干活，而你只是坐在办公室，不用出苦力，为什么我的工资还不到你的四分之一？同为公司员工，为什么待遇会差这么多呢？财务主管笑着说，老总的工资可比我俩都高好多倍啊，他现在还到处旅游呢，你问问他这是怎么回事啊。

管理启示：劳动分为脑力劳动和体力劳动，车间员工付出的是体力劳动，这是属于一般劳动力。而管理人员付出的是管理才能，这是脑力和心智劳动，特别是企业老总，他们付出的是企业家才能，这属于稀缺资源。从供求关系来看，脑力劳动自然要比体力劳动获得更高的报酬。

(4) 研究作业方法与研究分工一样，对劳动生产率的提高有巨大的影响。他制定了“观察制造业的方法”，从一张包括生产材料、生产周期、正常耗费、成本、工具、价格、市场、工人和工资等内容的表格进行观察，并力图寻找投入最少而产出最多的作业方法。

(5) 分工后注意力集中于比较单纯的作业，能够改进工具和技术，使之设计出更适用的工具和机器，从而提高生产效率。

(6) 在工人与资本家关系方面，他强调双方要协作。认为工人与资本家之间能够存在利益的共同点，并由此提出一种“固定工资加利润分享”的制度，主张工人的收入应该由 3 个部分组成：一是按工作性质所确定的固定工资；二是按对生产力所做出的贡献分的利润；三是为增进生产率提出建议而赢得的奖金。巴贝奇的按生产率高低来确定报酬的制度是一个重大的贡献。

拓展知识

近代管理思想的代表人物及其主要观点

代表人物	国籍	年代	代表著作	主要观点
詹姆斯·斯图亚特 (James Steuart)	英国	1712—1780	《政治经济学原理研究》	工人从事重复操作可提高生产率；提出工作方法研究和鼓励性工资，以及管理人员与工人分工等问题
亚当·斯密 (Adam Smith)	英国	1723—1790	《国富论》	系统地提出了劳动价值论和劳动分工理论；提出了控制职能；计算投资还本问题；提出了经济人的观点
查尔斯·巴贝奇 (Charles Babbage)	英国	1792—1871	《论机器和制造业的经济》	着重论述了专业分工与机器工具使用的关系；提出固定工资加利润的分配制度；提出以“边际熟练”原则；主张实行有益的建议制度

续表

代表人物	国籍	年代	代表著作	主要观点
罗伯特·欧文 (Robert Owen)	英国	1771—1858	《论工业制度的影响》	提出要重视工厂管理工作中人的因素，工厂企业应致力于对人力资源的开发和投资
查尔斯·杜平 (Charles Dupin)	法国	1784—1873	《关于工人情况的谈话》	最早提出把管理作为一门独立的学科来进行教学；提出初步的工时研究和劳动分工后工作量平衡等问题；提出工厂领导者处于高位的是他的智力
克劳塞维茨 (Clausewitz)	德国	1780—1831	《战争论》	提出管理人员应进行细致的规划使不确定性最小化并做出决策、采取行动
安德鲁·尤尔 (Andrew Yule)	英国	1778—1857	《制造业的哲学》	把企业有机地划分为 3 类有机系统；提出要在工厂内部建立必要的规章制度

(资料来源：亓名杰. 管理思想史[M]. 北京：机械工业出版社，2008)

研讨与质疑

学习管理思想发展历史能否帮助一个人成为更好的管理者？请以实例说明。

2.2 古典管理理论概要

管理情景

是严格管理，还是自我控制？

在车间领导班子会议上，两位车间副主任就如何进一步提高管理工作水平问题发表了各自观点。王副主任主张应向严格管理方向努力，要加强管理的规范化。他强调要加强制度建设，加大监督力度，严格劳动纪律。并引用“科学管理之父”泰勒的经典管理思想来加以阐释。而吴副主任则认为要坚持以人为本的管理思想，重视人的需要，通过激励手段来促使员工自我控制，自我管理。吴副主任强调，这是梅奥人际关系理论的发展，是世界性的潮流趋势。王副主任坚持认为在中国现阶段的流水线生产，规范化的科学管理和强有力的现场监督才是唯一有效的管理。王、吴副主任各自坚持己见，争执不休。

【讨论】

你知道泰勒的科学管理思想和梅奥的人际关系理论吗？你赞成哪位副主任的意见？

理论研习

古典管理理论形成于 19 世纪末 20 世纪初。由于社会的变革，封建社会的生产关系已经不能适应资本主义经济发展的进一步需要，在这种矛盾冲突中，资产阶级政权的建立势在必行，从而也打开了资本主义精神的思想根源。在工业革命爆发的时代，社会的发展和人们自身的认识为资本主义的高速发展提供了物质条件、精神条件和理论条件。随着社会的不断发展，人们对如何在市场中通过努力以获得高效率和取得高利润提出了新的疑问，这个疑问成为古典管理理论萌芽的直接条件。

2.2.1 泰勒的科学管理理论

19 世纪末，随着资本主义科技和经济的不断发展，企业的规模也在不断扩大，企业所采用的生产技术也变得更加复杂，传统的管理模式已经很难适应企业的迅速发展。在美国，提高劳动生产率已成为工业生产的一个突出问题。当时作为机械工程师的泰勒发现工人倾向于"磨洋工"，雇主对工人实行的计件工资制也很难提高工作效率。经过一番深入的调查研究，泰勒总结出一套管理原则和方法，这就是科学管理理论。这一理论在当时欧美资本主义国家产生了巨大的效应，尤其对制造业的发展有相当大的影响力，至今仍值得我们借鉴。

拓展知识

科学管理之父——泰勒

弗雷德里克·温斯洛·泰勒(Frederick Winslow Taylor，1856—1915 年)被称为"科学管理之父"。他出生在美国费城一个富裕的律师家庭，他的父亲一心指望他子继父业，成为一个有成就的律师。年轻的泰勒确实不负众望，考入哈佛大学法学院，但因患眼疾和神经性头痛无法学习，中途辍学。1875 年进入一家小型工厂当徒工，3 年后转到米德维尔钢铁公司，先后做过技工、工厂、总机械师、总绘图师，于 28 岁升为总工程师。泰勒大部分的工作生涯是在此公司度过的。1898 年，他开始独立创业，从事工厂管理咨询工作。他的代表作是 1911 年出版的《科学管理原理》，奠定了科学理论的基石。

1. 科学管理理论的内容

科学管理的中心问题是提高劳动生产率，即用科学的管理方法替代传统的管理模式从而实现最高工作效率。其内容主要包括以下方面。

1) 制定标准的劳动方法

泰勒认为，工人应该掌握标准的操作技能，使用标准的劳动器材，企业还要为工人营造标准化的作业环境，这样才能实现劳动的高效率。为了证明这一点，泰勒做了大量实验，比如他在米德维尔钢铁厂进行的金属切削试验、在贝瑟利恩钢铁公司进行的搬运生铁和铁铲实验。

2) 科学地选择和培训工人

由于每个工人的性格特点不一，兴趣爱好也不尽相同，因此管理者必须依据生产的实际情况挑选和分配工人。同时，管理者还应充分发掘工人的潜能，对其不足之处进行教育和培养，使工人们尽可能成为最适合这项工作的人。泰勒把这样的工人称为"第一流工人"。"第一流工人"的实质也就是把合适的人放在合适的岗位上，从而达到效率最优且人才资源不被浪费的良好局面。

3) 实行有差别的计件工资制

工人由于工资微薄、多劳又不能多得，于是他们采用"磨洋工"的方式来表达对雇主的不满，这样一来，严重阻碍劳动力的充分发挥。泰勒实行有差别的计件工资制，这是指企业对自身工作和业务进行调查研究后，为员工制定出合理的工作定额，并且对超额完成任务的员工实行一定的奖励。这种有差别的计件工资制既给了员工一个明确而合理的工作目标，又鼓励员工积极完成工作任务，甚至超额完成，有效提高了劳动生产率。

4) 将计划职能和执行职能分开

泰勒认为，工人没有时间和条件去从事工作方法的研究，单凭他们的经验也不足以形成科学的工作方法。所以泰勒主张要将计划职能和执行职能明确划分开来，使管理者和员工各自明确自己的工作和责任。计划职能归企业管理当局，并设立专门的计划部门来承担。工人和部分工长则从事执行职能，负责实际操作。

5) 劳资双方进行“精神革命”

泰勒认为，工人和雇主双方都应该进行一次“精神革命”，这样可以将相互对立转变为相互协作，共同为提高劳动生产率而努力。企业的管理者通过物质、精神奖励和培训等方法让员工感到满意，实现自身价值，这样可以激励员工更加努力为企业效劳。

6) 实行职能工长制

泰勒认为，要使工长有效地履行自己的职责，就应该把管理工作进行细分。一个工长只要承担一种管理职能，工长们再把自己的命令下达属于自己工作范围内的工人。不过这种制度很容易导致部分工人因同时接受多个工长的命令而引起工作混乱，因此职能工长制并没有得到很好的推广。

7) 实行例外原则

例外原则就是企业的高级管理人员只负责决策和监督重大决策工作，其他一些日常事务都交由下级管理人员去处理。一般来说，只有大规模的企业才会运行这项原则。

研讨与质疑

管理学中，泰勒提出的计划职能与执行职能相分离同亚当•斯密提出的劳动分工理论有什么联系和区别？

管理小故事

泰勒的铁铲实验

泰勒通过对贝瑟利恩钢铁公司工人劳动过程的观察，特别是使用秒表和量具来精确计算工人铲煤的效率与铁铲尺寸的关系，发现每铲重量为 21 磅时效率最高，探索出实现铲煤最高效率的铁铲尺寸大小和铲煤动作的规范方式，并相应设计出大小 12 种规格的铁铲。每次劳动，除指派任务外，还要根据材料的比重指定所用铁铲的规格，以提高劳动效率。实验前，干不同的活拿不同的铲，铲不同的东西每铲重量不一样；实验后，铲不同的东西拿不同的铲，生产效率得到大幅度提升。

2. 对科学管理理论的评价

泰勒的科学管理理论是一套较为完整的管理思想体系，在整个管理思想发展史上是一次重大的飞跃，对管理学具有重大的历史意义。

科学管理理论对企业管理的影响主要表现在两个方面。

(1) 科学管理理论为企业工作方法的改进和工时定额的制定提供了理论依据。

(2) 科学管理理论提出了劳资精神革命的构思，为缓解劳资关系增加了可能性。

当然，科学管理理论也存在不足之处，例如泰勒将计划与实际相分离。事实上，计划工作与实际工作是同个工作的两个单独组成部分，这并不等同于两个单独的工作。有计划而无实际行动无疑是纸上谈兵，缺乏计划指导的实际操作也会使工作无法得到控制，只有将两者相结合，才能大大提高劳动生产率。

2.2.2 法约尔的一般管理理论

泰勒是从企业底层开始对科学管理理论进行研究的，其研究的重点是生产过程中的管理问题。而亨利·法约尔则是从企业的上层开始研究，着重研究企业经营管理的问题。法约尔提出的一般管理理论对西方管理理论的发展具有重大的影响，成为管理过程学派的理论基础，也是以后西方的各种管理理论和管理实践的重要依据之一。

拓展知识

管理过程理论之父——法约尔

亨利·法约尔(Henry Fayol，1841—1925 年)，法国著名管理专家。出生于法国的一个资产阶级家庭，1860 年从圣艾蒂安国立矿业学院毕业后进入康门塔里福尔香堡采矿冶金公司，成为一名采矿工程师，并在此度过了整个职业生涯。1885 年起任法国最大的矿冶公司总经理达 30 年。根据自己 50 多年的管理实践，于 1916 年发表了《工业管理和一般管理》一书，提出适用于一切组织的五大职能和有效管理的 14 条原则。

1. 一般管理理论的主要内容

作为著名的管理学家，法约尔将企业的整体作为研究对象，并把总经理作为研究管理问题的重心。一般管理理论的适用范围也相对广泛，不仅适用于公私企业，还适用于军政机关和宗教组织等。法约尔的主要管理思想与贡献即一般管理理论，主要包括以下 3 个方面内容。

1) 对企业经营活动的概括

法约尔以整个企业为研究对象，对企业经营活动进行总结，将企业所从事的一切活动归纳为六大经营职能。

(1) 技术活动。主要指生产、制造、加工等。

(2) 商业活动。主要指购买、销售、交换等。

(3) 财务活动。主要指资金的筹集、运用和控制等。

(4) 安全活动。主要指维护设备和保护职工的安全等。

(5) 会计活动。主要指盘点、制作财务报表、成本核算、统计等。

(6) 管理活动。主要指计划、组织、指挥、协调和控制。

其中，管理活动处于核心地位。

2) 最早提出管理的职能

法约尔对企业六大经营职能中的管理活动进行深入分析研究，提出了管理的 5 要素，即计划、组织、指挥、协调和控制，并作了详细的阐述。他当时讲的管理要素就是现在所讲的管理职能。这 5 要素成为现代管理中研究管理职能的基础。

(1) 计划。主要指根据情况来制订工作方案。

(2) 组织。主要指确立企业的物质和人力资源，建立执行工作任务和权力的结构，从而以最有效的方式完成活动。

(3) 指挥。主要是指领导者通过为下级人员作示范等领导艺术保证组织成员的活动，从而使整个组织运转起来。

(4) 协调。主要是指协调、统一组织成员团结和谐，保证整个部门目标一致。

(5) 控制。主要是指核实整个实施过程是否同既定的计划相符合，以便及时发现错误并加以改正，从而保证计划得以实现。

3) 系统地总结管理的一般原则

法约尔对企业管理经验进行科学总结与提升，第一次系统地提出管理原则。他总结的企业管理 14 项原则如下。

(1) 劳动分工原则。分工不仅仅限于技术分工，也体现在管理分工。将劳动分工可以提高劳动的熟练度，从而提高劳动效率。

(2) 权力和责任。在法约尔看来，权力和责任是互为因果的，有权力行使的地方就必然有责任存在。

(3) 纪律。纪律是一种规范，是企业兴旺发展的基础。纪律的建立和维护依赖于领导和所属员工的一致服从和遵守。

(4) 统一指挥。这条原则与泰勒的职能工长制相反，强调的是要避免双重领导，也就是说一个职工只能接受一个上级的命令。

(5) 统一领导。是指对于具有统一目标的活动，应由同一个管理者来负责。这和统一指挥是截然不同的两个概念，不可混为一谈。

(6) 个人利益服从集体利益。部门所属成员必须将组织的整体利益置于至高无上的地位，管理者更应该以身作则，做好监督工作，避免个人私心破坏集体利益。

(7) 职工合理的报酬。职工的报酬有很多支付方式，但都应该尽量让管理者和所属人员都感到满意。同时，对于工作突出的工作人员应该给予合理的奖励。这些都能鼓励和提高工作人员的工作激情。

(8) 权力的集中和分散。无论是集权还是分权都应该视组织面临的境况而定，两者可以经常变化。

(9) 等级原则。企业的最高领导层到最基层人员之间形成了一个等级系列，这个系列显示出执行权力的路线和信息传递的渠道。为了使信息的传递能及时到达，法约尔设计了一个能够横跨权力执行路线的“法约尔跳板”(图 2.1)

在法约尔跳板中，如果工长 J 在车间发生紧急情况，那么工长 J 可以与工长 K 直接横向沟通，但是必须是当事人同意且各自上级已被通知。这样，通过法约尔跳板就把尊重等级系列与保持行动迅速恰当结合在一起了。

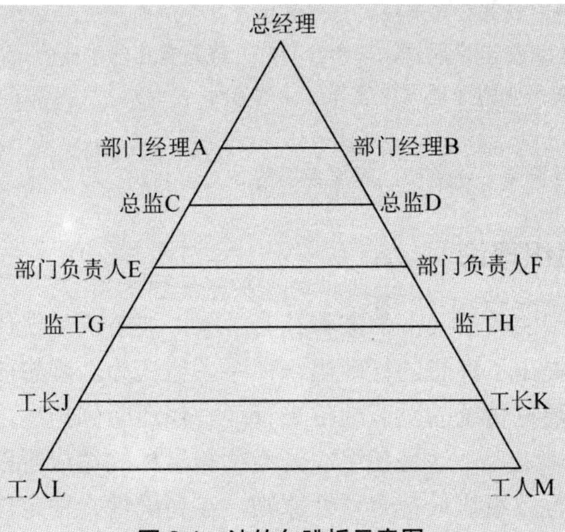

图 2.1 法约尔跳板示意图

(10) 秩序。所谓完善的秩序就是“合适的人在合适的位置上”，每个人都能充分发挥自己的潜能胜任自己的岗位。

(11) 公平。为了鼓励员工尽忠职守，领导者应该公平地对待员工，尽可能地满足他们的愿望。在这里，法约尔把公平解释为亲切、友好与公正。

(12) 人员稳定。即有秩序的安排人员和补充人力资源。不必要的人员流动反应出不合理的管理，所以任何组织都有必要使员工为企业做长期的服务。当然，由于生老病死等客观因素所造成的人员变动是不可避免的，因此也要适当补充人力资源。

(13) 首创精神。一个组织，不管是管理者还是所属员工都应该充分发挥他们的创造力，这对组织而言，无疑是一个巨大的推动力。

(14) 人员的团结。组织内部要提倡团结精神，营造出和谐融洽的工作氛围。

这 14 条原则是法约尔一般管理理论的核心内容。

2. 对一般管理理论的评价

法约尔的一般管理理论对管理科学的形成和发展做出了巨大的贡献，主要表现在以下 3 个方面。

(1) 提出了管理的普遍性。法约尔把管理活动从经营中单独列出来，作为一个独立的研究项目，这种对管理普遍性的认识，在当时是一个重大贡献。

(2) 提出了更具一般性的管理理论。泰勒的科学管理理论具有很强的实践性，缺乏一般的理论性。法约尔的一般管理理论涉及的都是比较普遍的管理问题，其形式和研究对象都是在极其普遍的条件下得出的相关结论。

(3) 为管理过程学派奠定了基础。法约尔的主张在后来的管理理论发展中都被广泛使用，说明一般管理理论对现代管理理论有重要的影响。

案例链接

马萨诸塞铁路公司聘用经理

1841 年 10 月 5 日，在美国马萨诸塞至纽约的西部铁路上，两列火车相撞，造成近 20 人伤亡，美国公众对这一事件议论纷纷，并对铁路公司老板的低劣管理进行严厉的抨击。为了平息这一局面，这个铁路公司开始进行管理改革，资本家交出管理权，只拿红利，另聘具有管理才能的人担任企业领导。这就是美国历史上首次通过正式聘用领薪金的经理人员管理企业的事件。

【讨论】

试从管理学角度分析马萨诸塞铁路公司聘用经理的方式。

2.2.3 韦伯的行政组织理论

马克斯·韦伯是德国的政治经济学家和社会学家，被公认是现代社会学的奠基人。他在管理学上的主要贡献是提出了理想的行政组织体系。他认为，理想的行政组织必须通过职位和职务来管理，而不能通过传统的世袭地位来管理。他还明确指出，理想的行政组织必须建立在合理合法权力的基础之上，这是使组织的连续和目标的达成得以有效维系的基本保证。在他看来，这种理想的行政组织最符合理性原则，在精确性、稳定性、纪律性和可靠性上均优于其他组织形式。

拓展知识

组织管理之父——马克斯·韦伯

马克斯·韦伯(Max Weber，1864—1920年)，和泰勒、法约尔是同时期人。出身于德国一个有着广泛的社会和政治关系的富裕家庭，他从小受到了良好的教育。1882年他进入海德堡大学读法律，以后又就读于柏林大学和哥丁根大学。他受过3次军事训练，并于1888年参加了一次军事演习，因而对德国的军事生活和组织制度有相当的了解，这对他日后建立组织理论有相当大的影响。他一生中担任过多所大学的教授，他还担任过政府顾问、编辑、著作家等，对社会学、经济学、历史、宗教等许多问题都有自己的观点和独到的见解。他的代表作是《社会和经济组织理论》，他在管理思想上的最大贡献是提出了所谓“理想的行政组织体系理论”，因而被后人尊称为“组织理论之父”。

1. 行政组织理论的主要内容

1) 权力论

韦伯认为，任何组织都必须以某种形式的权力作为基础。人类社会存在 3 种为社会所接受的权力。

(1) 超凡的权力。这种权力的基础在于人们对个别人的特殊魅力和英雄模范主义的仰慕崇拜之情，因此它带有浓重的感情色彩，是不理性的。可见，超凡魅力型的权力是不稳固的，不宜作为组织体系的基础。

(2) 传统的权力。这种权力的基础是人们对传统力量的服从，由于这种组织的领导是按传统或继承沿袭下来的，所以其管理也仅限于维持传统，而忽略了工作效率。因此，传统型权力也是非理性的权力模式。

(3) 法定的权力。这是由法律规定而来的权力。它要求人们的服从是绝对的，不管是普通老百姓还是领袖官员，对这种权力的服从就等于对确认的职务或地位的权力的服从。韦伯认为，理想的组织应以合理合法权力为基础，这样才能有效地维系组织的连续和目标的达成。

2) 理想的行政组织体系的特点

(1) 明确的分工。组织中的每个职位都有明确的权利和义务，组织成员按其职业专业化进行分工。

(2) 职位等级化。组织内的各个职位都按照权力等级原则进行合法安排，形成自上而下、职权明确的等级系统。

(3) 人员任用制度。人员的任用都要根据职务的要求，通过正式考试或教育培训制度获得。

(4) 管理人员专职化。每个管理人员都拥有固定的薪金和明文规定的升迁制度，都属于职业管理人员。

(5) 遵规守纪。管理人员要严格遵守组织中规定的规则和纪律。

(6) 公私分明。职务上的活动都被视为私人事物以外的事情，要建立明确的公私界限。

(7) 人员间的关系。组织中各成员之间的职位关系要以理性准则为指导，不能受个人情感因素的影响。

2. 对行政组织理论的评价

韦伯的理想的行政组织理论总结了许多大型组织的实践经验，为资本主义的发展提供了一种稳定严密的管理体系；同时也为管理理论的创新做出了巨大贡献。当然，这个理论并非十全十美的。韦伯只把目光投向正式组织，却忽视了现实中还存在非正式组织，这对管理理论的研究也产生了一定的影响。

古典管理理论的演进过程如图 2.2 所示。

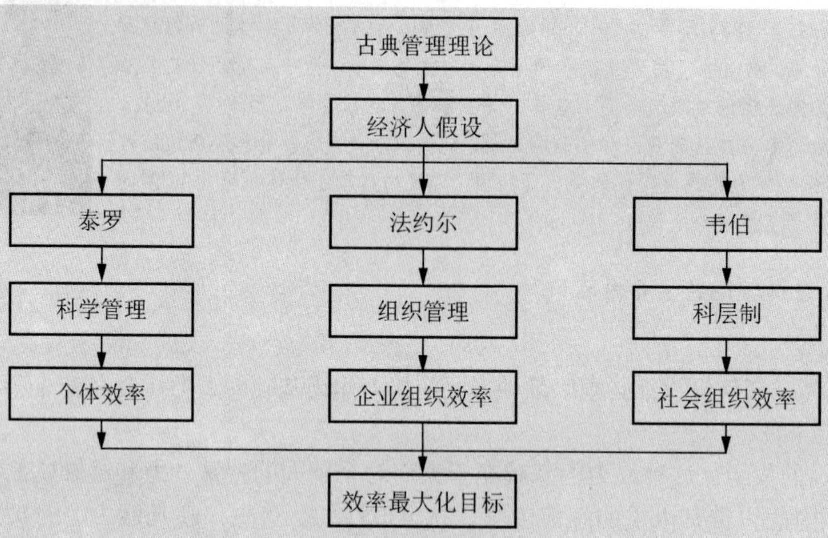

图 2.2　古典管理理论的演进过程

2.2.4　霍桑试验与人际关系理论

拓展知识

乔治·埃尔顿·梅奥(George Elton Mayo，1880—1949 年)，1880 年出生于澳大利亚，著名心理学家和管理学家。第一次世界大战期间，他利用业余时间用心理疗法治疗受伤士兵，成为澳大利亚采用此种疗法的先驱者。1923—1926 年作为宾夕法尼亚大学的研究人员为洛克菲勒基金会进行工业研究。1926 年，梅奥进入哈佛大学工商管理学院从事研究，任该工业研究室副教授。1927 年冬，梅奥应邀参加了霍桑试验。1933 年发表了著名的《工业文明中的人类问题》。1945 年退休，并获得“荣誉退休者”的头衔。1949 年卒于英国。

进入 20 世纪，科学管理理论成为管理理论和实践的主流，企业家把工人当作机器一样看待，把分配给工人们的任务和工作设计得非常简单，让工人们仅做简单易懂的工作，同时给予物质刺激，以此提高生产效率。这样的理论取得了成就，同时也带来了问题。20 世纪 20 年代，位于美国芝加哥郊外的西方电气公司的霍桑工厂出现了令许多管理工作者感兴趣的现象：这个工厂有 2.5 万人，有比较完善的娱乐设施、医疗制度和养老金制度，良好的工作环境和物质条件本应使该厂的生产效率有较大的提高，但事实上工人并没有良好的精神状态，工作成绩也不佳。这无疑是对科学管理理论提出的巨大挑战。为探明原因，由美国国家科学研究委员会赞助的研究计划于 1924 年在该厂实施。其目的是考察工作环境与生产效率之间的关系。这就是管理学发展史上非常著名的试验——霍桑试验(Hawthorne Studies)。试验从 1924—1932 年，历时 8 年之久。

根据霍桑实验，梅奥于 1933 年发表了《工业文明中人的问题》一书，提出了人际关系学说，其人际关系理论的主要内容有 3 个方面。

1. 工人是“社会人”而不是“经济人”

梅奥认为，人们的行为并不单纯出自追求金钱的动机，还有社会方面的、心理方面的需要，即追求人与人之间的友情、安全感、归属感和受人尊敬等，而后者更为重要。因此，不能单纯从技术和物质条件着眼，而必须首先从社会心理方面考虑合理的组织与管理。

2. 企业中存在着非正式组织

这种非正式组织是企业成员在共同工作的过程中，由于具有共同的感情而形成的非正式团体。这种无形组织有它特殊的感情、规范和倾向，左右着成员的行为。古典管理理论仅注重正式组织的作用，这是很不够的。非正式组织不仅存在，而且同正式组织是相互依存的，对生产率的提高有很大影响。

3. 新型的领导能力在于提高工人的满意度

在决定劳动生产率的各种因素中，置于首位的因素是工人的满意度，而生产条件、工资报酬只是第二位。职工的满意度越高，其士气就越高，从而产生效率就越高。作为一个领导应该深刻认识到这一点，不但要考虑职工的物质需要，还应该考虑职工的精神需求。

除了梅奥，为人际关系运动做出贡献的还有马斯洛(需要层次论)和赫茨伯格(双因素理论)。梅奥等人的人际关系学说的问世，开辟了管理和管理理论的一个新领域，并且弥补了古典管理理论的不足，更为以后行为科学的发展奠定了基础。

研讨与质疑

你认为人际关系论的上述观点是否全面？有片面之处吗？

2.3 现代管理理论丛林

管理情景

克莱斯勒公司的难题

在过热的汽车产业竞争中，克莱斯勒公司面临着如何在世界汽车产业生产能力过剩的环境中生存下来的难题。如今，所有的汽车制造商都在竭力保持或增加它们的市场份额，克莱劳斯需要对某些车型削价来吸引消费者进入克莱斯勒的汽车陈列室。可是，艾珂卡和克莱斯勒也认为，价格是唯一得到更多买主的方法。此外，克莱斯勒认为他们还须改进公司生产汽车的质量和性能，不能把注意力过分集中在市场营销和财务方面，还必须重视对消费者的售后服务质量。最后，克莱劳斯想要兼并美国汽车公司，这就意味着克莱斯勒要解雇许多员工。员工对这种解雇的态度从愤怒到担心，给克莱斯勒的管理产生巨大的压力。

【讨论】

如何用权变管理的思想解决克莱斯勒面临的问题？

理论研习

2.3.1 现代管理理论丛林产生的背景

第二次世界大战结束以后，随着生产社会化程度的空前提高以及科学技术的迅猛发展，企业的管理思想得到了极大的丰富和发展。不仅从事管理和研究管理学的人，而且一些研究心理、社会、人类、经济、生物、哲学、数学等方面的科学家们也从各自不同的角度，用不同方法对管理问题进行了研究，从而出现了各种各样的学派，带来了管理理论的空前繁荣。美国管理学者哈罗德·孔茨和奥唐奈将这一现象称为“热带丛林”。与前面几个历史阶段不同，这个阶段没有哪一种理论能在这一时期的管理理论发展过程中起主导作用，而是呈现出百花齐放、百家争鸣的局面。1961 年，哈罗德·孔茨发表了《管理理论丛林》论文，对当时众多理论和学说产生的各种学派加以分类，概括出 6 大学派。至 20 世纪 80 年代，有代表性的管理理论学派至少发展到 11 个。为此，1980 年孔茨又写了一篇《再论管理理论丛林》的论文，叙述并分析了这 11 个学派。不同的学者的归纳和研究并非独立而截然不同，而是相互影响，彼此交叉融合。这里主要介绍 6 个主要学派。

拓展知识

哈罗德·孔茨个人简介

哈罗德·孔茨(Harold Koontz，1908—1984 年)，美国当代最著名的管理学家之一，管理过程学派最重要的代表人物。1908 年 5 月 19 日出生于美国俄亥俄州的芬雷。1931 年，就读于美国西北大学，1935 年获得耶鲁大学哲学博士学位。孔茨曾担任过企业和政府的高级管理人员、大学教授、公司董事长和董事、管理顾问，给世界各国高层次管理集团人员讲课，是美国和国际管理学会会员。1963 年曾任美国管理学会主席。1974 年获美国管理促进协会最高奖赏——“泰勒金钥匙”。他的许多重要管理学理论著作对世界很大地区管理理论的发展产生过重要影响。他从 1941 年始陆续出版了二十几本书并发表了八九十篇论文，主要代表著作有：《管理学原理》、《管理理论丛林》、《再论管理理论丛林》等。其中《管理学原理》已经被译成 16 种文字；《董事会和有效管理》于 1968 年被授予“管理学院学术书籍奖”。孔茨根据管理职能对管理知识分类并将其推广，现在这种分类成为世界各国管理教学使用的一种结构体系。

2.3.2 现代管理理论丛林的主要学派

1. 管理过程学派

这个学派是在法约尔一般管理思想的基础上发展起来的。该学派推崇法约尔的管理职能理论。该学派的代表人物是美国的管理学家哈罗德·孔茨和西里尔·奥唐奈。代表作是他们合著的《管理学》。这一学派主要研究管理者的管理过程及其功能，并以管理职能作为其理论的概念结构。

2. 社会系统学派

社会系统学派是从社会学的观点来研究各种组织和组织理论的。这一学派把企业及组织视为一个人们可以有意识加以协调和影响的社会协作系统，其代表人物是美国的管理学家切斯特·巴纳德(Chester I. Barnard)，其代表作是1938年出版的《经理人员的职能》。

3. 管理科学学派

管理科学学派又称数理学派或运筹学派。这一学派是第二次世界大战之后在泰勒科学管理理论的基础上发展起来的，其代表人物是美国的学者伯法(E. S. Buffa)，其代表作为《现代生产管理》。该学派注重量化分析，强调应用数学模型解决管理决策，以寻求决策的科学化与精确化。

4. 经验学派(案例学派)

经验主义学派的代表人物主要有彼德·德鲁克(Peter F. Drucker)、欧内斯特·戴尔(Ernest Dale)。经验学派最关注的是管理者的实际管理经验，认为管理学就是研究管理经验的，成功的组织管理者的经验是最值得借鉴的，远比那些纯理论更有价值。

5. 决策理论学派

赫伯特·西蒙是决策理论学派的主要代表人物。其代表作是1960年出版的《管理决策新科学》。西蒙认为，决策贯穿于管理的全过程，管理就是决策。他还对决策过程、决策准则、程序化决策和非程序化决策、组织机构的建立与决策过程的联系等作了分析。

拓展知识

“沙格型”汽车的决策

在棋界有句话：“一着不慎满盘皆输；一着占先全盘皆活”。它喻示了一个道理，无论做什么事，成功和失败都取决于决策的正确与否。科学的经营决策能使企业充满活力，错误的经营决策则会导致企业陷入险境。

1985年，马来西亚国营重工业公司和日本三菱汽车公司合资2.8亿美元生产的新款汽车“沙格型”隆重推出市场。可是，该款车的销量却很快低至谷底。经济学家经过研究认为，“沙格型”汽车的配件都是由日本运来的，由于日元的升值，它的生产成本急速上涨，而马来西亚的经济又不景气，所以汽车的销量很少。此外，这款车考虑的仅仅是满足国内的需要，因此技术上都未达到出口的标准。由于在目标市场决策中出现失误，“沙格型”汽车终究不能提高马来西亚工业的发展。

6. 权变理论学派

权变理论学派是20世纪70年代在西方形成的一种较新的管理思想学派。权变理论学派的代表人物是英国的伍德沃德(Joan Woodward)，其代表作为《工业组织：理论和实践》。该学派认为，在企业管理中没有一成不变、普遍适用的管理理论和方法，因为环境是复杂而多变的，管理方式或方法应该随着情况的不同而改变。

研讨与质疑

除了上述学派之外，你还知道管理理论丛林中有哪些学派？

2.4 当代管理理论最新发展

管理情景

能应用“学习型组织理论”吗？

郑倩担任公司财务部经理已经十几年了，对财会业务和财务管理也非常熟悉，多年来，领导一直非常满意财务部的工作。可是，随着公司业务的迅速发展，大量的涉外业务让财务部力不从心，尤其是计算机手段的广泛应用，更是让多年来墨守成规的郑经理应接不暇。领导和其他同事开始对财务部表现出不满情绪，甚至公开指责财务部的工作。一次偶然的机会，郑倩听到了“学习型组织理论”，她深受启发，决定尝试运用“学习型组织理论”来指导本部门的创新和改革。可是，“学习型组织理论”究竟包括哪些内容？能否将其运用到自己的财务部门？郑倩陷入了沉思。

【讨论】

1. 你知道什么是“学习型组织”吗？
2. 你能对郑经理的改革创新提出什么建议吗？

理论研习

21世纪初，随着经济全球化、信息一体化的迅速发展，现代组织所面临的经营环境呈现出日益复杂多变，竞争愈加激烈的状态，企业的管理活动格局也出现了翻天覆地的变化。现代管理理论要求组织在急剧变化的社会中，仍然保持充沛的活力来完成组织的任务。众多管理者不断探索，提出来许多新的管理观念、原则和方法。

2.4.1 Z理论

Z理论(Theory Z)由日裔美国学者威廉·大内(William Ouchi)提出的。威廉·大内发现日本企业的生产率普遍高于美国企业，而美国在日本的企业，按照美国方式管理，效率并不如意。根据这一现象大内研究分析了日本企业的管理经验，并在1981年出版《Z理论》一书提出Z理论，其研究的内容主要是人与企业、人与工作的关系。

Z理论的主要观点包括以下方面。

(1) 企业对职工的雇佣应该是长期的而不是短期的。采用长期雇佣职工能增加他们的安全感和责任心，促使他们与企业共荣辱、同命运。

(2) 上下结合制定决策，鼓励职工们参加到企业的管理作业当中。

(3) 实行个人责任制，认为基层管理者对基层问题应该有处理权，同时还需有能力协调职工们的思想和见解，发挥员工的积极性；中级管理者应该起到承上启下、统一思想的作用。

(4) 上下级之间关系要融洽，管理者应处处显示关心员工的利益，设法让职工们心情舒畅、愉悦。

(5) 对职工要进行知识的全面培训，要重视职工的培训工作，注意培养职工多方面的能力。

(6) 准备评价与稳步提拔，应全面与长期坚持评定职工各方面的表现，不以“一时一事”为根据对职工表现下结论。

(7) 控制机制要较为含蓄而不正规，但检测手段要正规。

【管理漫画】

◎中国人在管理上从不固执一理，可以说兼备了美、日的长处。
所以在中国的土地上，美式或日式的管理之花都能盛开。

管理小故事

Z理论在工厂中的应用

某工厂长期受到劳资冲突的困扰，旷工率和流动率持续居高不下，生产力一直处于低产状态。因此，厂长要求全厂实施Z理论以改变工厂的现状。

厂长召开了全体雇员大会，向全体员工解释了他们所面临的形势，让雇员们看到了残酷的竞争现实。雇员们一向对什么事情都一无所知，他们只负责完成任务，因此他们对自己工作效率的评估和改进无能为力。他们没有认识到在一个更大的系统中，他们是不可分割的一部分，他们不了解他们的工作生活的前因后果。随后，厂长解释了工厂与公司的其他机构的关系，并培养他们的人际沟通能力。他鼓励工人们有问题就提，采取开诚布公的态度，形成彼此信任的关系。

对于员工每天分配的生产指标，厂长认为所有监督员要与他们的经理构成一个整体，以便制定每个星期要完成的指标。经理们要作为一个整体，在一起审查每一个监督员的总体工作绩效，他们要考虑到监督员为其他部门做的辅助工作。每一名经理需要巡视工厂中的不同监督岗位，努力了解所有职能部门和人员。

至于过渡到轮班制，显然，任何人都不想在晚上工作，但是认识到需要满足客户的需求，厂长与工人们一起找到解决的办法。他们没有实施每班8个小时、各班次毫不相连的轮班制，而是推行早班从上午5点到下午1点、晚班从上午10点到晚上6点的制度。从10点到下午1点，早晚班会重叠在一起，但在这期间增加了一倍的人力能够发挥非常好的作用。工作计划会得到妥善的安排，这样早晚班都能完成自己的任务，任何人都不会闲着没事干。雇员们更喜欢这个方案，并在实施时表现出极大的热情。

一年后，工厂运转的效率比以前更高了。旷工率和流动率降低了，效率和质量提高了，轮班制的实施发挥了有效的作用。

2.4.2 全面质量管理

全面质量管理(Total Quality Management，TQM)是指企业的所有部门和员工，以提高和确保质量为核心，把专业技术、管理技术同现代科学结合起来加以灵活运用，建立一套可学的、严密的、高效的质量保证体系，控制影响质量的全过程的各项因素，以优秀的工作质量和经济的办法，系统地研制、生产和销售用户满意的产品。简言之，就是由企业全体人员参加的，用全面工作质量保证生产全过程的管理活动。

全面质量管理包括以下几个基本内容。

(1) 设计试制过程的质量管理。主要包括 4 个工作：制定好产品质量目标；加强设计中的试验研究工作；严格遵守设计试制过程中的工作程序；进行产品质量的经济分析。

(2) 制造过程的全面管理。主要包括 5 个工作：加强工艺管理，严格工艺纪律；搞好均衡生产和文明生产；组织好技术检验工作；掌握好质量动态，做好产品质量的原始记录、统计和分析；加强不合格产品的管理。

(3) 使用过程的质量管理。主要包括 3 个工作：积极开展技术服务工作；进行使用有效和使用要求的调查；认真处理出产产品的质量问题。

2.4.3 学习型组织

学习型组织是由美国管理学大师彼得·圣吉在他的《第五项修炼》一书中提出的管理观念，认为企业传统的组织类型已经不能适应日益全球化的社会环境，因此提倡企业应建立学习型组织。学习型组织是指通过营造整个组织的学习气氛，充分发挥员工的创造性思维能力而建立起来的一种有机的、高度柔性的、横向网络式的、符合人性的、能持续发展的组织。

圣吉认为，一个组织要想变成一个学习型组织，应该有以下 5 项修炼。

(1) 团队学习——通过进行深度汇谈、集体的思考和分析，激发群体智慧。团体学习的有效性不仅在于团体整体会产生出色的成果，而且其个别成员学习的速度也比其他人的学习速度快。团体学习的修炼是“深度汇谈”。“深度汇谈”是一个团体的所有成员提出心中的假设，从而实现真正一起思考的能力。

【管理漫画】

◎在组织中，每个成员的团队精神最重要，不能只求个人赢得平等自由而损害组织目标。

(2) 建立共同愿景——通过凝聚组织上下的意志力，打造生命共同体。建立共同的愿景能使在组织中鼓舞人心，同时共同的愿景能够增强组织的凝聚力，促使组织每个人朝着这个共同的目标前进。

(3) 自我超越——建立个人愿景，实现心灵深处的渴望。自我超越的修炼是指学习不断深入，并加深个人的真正愿望，集中精力，培养耐心，客观地观察现实。它是学习型组织的精神基础。只有不断地认识自己，认识环境的变化，不断地赋予自己更远大的目标，同时由此超越过去，超越自己，迎接未来。

(4) 改善心智模式——通过团队学习、标杆学习，改变心智模式。心智模式是根植于我们每个人或组织之中的思想方式和行为模式，它影响着我们个人或组织对这个世界的了解，但是个人或组织常常并不了解自己的心智模式。这项修炼就是要把镜子转向自己，先修炼自己的心智模式。

(5) 系统思考——一叶知秋，管中窥豹。其实一个组织与人类一样，也是一个“五脏俱全”的系统。组织中每项活动彼此牵连影响着，这种影响往往要长年累月才能展现出来。我们作为群体的一部分，置身于中而想看清整体的变化非常困难。因此第 5 项修炼，是要让人与组织形成系统观察、系统思考的能力，并以此来观察世界。

【管理漫画】

◎早点建成“学习型组织”，管理者就能轻松许多。

拓展知识

学习型组织的 7C 模式

创建学习型组织应该做到以下 7 个 C。

(1) Continuous——持续不断的学习。

(2) Collaborative——亲密合作的关系。

(3) Connected——彼此联系的网络。

(4) Collective——集体共享的观念。

(5) Creative——创新发展的精神。

(6) Captured and Codified——系统存取的方法。

(7) Capacity building——建立能力的目的。

2.4.4 企业再造

20 世纪八九十年代，西方发达国家(包括日本)，一方面由于经济经过短暂恢复后重新跌进衰退和滞涨的局面，国际竞争一改白热化程度；另一方面大型企业开始走向国际化，规模的扩大导致组织结构的臃肿，生产经营过程复杂，导致“大企业病”日益严重。针对这种情况，提出了企业再造的管理思想。

企业再造是 1993 年由美国麻省理工学院教授迈克尔·汉默和詹姆斯·钱皮提出的，并于次年出版了《企业再造》一书。所谓企业再造就是以工作流程为中心，重新设计企业的经营、管理及运作方式。该理论认为，为了适应新的世界竞争环境，应该从根本上重新思考，彻底翻新作业流程，以便在现今衡量表现的关键上，如成本、品质、服务和速度等，获得戏剧化的改善。企业再造包括了企业战略再造、企业文化再造、市场营销再造、企业组织再造、企业生产流程再造和质量控制系统再造等多方面内容。

迈克尔·汉默和詹姆斯·钱皮在他们的《企业再造》一书中，认为企业再造适用以下 3 类企业。

(1) 问题丛生的企业。这类企业问题丛生，除了进行再造以外，没有其他选择。

(2) 目前业绩虽然很好，但却潜伏着危机的企业。这类企业，就当前的财务状况看，还算令人满意，但却有“风雨欲来”之势。

(3) 正处于失业发展高峰的企业。虽然这类企业处于发展高峰期，但是由于管理层的不安分。这类企业将再战企业看成是超越对手的重要途径。

案例链接

再创专业配件公司

史蒂夫于 20 世纪 80 年代初期在加利福尼亚创建了专业配件公司，并任总裁和销售主管。公司业务是批发工业五金和零件给电子公司。史蒂夫为公司制定的战略是：今天干什么，明天还干什么。史蒂夫想尽力多吸取一些当代管理概念，于是他阅读了大量当代管理书籍，还加入其他企业组织去了解他们的做法。史蒂夫想再创他的公司，他要重新审查公司经营的每个方面，改革公司内部运作，确保一流的服务质量。在竞争异常激烈的企业发展中，史蒂夫决心彻底改变公司经营方式，再创他的配件公司。

【讨论】

史蒂夫应该怎样再创他的公司？

研讨与质疑

你认为世界管理科学今后将呈现怎样的发展趋势？

职业能力训练

知识测试

1. 试述管理理论萌芽阶段的主要管理思想。
2. 如何认识亚当·斯密的“劳动分工”和“经济人”观点？
3. 泰勒的科学管理理论的主要内容有哪些？
4. 法约尔提出了哪些管理职能和管理原则？
5. 简述现代管理理论丛林中有哪些主要学派以及各学派的主要内容是哪些？
6. 学习型组织应具备哪 5 项修炼？

学生小论坛

1. 根据中外古今管理思想的精髓，谈谈在管理实践中应该注意哪些问题？

2. “田忌赛马”故事中孙膑让田忌用最慢的马对战齐王最快的马，用第二快的马对战齐王最慢的马，用最快的马对战齐王第二快的马，结果田忌以二比一的优势赢得比赛。这个故事包含了怎样的管理思想？

技能训练

实训项目　分析管理思想理论

1. 实训目标

(1) 使学生更好地理解古典管理理论的内容和现代管理理论各学派的观点。

(2) 培养学生运用中外管理思想理论来解决管理实践问题的能力。

2. 实训内容与方法

1) 模拟情景

某公司利润一年来持续下降，公司全体员工对此甚为关心。为了找出下降的原因，公司董事局对公司各方面进行了一次深入的调研。调研结果如下。

(1) 公司的组织结构完整，对各级管理人员的职责也有明确而严格的规定，公司还对员工的升迁和奖惩建立了完善的考核机制。

(2) 过去一年来公司各部门对自身的职责都有详细的计划和安排，也制定了合理的工作目标。

(3) 在薪酬待遇方面，公司为员工加薪了几次，但是员工们的生产量并未增加。

(4) 公司的员工变动频率较大，仅销售部门在去年年底的员工统计中，工作经验未满一年的员工就占了47%。

(5) 公司员工普遍认为，公司的工作环境枯燥，缺乏活力，员工很难在工作中实现自我能力的提升。

针对上述情况，模拟该公司召开一次董事会，商讨解决对策以改进公司效益。

2) 讨论问题

以7～8人为一组，分组进行模拟训练。每组派出一名学生担任董事长，其他组员担任董事会成员。可围绕以下问题进行讨论。

(1) 现行指导公司管理活动的管理理论是否可行，如不可行应如何完善？

(2) 还应参考哪些管理理论改进自身的管理活动，可采取哪些具体措施？

3) 总结与分析

讨论完毕后各组制作一份有关问题分析和解决对策的报告。

3. 标准与评估

1) 标准

能灵活选择和运用现代管理理论的思想精髓分析该公司利润下降的原因，并找出解决这个问题的方法。

2) 评估

(1) 每个人的发言提纲可作为一次作业，评定成绩。

(2) 根据各组制作的报告情况评定成绩(可由主持讨论的教师负责评定)。

第3章 管理环境与组织文化

学习目标

知识目标

(1) 理解管理环境的含义。
(2) 掌握管理环境的分类以及组织的一般环境。
(3) 了解内外部环境的综合分析法。
(4) 理解组织文化的概念和内容及其特点。
(5) 理解组织文化的结构和功能，了解组织文化的类型。
(6) 了解组织文化建设的原则、掌握组织文化建设的方法步骤。
(7) 懂得组织文化的前沿理念及其建设的注意事项。

技能目标

(1) 分析并把握不断变化的内环境，以解决实际的管理问题。
(2) 能够利用组织文化的作用管理组织，提高组织的竞争力。
(3) 能通过分析组织文化的发展趋势，趋利避害。

本章知识结构图

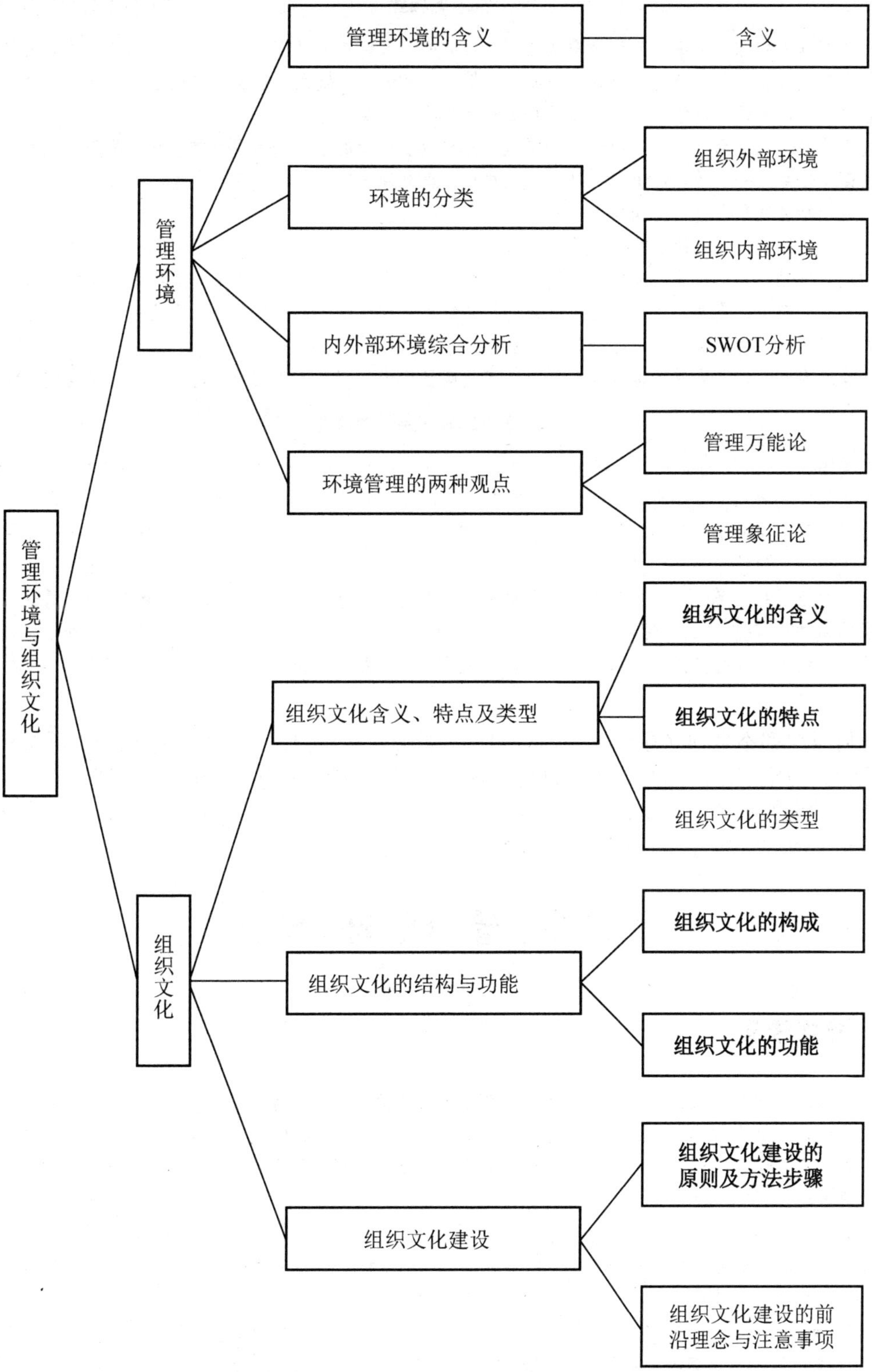

注：加粗字体表示本章的重点内容。

阅读小品

快乐的城堡

一个家庭主妇因丈夫奉命到沙漠里去演习，只能一个人留在沙漠深处的一间小小铁皮房里，更要命的是，她的身边只有语言不通的印第安人，他们很是粗俗和无知，她无法想象和他们在一起交流的情景。她感到非常难过，于是就写信给父母，说无论如何都要抛开一切回家去。

父亲的回信只有两行。这短短的两行却从此完全改变了她的生活。信中这样写道：两个犯人都从监牢里的铁窗望出去：一个看到泥土，一个却看到星星。反复地看这封信，她幡然醒悟，决心要在沙漠里找到星星。她开始尝试和当地人交朋友。一开始，他们的反应就使她非常吃惊——当她对他们的纺织品、陶器感兴趣时，他们就把自己最喜欢的、从不卖给游客的纺织品和陶器送给她。她研究那些使人着迷的仙人掌和各种沙漠植物，又从土著人那里学习到有关土拨鼠的知识……就这样，原来使人难以忍受的环境终于变成了使人流连忘返的奇境。一念之差，她把在恶劣环境中生活看成是一生中最有意义的冒险。她为发现新世界而兴奋不已，为此著书，取名《快乐的城堡》。

沙漠没有改变，印第安人也没有改变，她却适应了环境。那么，企业又如何面对复杂多变的环境呢？

一家美国公司在英国的遭遇

在英国，一个人平均每天在喝茶休息上要花费半个小时的时间。这里的工人都喜欢按自己的口味沏茶，然后用1品脱的器皿慢慢品尝，如同在品尝葡萄酒一般。一家设立在英国的美国公司的领导者认为这样过于浪费时间，会影响工作效率。他建议工会用速溶咖啡代替茶，将品尝的时间改为10分钟……结果工会的行动失败了，习惯了品茶的员工拒绝饮用速溶咖啡。

公司再度进行改革，他们安装了一台饮茶机，并且在龙头下放置了一种5盎司的纸杯(这是这家公司在美国的做法)，没想到这种做法遭到了工人的坚决反对，劳工关系进一步恶化……最后管理者将饮茶机撤走了，但仍无法获得工人们的原谅，愤怒的工人们仍联合抵制这家公司直到它被迫关闭。

任何组织都不是独立存在、完全封闭的。组织存在于内外部各种因素构成的环境中，在与环境中其他组织之间相互作用的过程中谋求自身的目标的实现。所以，管理者必须了解和把握环境要素的种类和特点、环境对组织的影响等，时刻对周围环境的变化做出反应。只有与环境相适应的管理方法才能取得良好的管理效果。

3.1 管理环境

管理情景

情景一：我国的永久牌、飞鸽牌自行车都是国内外久负盛名的优质产品，但是在卢旺达却十分滞销，因为卢旺达是一个山地国家，骑自行车的人经常要扛车步行，我国的自行车重量大，令当地人感到十分不便。日本人看到这一空子，在做了详细的市场调查后，专门生产一种用铝合金材料做车身的轻型山地车，抢夺了卢旺达自行车市场。我国的企业由于只知己不知彼，错过了一个很好的占领市场的机会。

情景二：20世纪80年代初，我国向某阿拉伯国家出口塑料底鞋，由于忽视了研究当地人的宗教信仰和文字，设计的鞋底花纹酷似当地文字中的“真主”一词，结果被当地政府出动大批军警查禁销毁，造成了很大的经济损失和政治损失。

【讨论】

1. 本案例反映了组织与外部环境的关系问题，组织外部环境主要有哪几类？
2. 本案例中涉及的是哪种环境？

理论研习

3.1.1　管理环境的含义

管理环境是指影响一个组织生存和发展的所有内外部因素的总和。任何组织都是在一定的环境中从事活动的，任何管理也都要在一定的环境中进行。管理环境的特点制约和影响着管理活动的内容和进程。

管理环境是组织生存和发展的土壤，它在为组织提供必要条件的同时，对组织具有制约的作用。在现代社会条件下，管理环境有两个最基本的特征：一是环境的变动性，即环境经常处在不断变化之中；二是环境的机会与风险并存，即环境不但为组织发展提供很多新的机会，同时也可能对组织的生存与发展造成某种不利的威胁或风险。管理者必须认识、研究、掌握环境的变化，带领组织规避可能的风险，最大限度地创造和利用环境带来的机遇。

3.1.2　环境的分类

按照影响因素存在的范围不同，可以把管理环境划分为内部环境和外部环境。内部环境指社会组织履行基本职能所需的各种内部资源与条件，还包括组织成员的社会心理、组织文化等因素。外部环境指组织外部的各种自然和社会条件等。

1. 组织外部环境

组织的外部环境还可以分为一般环境和任务环境。一般环境也称为宏观环境，是指各类组织共同面临的整个社会的一些环境因素；任务环境也称为微观环境，是指某个社会组织在完成特定职能过程中所面临的特殊环境。

1) 宏观环境(一般环境)

外部世界存在的一切均会或多或少地对组织活动产生一定的影响，因而都在“外部环境研究”的对象范围内。就不同组织而言，环境中对其直接发生重要影响的因素是不同的，但一般来说，大致可归纳为政治、社会、经济、技术、自然5个方面。

(1) 政治环境。

政治环境是指总的政治形势，它包括一个国家的社会制度、党派关系、政府政策倾向和人民的政治倾向等。不同的国家有着不同的社会制度，不同的社会制度对组织活动有着不同的限制和要求。即使社会制度不变的同一个国家，在不同时期，由于执政党的不同，其政府的方针特点、政策倾向对组织活动的态度和影响也是不断变化的。

政治环境的变化有时对组织的决策行为产生直接作用，但更多地表现为间接影响。一方面，由国家权力阶层的政治分歧或矛盾所引发的罢工浪潮和政局动荡，无疑会给企业的经营活动造成直接冲击；另一方面，由于这种政治环境的变化所导致的新制度、新法规和新的经济政策等，将对全国范围企业的经营和决策产生广泛、深远的直接或间接影响。

管理小故事

哈默的生财之道

19世纪中期，美国一些地方的居民开始寻求以法律手段制裁酒徒。这种呼声渐渐得到了全国范围的呼应，特别是以维护传统家庭为己任的妇女。1919年美国国会通过宪法第18号修正案，也就是《全国禁酒令》，规定自次年起正式生效。

美国大组织家哈默 1931 年从苏联到美国时，正是富克兰林 · 罗斯福竞选总统的时候。哈默深入研究了当时美国的国内形势，分析结果认定罗斯福会掌握美国政权，而罗斯福曾经在竞选纲领中提过要废除《全国禁酒令》。

哈默认为，一旦罗斯福新政得势，1920 年公布的禁酒令就会废除，为了解决全国对啤酒和威士忌的需求，那时市场将需求空前数量的酒桶。哈默在苏联住了多年，十分清楚苏联人有制作酒桶用的白橡木可供出口。于是，他毅然决定向苏联订购几船木板，并在纽约码头附近设立一间临时性的酒桶加工厂，后来又在新泽西州建造了一个现代化的哈默酒桶厂。当哈默的酒桶从生产线上滚滚而出的时候，正好是罗斯福出掌总统大权和废除禁酒令的时候，人们对啤酒和威士忌酒的需求急剧上升，各酒厂生产量也随之直线上升。哈默的酒桶成为抢手货，获得了可观的盈利。

管理启示：政治环境对一般组织的影响主要表现在地区政局的稳定性和政府对各类组织或活动的态度上。哈默在充分调研的情况下，逐步分析，综合总结，讲政治环境对经济发展的影响牢牢掌握，很快就赢得了市场。

(2) 经济环境。

经济环境是影响组织活动中最重要也是最基本的环境因素，主要包括宏观和微观两个方面的内容。

① 宏观经济环境。主要指一个国家的人口数量及其增长趋势、国民收入、国民生产总值及其变化情况以及通过这些指标能够反映的国民经济发展水平和发展速度。经济的繁荣显然能为企业的发展提供机会，而宏观经济的衰退则可能给所有经济组织带来生存的困难。

② 微观经济环境。主要指企业所在地区或所需服务地区消费者的收入水平、消费偏好、储蓄情况、就业程度等因素。这些因素直接决定着企业目前及未来的市场大小。一个地区的经济收入水平对其他非经济组织的活动也有重要影响。比如，在温饱没有解决之前，居民很难自觉主动地去关心环保问题，支持环保组织的活动。

拓展知识

2008 年金融危机对我国的部分影响

(1) 金融危机致使得我国中小制造业产量减半，部分企业倒闭。

(2) 全国工资性收入大幅回落，国内出现降薪潮。有 7 成公司不招聘新员工，8 成人不打算跳槽，2009 届毕业生有 590 万，加上未就业的往届毕业生，总共有 600 万求职者在挣扎。降薪裁员波及房地产、航空、石化、电力、IT、证券、金融、印刷等一系列行业。

(3) 中国人民银行决定，从 2008 年 10 月 30 日起下调金融机构人民币存贷款基准利率，一年期存款基准利率由 3.87%下调至 3.60%，下调 0.27%；一年期贷款基准利率由 6.93%下调至 6.66%，下调 0.27%；其他各档次存、贷款基准利率相应调整。个人住房公积金贷款利率保持不变。

(4) 香港金管局降息 0.5%：香港金融管理局将基本利率由 2%下调至 1.5%。

(3) 社会环境。

社会环境是指一个国家或地区的居民教育程度、文化水平、宗教信仰、风俗习惯、审美观念、价值观念等因素构成的环境。组织一经产生就按照社会文化环境的要求进入一定的位置，受到环境的约束。但组织所处的社会环境不是一成不变的，组织的经营必须适应社会环境的变迁，提供的产品和服务以及内部政策随着社会环境的变化改变。

管理小故事

中美老太太买房

40多年前，美国老太太马丽通过向银行贷款购买了一套房子，如今，马丽已进暮年，老态龙钟。在这样明亮舒适的住宅里生活了大半辈子的她临终前感到很满意，心想，我在自己中意的房子里度过了中年、晚年，现在银行的贷款已经还完了，我可以安心地去见上帝了。

与此同时，远在中国东部的一个城市，一位满头白发的中国老太太正在为刚刚买到新房喜极而泣。她在狭窄阴暗的老房子里已经住了几十年，从年轻时就盼望有一套宽敞的住房，盼了整整一辈子，当她掏出自己一生的积蓄买到自己朝思暮想的新房时，已经70多岁了。想到自己在这么好的房子里所能生活的年头已经不多，她不禁有些悲伤，但又一想，毕竟为子女留下了点房产，她又感到些许安慰。

管理启示：社会环境的不同，导致中美两国老太太的消费观念的不同。可见一个组织要想长久地运营就要深刻地了解、深入地研究其所在的社会环境，并做出相应的回应。

(4) 技术环境。

任何组织的活动都需要利用一定的物质条件，这些物质条件反映着一定技术水平下社会的技术进步会影响这些物质条件的技术水平的先进程度，从而影响利用这些条件的组织的活动效率。组织必须关注技术环境的变化，及时采取应对措施。

研究技术环境，除了要关注与所处领域直接相关的技术手段的发展变化外，还应及时了解国家对科技开发的投资和支持重点、该领域技术发展动态和研究开发费用总额、技术转移和技术商品化速度、专利及其保护情况等。

(5) 自然环境。

自然环境是指能够影响社会生产过程的自然因素，包括组织所在地区的地理位置、气候条件以及资源状况等。自然环境是组织生产活动一个至关重要的重要因素，自然环境的不同会对组织的资源获取、交通运输成本、经营或出售的产品种类、经营设施的安排等都会产生影响。而中国古语“天时、地利、人和”中的“地利”，主要就是指自然环境。

【管理漫画】

◎历史上有名的“马谡失街亭”故事中，马谡的惨败即在于他对地理环境的把握失误，不变通，犯了教条主义的错误。

2) 微观环境(具体环境、任务环境)

微观环境，即具体环境、任务环境，是指对组织构成影响的某些具体组织。

(1) 资源供应者(供应商)。

资源供应者(供应商)是指向该组织提供资源的人或单位。原材料、设备、资金、劳动力、股东、银行、保险公司、职业协会、当地劳动力市场等都可看作是组织的供应商。企业应选择与那些信誉良好、货源充足、价格合理、交货及时的供应商合作。同时还应分头从多家供应商采购，避免对某一个供应商的过分依赖。

研讨与质疑

怎样才能保证你所在组织所需要资源的及时稳定供应?

(2) 服务对象(顾客)。

服务对象(顾客)是指一个组织为其提供产品或劳务的人或单位，如企业的客户、商店的购物者、学校中的学生、毕业生用人单位、医院的病人和图书馆的读者等，都可以称其为相应组织的服务对象。

(3) 竞争者。

竞争者是指与该组织争夺资源、服务对象的人或组织等，包括现有生产和销售与本企业相同产品与服务的企业组织、潜在进入者等。没有一个组织可以忽视竞争对手，否则就会付出沉重的代价。替代品是指能提供同类产品与服务的替代者。替代品的相对价格、相对品质以及转换成本等因素将影响消费者对产品的选择。

(4) 政府管理部门及其政策法规。

政府主管部门拥有特殊的权力，可制定相关的政策法规、规定价格幅度、征税、对违反法律的组织采取必要的行动等，而这些对一个组织可以做什么和不可以做什么以及取得多大的收益，都会产生直接的影响。

(5) 社会特殊利益代表组织。

社会特殊利益代表组织是指代表着社会上某一部分人的特殊利益的群体组织，如工会、消费者协会、环境保护组织等。

综上所述，外部环境对产业和企业的影响主要分为两类：为企业的发展提供机会；对企业的发展施加威胁。外部环境分析的目的是发现企业发展的机会和威胁。这些机会大多是潜在的，能为企业带来运作空间和发展机遇，经营者必须在环境分析的基础上，以敏锐的眼光去发现并很好地把握。威胁也多是潜在的，企业应及早发现并千方百计地避免。即使处于同样的环境中，由于组织控制的资源不同，可能对某个组织来说是机会，而对另一个组织而言却是威胁。究竟是机会还是威胁，取决于该组织所控制的资源，而且更重要的是如何去认识环境、把握机遇、避开威胁。

组织的外部环境如图 3.1 所示。

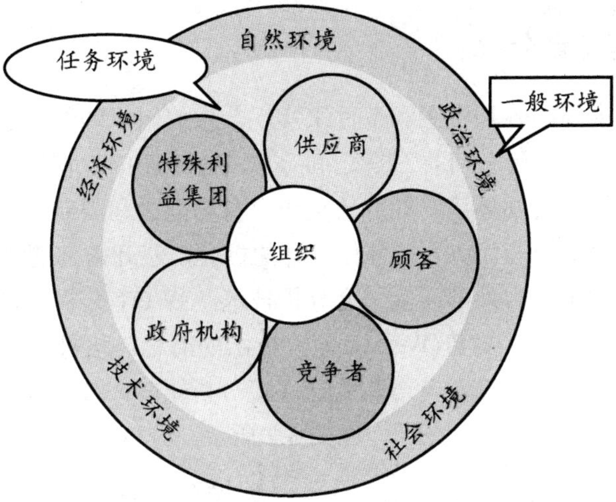

图 3.1 组织的外部环境

2. 组织内部环境

组织内部环境是由处于组织内部的要素构成，包括组织资源、组织文化、组织经营能力等。它反映了组织所拥有的客观物质条件和工作状况以及组织的综合能力，是组织系统运转的内部基础。

组织内部环境包括组织资源、组织经营能力和组织文化。

1) 组织资源

组织的任何活动都需要借助一定的资源来进行，组织资源的拥有和利用情况决定其活动的效率和规模。组织资源具体有人力资源、资金资源、技术资源、物质资源、客户资源、关系资源。

2) 组织经营能力

组织经营能力是指与组织的产、供、销、人、财、物、信息、时间等直接发生关系的组织内部客观环境与主观环境，其中以客观环境为主，这是决定组织生存与发展的基本环境。主要包括人力资源管理能力、财务管理能力、产品开发和技术研发能力、市场拓展能力、经营管理能力。

3) 组织文化

这部分内容可以在3.2中详细阐述。

综上所述，企业内部环境分析的目的在于，掌握组织实力现状，找出影响组织生产经营的关键因素，辨别组织的优势和劣势，以便寻找外部发展机会，确定组织战略。如果说外部环境给组织提供了可以利用的机会的话，那么内部环境则是抓住和利用这种机会的关键。只有在内外环境都适宜的情况下，组织才能健康发展。

研讨与质疑

为什么同样是能力出众的管理者，在不同的组织中其业绩表现却大不相同？

3.1.3　内外部环境综合分析

管理要通过组织内部的各种资源和条件来实现，任何组织的经营过程，实际上是不断在其内部环境、外部环境及其经营目标三者之间寻求动态平衡的过程。因此，组织在分析外部环境的同时，必须分析其内部环境，即分析组织自身的能力和限制，找出组织的优势和存在的劣势，以便充分发挥组织的优势，把握住外部的机会，避开内部的劣势和外部的威胁。

SWOT 分析是最常用的内外部环境综合分析技术。SWOT 分析是机会(Opportunities)、威胁(Threats)、优势(Strengths)、劣势(Weakness)分析法的简称。这种分析方法把环境分析结果归纳为机会、威胁、优势、劣势 4 部分，形成环境分析矩阵，被广泛地应用于各行各业的管理实践中，成为最常用的管理工具之一，如图 3.2 所示。

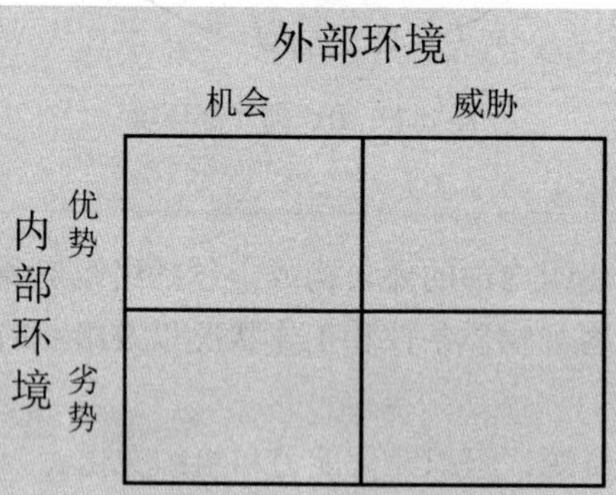

图 3.2　SWOT 分析矩阵

3.1.4　环境管理的两种观点

1. 管理万能论

管理万能论认为，一个组织的管理者的素质决定了该组织本身的素质。因此，不论环境条件如何，管理者对组织的成败负有直接的责任。当组织运行不良时，则由管理者承担责任，当组织运行良好时，管理者得到荣誉。这种观点在管理学理论和社会中占主导地位。实践中成功的企业都有一个优秀的管理者。

2. 管理象征论

管理象征论则持相反的主张，认为一个组织的成败受到管理层无法控制的诸方面因素的影响，管理者在组织成败中所起的实际作用非常微弱。

研讨与质疑

"成也萧何，败也萧何"，此语持何种观点？你赞成吗？

现实是两种观点的综合。任何一个组织的管理活动都会受到来自内外部的影响。内部约束主要是指组织文化因素的影响，而外部约束的力量来源于组织的外部环境。组织文化与环境对管理者构成压力，制约着他们的选择，但在一个相当大的范围里，管理者能够对组织的活动施加重大的影响，可能改变并影响他们的文化与环境。

现实中，每个组织都存在着限制管理者决策的内部约束力量，这些内部力量源于组织文化。组织文化属于管理环境中的内部环境，它不仅决定了组织内部成员的行为方式。而且决定了组织对外部环境适应能力的高低。

每个组织都有自己特定的历史传统和环境条件，逐渐形成自己独特的信仰、制度、价值观以及行为方式，从而拥有独特的组织文化。组织文化是一种“软性”的协调力和凝合剂，它以无形的软约束力量，构成了组织有效运行的内在驱动力。组织的成功或失败经常归因于组织文化。

3.2 组 织 文 化

管理情景

海尔文化

海尔集团是以企业文化为软系统的现代型企业，它在每一次经营上的创新都来自于一次又一次企业文化的革命。海尔集团的领导层认为，企业文化是企业管理中最持久的驱动力和最持久的约束力，它高度融合了企业理念、经营哲学、价值观和个人的人生观，是一个企业的凝聚剂。

海尔的经营理念具有鲜明的个性——海尔特色，同时具有较强的哲理性和实用性，具有普遍的推广作用。具体表现为：海尔定律(斜坡球体论)，企业如同爬坡的一个球，受到来自市场竞争和内部职工惰性而形成的压力。如果没有一个止动力，它就会下滑，这个止动力就是基础管理。以这一理念为依据，海尔集团创造了“OEC”管理，即海尔模式80/20原则。这是管理人员与员工责任分配的80/20原则，即“关键的少数制约次要的多数”。“市场唯一不变的法则就是永远在变”，海尔的市场观念：只有淡季的思想，没有淡季的市场，“卖信誉不是卖产品”，“否定自我创造市场”。创名牌方面，名牌战略：要么不干，要干就要争第一，国门之内无名牌。质量观念：高标准、精细化、零缺陷，优秀的产品是优秀的人干出来的。服务理念：带走用户的烦恼，烦恼到零；留下海尔的真诚，真诚到永远。售后服务理念：用户永远是对的。海尔发展方向：创中国的事业名牌。

【讨论】

1. 你对组织文化的概念有何理解？
2. 结合你的理解，你认为组织文化有哪些内容呢？

理论研习

3.2.1 组织文化的含义、特点与类型

1. 组织文化的含义

1) 组织文化的概念

组织是按照一定的目的和形式而建构起来的社会集团，为了满足自身运作的要求，必须要有共同的目标、共同的理想、共同的追求、共同的行为准则以及相适应的机构和制度，否则组织就会是一盘散沙。

从这个意义上来说，组织文化是指组织在长期的实践活动中形成的并且为组织成员普遍认可和遵循的具有本组织特色的价值观念、团体意识、行为规范和思维模式的总和。组织通

过培养、塑造这种文化，来影响成员的工作态度，引导实现组织目标。因此，根据外在环境的情况，适时建立和调整组织文化，常被视为组织成功的基础。

2) 组织文化的内容

组织文化的内容十分广泛，总的来说主要包括组织精神、组织价值观、组织道德、组织形象等。

(1) 组织精神。组织精神是指组织经过共同努力奋斗和长期培养所形成的，认识和看待事物的共同心理趋势、价值取向和主导意识。组织精神要通过组织全体成员有意识的实践活动体现出来。所以，它又是组织成员观念意识和进取心理的外化。组织精神通常用一些富有哲理、简洁明快的语言予以表达，便于成员铭记在心，时刻用以激励自己；也便于对外宣传，容易在人们脑海里形成印象，从而在社会上形成个性鲜明的组织形象。

拓展知识

贵州茅台集团在弥漫着国酒玉液之浓郁、芳香、悠长而经历史酿造的国酒文化中，结合茅台酒的品牌优势，精心提炼、严肃确立、努力建设以“爱我茅台，为国争光”为企业精神；“以质求存，以人为本，恪守诚信，团结拼搏，继承创新”为核心价值观；以“酿造高品位生活”为经营理念；“以顾客求生存，以质量求发展，以创新求完美”为质量方针；以“品质、环境、工艺、品牌、文化”为核心竞争力的企业文化。

(2) 组织价值观。组织的价值观就是组织内部管理层和全体员工对该组织的生产、经营、服务等活动以及指导这些活动的一般看法或基本观点。它包括组织存在的意义和目的，组织中各项规章制度的必要性和作用，组织中各层级和各部门的人们的行为与组织利益之间的关系等。组织的价值观决定着成员行为的取向，一定程度上关系着组织的存亡。所以，成功的组织总是会不断地创造和更新组织的信念，不断地追求更高的目标，使得组织能够更长远地发展。

(3) 组织道德。组织道德是指调整本组织与其他组织之间、组织与人之间关系的行为规范的总和。它是从道德意义上考虑的，通过社会公众舆论规范人们的行为。以道德规范为内容和基础的员工伦理行为准则是传统的组织管理规章制度的补充、完善和发展。它虽然没有法律规范和制度规范的强制性和约束力，但具有积极的示范效应和强烈的感染力，当被人们认可和接受后具有自我约束的力量。因此，它具有更广泛的适应性，是一种重要的约束手段，也为组织融入了新的文化力量。

(4) 组织形象。组织形象是指社会公众和组织成员对组织、组织行为与组织各种活动成果的总体评价，反映的是社会公众对组织的承认程度，体现了组织的声誉和知名度。组织形象包括人员素质、组织风格、人文环境、发展战略、文化氛围、服务设施、工作场合和组织外貌等内容。其中对组织形象影响较大的因素有 5 个方面：服务(产品)形象、环境形象、成员形象、组织领导者形象、社会形象。

拓展知识

组织文化的形式

组织文化以多种形式传递给员工，最常用的有故事、仪式、物质象征和语言。

1. 故事

许多组织中都流传着一些故事，比如公司的创建历史、某位员工的奋斗史等。这些故事能够起到借古喻今的作用，同时一些小故事还可以加强员工对组织各方面的理解和支持。

2. 仪式

仪式是一系列活动的重复，这些活动能够表达并强化组织文化的核心价值观。

3. 物质象征

物质象征物包括公司的布局、办公室的摆设、装饰物的档次等。这些象征物能够直接而客观地表达组织的想法。例如公司重视的是什么，谁是重要的人物等。

4. 语言

随着时间的推移，在一定的环境下，组织往往会形成自己特有的名词，用来描绘与业务相关的设备、办公室、关键人物、供应商、顾客、公司产品等。这些术语会逐渐成为组织员工语言的一部分，成为员工们的共同特征。

2. 组织文化的特点

组织文化是一种观念形态，是整个社会文化的重要组成部分，既具有社会文化和民族文化的共同属性，也有自己的不同特点。它的特点包括以下几个方面。

1) 整体性

组织文化由共同价值观、团队精神、行为取向等一系列内容构成，各个要素之间相互联系、相互依存，是综合、立体、全方位地对组织进行的研究和反映。因此，组织文化是一个系统，阐明组织内部各个子系统之间的内在联系，以整体的力量支配每个成员的行为方式，追求组织目标，形成整体的信念和组织形象。

2) 独特性

每个组织都有其独特的组织文化，这是由不同的国家和民族、不同的地域、不同的时代背景以及不同的行业特点形成的。组织文化作为生存于民族文化体系的亚文化，必然受到民族文化的影响，其民族性表现的尤其突出。同时，不同的领导人、不同的价值观等个体因素也使得每一个组织文化的着重点有所不同。

3) 发展性

每个组织都是在特定的文化背景下形成的，必然会接受和继承这个国家和民族的文化传统和价值体系。但是随着历史的积累、社会的进步、环境的变迁以及组织变革等，优秀组织也会注意吸收其他组织的优秀文化，融合世界上最新的文明成果，不断地充实和发展自我。这样的组织文化才能够更加适应时代的要求，并且形成历史性和时代性相统一的组织文化，使得组织能够长久健康地发展。

4) 稳定性

组织文化的形成和发展相联系，是一个长期渐进的积累过程，具有较强的稳定性。组织一旦形成了具有特点的文化后，不会因为组织结构的改变、战略的转移或产品和服务的调整等组织的某些变化而发生大的变化。

5) 人本性

组织文化的中心是以人为主的人本文化。人是组织中最宝贵的资源和财富，也是组织活动的中心。组织只有充分重视人的价值，最大限度地尊重人、关心人、理解人、培养人，充分调动人的积极性，努力提高组织全体成员的责任感和使命感，才能不断增强组织的内在活力，实现组织的既定目标。

3. 组织文化的类型

根据不同的标准和不同的用途，可以把组织文化分为许多类型。其中，最常见的划分方法有以下几种。

1) 按照组织文化的内在特征

艾莫瑞大学的杰弗里·桑南菲尔德提出了一套标签理论，它有助于我们认识组织文化之间的差异，认识到个体与文化的合理匹配的重要性。通过对组织文化的研究，他确认了 4 种文化类型。

(1) 学院型组织文化。学院型组织是为那些想全面掌握每一种新工作的人而准备的地方，在这里他们能不断地成长、进步。这种组织喜欢雇用年轻的大学毕业生，并为他们提供大量的专门培训，然后指导他们在特定的职能领域内从事各种专业化工作。

(2) 俱乐部型组织文化。俱乐部型公司非常重视适应、忠诚感和承诺。在俱乐部型组织中，资历是关键因素，年龄和经验都至关重要。与学院型组织相反，它们把管理人员培养成通才。

(3) 棒球队型组织文化。这种组织鼓励冒险和革新。招聘时，从各种年龄和经验层次的人中寻求有才能的人。薪酬制度以员工绩效水平为标准。

(4) 堡垒型组织文化。棒球队型公司重视创造发明，而堡垒型公司则着眼于公司的生存。这类公司工作安全保障不足，但对于喜欢流动性、挑战的人来说，具有一定的吸引力。

2) 按照组织文化对其成员影响力的大小

哈佛商学院的两位著名教授约翰·科特和詹姆斯·赫斯科特依据组织文化与组织长期经营之间的关系，将组织文化分为 3 类。

(1) 强力型组织文化。在具有强力型组织文化的公司中，员工们方向明确，步调一致，组织成员有共同的价值观念和行为方式，所以他们愿意为企业自愿工作或献身，而这种心态又使得员工们更加努力。

(2) 策略合理型组织文化。具有这种组织文化的企业，不存在抽象的、好的组织文化内涵，也不存在任何放之四海而皆准、适合所有企业的“克敌制胜”的组织文化。只有当组织文化“适应”于企业环境时，这种文化才是好的、有效的。

(3) 灵活适应型组织文化。市场适应度高的组织文化必须具有同时在公司员工个人生活中和公司企业生活中都提倡信心和信赖感、不畏风险、注重行为方式等特点，员工之间相互支持，勇于发现问题、解决问题。员工有高度的工作热情，愿意为组织牺牲一切。

3) 按照组织文化所涵盖的范围

组织作为一个系统，是由各种子系统构成的，各个子系统又是由单个的具有文化创造力的个体组成的。从这个角度来说，组织文化又可以分为两类。

(1) 主文化。主文化体现的是一种核心价值观，它被组织大多数成员所认可。当我们提到组织文化时，一般就是指组织的主文化。正是这种宏观角度的文化，使组织具有独特的个性。

(2) 亚文化。组织中有各种小整体，在认同组织主文化的前提下，它们也有自己的独特的亚文化。亚文化或者是对组织主文化更好的补充，或者是与主文化相悖的，或者虽然与主文化有区别，但对组织来说是无害的，在一定条件下又有可能替代组织的主文化。

4) 按照权力的集中或分散

美国学者卡特赖特和科伯于 1992 年提出 4 种文化类型。这 4 种组织文化的区别在于权力是集中的还是分散的，以及政治过程是以关键人物还是以要完成的职能或人物为中心的。

(1) 权力型组织文化，也称为独裁文化。组织往往以企业家为中心，不太看重组织中的正式结构和工作程序。随着组织规模的逐渐扩大，权力文化会感到很难适应，开始分崩离析。

(2) 作用型组织文化，也称为角色型组织文化。在这样的组织里，重要的是你在什么位置，你和什么人的位置比较近，做每件事情都有固定的程序和规矩，人们喜欢的是稳重、长期和忠诚。

(3) 使命型组织文化，也称为任务文化。在这种文化中，团队的目标就是要完成设定的任务。成员之间的地位是平等的，这里没有领导者，唯一的老板就是任务或者使命本身。

(4) 个性型组织文化，这是一种既以人为导向，又强调平等的文化。

5) 按照流程标准

(1) 功能型组织文化。其核心是制度化，强调稳定性和可靠性。

(2) 流程型组织文化。大中型企业中强调部门间的合作和团队合作，以客户为导向的强调团队精神的流程型文化。它的最大特点是使客户满意最大化，强调客户满意和稳定的回报。

(3) 基于时间型组织文化。对于组织来讲，速度是第一位的，其次才是产品和服务。其主要特点是强调高增长和新市场进入。

(4) 网络型组织文化。这种类型的组织内部没有严密的层级关系，它承认个人特殊性贡献，强调以合伙方式为共同目标服务。

6) 按照组织实践和价值

英国学者弗恩斯·特朗皮纳斯根据他的组织文化纬度将组织文化分为 4 种类型。

(1) 家族型组织文化。在这种文化中，组织的领导者就像是组织的“父亲”，有较高的权威和权利。组织更倾向于直觉的学习而不是理性的学习，更重视组织成员的发展而不是更好地利用员工。

(2) 保育器型组织文化。这是一种既以人为导向，又强调平等的文化，所以这种文化的组织结构是最精简的，等级也是最少的。在这样的文化中，组织成员共同承担责任并寻求解决办法。

(3) 导弹型组织文化。这是一种平等的、以任务为导向的文化。在这种文化中，任务通常都是由小组或者项目团队完成的，但是这种小组都是临时性的，任务完成，小组就会解散。

(4) 埃菲尔铁塔型组织文化。这种类型文化的组织结构等级较多，且底层员工较多，越到高层人数越少。每一层对于其下的一层都有清晰的责任，在这种文化的组织中，组织成员都相信需要必需的技能才能保住现在职位，也需要更进一步的技能才能升迁。

研讨与质疑

以上组织文化类型的划分各有哪些优点和不足？你还知道哪些组织文化的类型？

3.2.2 组织文化的结构与功能

1. 组织文化的构成

组织文化主要由以下 4 层构成，其结构图如图 3.3 所示。

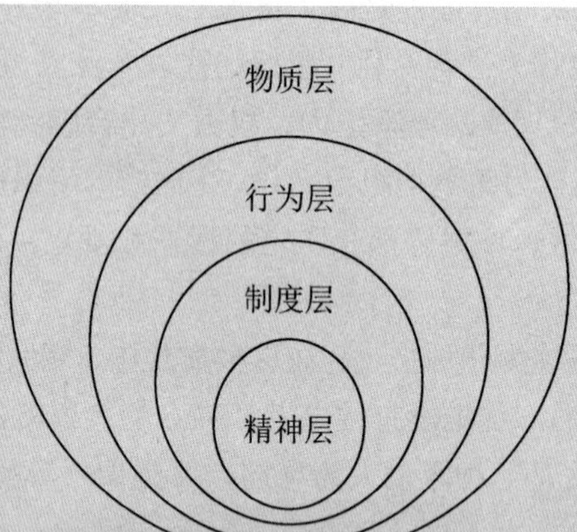

图 3.3 组织文化结构图

1) 物质层文化

物质层文化是组织文化结构的表层，是组织存在并开展活动的基本物质条件，是形成组织文化其他层次的条件。一方面，物质层文化是一些有形物，具有物质的特性，构成了“组织硬文化”。以企业为例，如厂容厂貌、厂徽厂服、机械设备和技术、产品的造型、质量与服务等。另一方面，物质层文化也包括组织整个物质和精神的活动过程、组织行为、组织体产出等外在表现形式。物质层文化的实质是组织精神层文化的物质体现和外在表现，所以又称为“外显文化”。

2) 行为层文化

行为层文化是指组织的行为文化，它是组织成员在生产经营或是学习娱乐中产生的活动文化。包括组织经营活动、人际关系活动、公共关系活动、体育娱乐活动等中产生的文化现象。组织行为文化是组织的整体作风、精神风貌、人际关系的动态体现，也是组织精神、组织核心价值观的折射。

3) 制度层文化

制度层文化是组织文化结构的中间层次。主要包括保证组织活动正常开展和各项管理有序进行的具有组织特色的组织领导体制、各项规章制度、道德行为准则等，以构成对组织及个体的全方位的规范与约束。它是组织物质文化和精神文化的中介，三者有机地结合在一起，形成一个整体，体现了组织文化的物质层和精神层对成员和组织行为的要求。

4) 精神层文化

精神层文化是组织文化结构的内核，又称为“内隐文化”。它是指组织在长期活动中逐步形成的，为组织成员所认同的价值观念、群体意识、精神风貌、道德习俗等。这些无形物，具有精神特性，构成了“组织软文化”。它是形成组织文化的物质层、行为层和制度层的基础与原则。

组织文化的 4 个层次相互依存、相互作用，共同构成组织文化的整体。组织文化的实质是指组织内部的物质、行为、制度、精神诸要素间的动态平衡和结合。

研讨与质疑

你是否赞成将组织文化的内容归纳为以上 4 类？你还可以做出其他的归纳吗？

2. 组织文化的功能

1) 导向功能

组织文化所营造的组织成员共同的价值观可以引导员工的心理和行为，形成强烈的感召力，使之朝着组织确定的目标努力工作。这是一种内化的软性理智约束，使组织自动生成一套自我调控机制，以一种适应性文化引导着组织的行为和活动。主要表现在组织价值观念对组织主体行为，即对组织领导人和广大员工行为的引导。

2) 凝聚功能

组织文化的凝聚功能在于它可以增强组织的凝聚力。这种凝聚力的产生来源于组织文化的同化、规范和融合作用。组织文化通过培育组织成员的认同感和归属感，建立起成员与组织之间的相互依存关系，使个人与整个组织有机地统一起来，形成相对稳固的文化氛围，凝聚成一种无形的合力与整体趋向，以此激发出组织成员的主观能动性，为指向组织的共同目标而努力。

【管理漫画】

◎平常很轻柔的微风，一旦凝聚起力量，也势不可当，管理也需要凝聚力量，厚积薄发，但千万不要跟台风似的，形成破坏力。

3) 激励功能

组织文化的激励功能是指通过外部的刺激，使个体产生出一种情绪高昂、奋发进取的力量。组织文化强调以人为本，所以它对人的激励是一种内在的引导，通过组织文化的塑造，使每个员工形成强大的内在动力，为实现组织的目标而努力奋斗。主要表现在组织文化强调信任、尊重、理解每一个人，能够最大限度地激发员工的积极性和首创精神。

4) 约束功能

组织文化在通过规章制度等一些硬条件对组织成员进行约束后，还以那些无形的、非正式的和不成文的行为准则，使员工按照价值观的指导进行自我约束与规范。一定意义上，这是一种更重要、更有效的约束。它弥补了硬约束带来的不足与缺陷，尤其在员工素质普遍提高的情况下，这种约束更具有合理性和针对性。

【管理漫画】

◎良好的规章制度使约束力具备系统性和合理性。

5) 辐射功能

组织文化的辐射功能是指组织文化一旦形成较为完整的固定模式，它不仅会在组织内部发挥作用，对组织员工产生影响，而且也会通过各种渠道对社会产生影响。组织文化向社会辐射主要可分为各种宣传手段和个人交往两大类。组织文化的传播对组织树立在公众中的形象很有帮助，同时也对社会文化的发展有很大的影响。

拓展知识

组织文化的负功能

组织文化存在着诸多功能，例如导向、凝聚、激励、约束和辐射等。这些功能均为组织文化的正功能，同时，组织文化对组织也存在负面作用。

1. 变革的障碍

如果组织的共同价值观与进一步提高组织效率的要求不相符合时，它就成了组织的束缚。这是在组织环境处于动态变化的情况下，最有可能出现的情况。当组织环境正在经历迅速的变革时，根深蒂固的组织文化可能就不合时宜了。稳定环境下的行为一致性极易形成思维定势，使组织有可能难以应付变化莫测的环境。当问题积累到一定程度，这种障碍可能会变成组织的致命打击。

2. 多样化的障碍

由于种族、性别、道德观等差异的存在，新聘员工与组织中大多数成员不一样，这就产生了矛盾。管理人员希望新成员能够接受组织的核心价值观，否则，这些新成员就难以适应或被组织接受。但是组织决策需要成员思维和方案的多样化，一个强势文化的组织要求成员和组织的价值观一致，这就必然导致决策的单调性，抹煞了多样化带来的优势，在这个方面组织文化成为组织多样化、成员一致化的障碍。

3. 兼并和收购的障碍

以前，管理人员在进行兼并或收购决策时，所考虑的关键因素是融资优势或产品协同性。近几年，除了考虑产品线的协同性和融资方面的因素外，更多的则是考虑文化方面的兼容性。如果两个组织无法成功的整合，那么组织将出现大量的冲突、矛盾乃至对抗。所以，在决定兼并和收购时，很多经理人往往会分析双方文化的相容性，如果差异极大，为了降低风险则宁可放弃兼并和收购行动。

(资料来源：http://wiki.mbalib.com/wiki)

3.2.3　组织文化建设

现代组织的活力不仅依靠物质的代谢，也与精神文化活动紧密相连。因此，组织文化建设是组织发展战略的组成部分，并且置于组织管理活动的先导地位。

1. 组织文化建设的原则

由于各组织所处的环境不同，所在的行业领域不同，组织整体素质不同，所以组织文化建设的过程也不相同。但是组织文化建设一般应遵循以下基本原则。

1) 目标原则

每一个组织都要有一个明确的、鼓舞人心的发展目标。例如，某高校要建成世界一流的大学，某企业要成为某行业的领军等。要把组织的宣传、文化活动同目标紧密联系在一起，使组织员工有一定的行为准则，以此指导自己的行动方式。同时，明确的方向更容易激发组织成员的工作积极性，获得心理满足，并为自己是组织的一部分及实现组织的目标而自豪。

2) 价值观念原则

组织的价值观是组织全体成员共同的价值准则，它决定着成员行为的取向，一定程度上关系着组织的存亡。所以组织文化建设要有目的、有意识地把员工的行为规范到组织共同价值观念与理想追求上来。

3) 合力原则

组织文化建设要促进员工相互信任，密切管理者和被管理者的关系，减少对立与矛盾，从各方面把员工团结起来，形成巨大的向心力和凝聚力，使员工产生强烈的集体意识和对组织的认同感和归属感，使全体成员形成合力，成为团结战斗的集体。

4) 参与原则

组织文化建设要注重培养员工参与组织管理的意识。让员工参与管理，可以调动员工的积极性，树立主人翁意识，使组织成员对组织有自豪感和使命感，促进组织文化建设的整体开展。

5) 创新原则

创新是一个组织进步的灵魂，是推动事业发展的不竭动力。随着时代的发展，组织文化也应该随之做出相应的调整。组织文化必须在继承优秀的传统文化和吸收外部先进文化的基础上，依据组织的特点和内外部环境的变化而不断地创新。这样的组织文化才具有生命力，也才真正是活着的组织文化。

研讨与质疑

你认为在组织文化的建设中，还应该遵循哪些原则？试举例。

2. 组织文化建设的方法步骤

从本质上说，组织文化是一个“慢变量”，组织文化的建立、健全和完善也是一个长期的过程。因此，管理者对于组织文化的建设和变革应该有一个长远的规划，使组织在一个持之以恒、循序渐进的过程中建立起与组织环境、战略和结构相匹配的组织文化。

1) 选择价值标准

组织价值观是整个组织文化的核心和灵魂，选择正确的组织价值观是塑造组织文化的首要战略问题。因此，选择组织价值观要立足于本组织的具体特点。同时，要把握组织价值观与组织文化各要素之间的相互协调，因为各要素只有经过科学的组合与匹配才能实现系统整体优化。

2) 明确目标，具体落实

依据对组织历史、背景、环境、现状等的综合分析，提出适合本组织的文化建设目标。目标既要有针对性，又要切实可行。一旦选择和确定组织价值观和组织文化模式之后，就通过一定的方法使其深入人心。必要的制度保障、发挥组织的导向功能以及邻导的率先垂范都是行之有效的方法。

案例链接

企业文化的建设

太湖饭店企业精神

口号：

微笑、微笑、永远微笑；

敬业、敬业、不断超越！

正文：

我们是太湖饭店的一员，我微笑，我自豪，我骄傲

我们的企业精神：敬业、奉献、务实、创新

我们的服务宗旨：用心服务！让您满意！让您惊喜

我们的行为准则：诚信友爱，荣辱与共

我们的共同理念：在服务中实现自身价值，在合作中追求事业发展

【讨论】

1. 根据案例，谈谈你对组织文化建设的理解？

2. 你认为应该如何建设组织文化？

3) 强化和提高

在组织文化被条理化和具体化的实施下，还要把组织文化渗透到岗位工作、施工生产、经营活动的全过程中，使全体组织成员形成对组织文化的认同，使全体员工潜移默化地接受本组织的共同价值观，人们在文化层面上结成一体，朝着一个确定的目标努力。

4) 丰富发展

任何一种组织文化都是特定历史、特定环境的产物，当组织的内外条件发生变化时，要不失时机地调整、更新、丰富和发展组织文化的内容和形式。组织文化是动态的，这是一个认识与实践不断深化，不断淘汰旧文化和不断生成新文化的过程，组织文化由此经过循环反复达到更高的层次。

3. 组织文化建设的前沿理念

1) 树立以人为本的理念

优秀的组织文化，应该以人为本，以服务对象为中心，摒弃“以物为中心”的传统人事管理观念，赋予员工更多的职责，尊重员工更多的职责，尊重每一个员工，平衡相关者的利益，提倡团队精神，并鼓励创新，充分发挥人的积极性，创造出更大的人生价值。

管理小故事

IBM：计算机帝国的企业文化

IBM(国际商用机器公司)是有明确原则和坚定信念的公司。这些原则和信念似乎很简单，很平常，但正是这些简单、平常的原则和信念构成 IBM 特有的企业文化。

老托马斯·沃森在 1914 年创办 IBM 公司时设立过“行为准则”。正如每一位有野心的企业家一样，他希望他的公司财源滚滚，同时也希望能借此反映出他个人的价值观。因此，他把这些价值观标准写出来，作为公司的基石，任何为他工作的人，都明白公司要求的是什么。

老沃森所规定的“行为准则”，由总裁至收发室，没有一个人不知晓。

(1) 必须尊重个人。

(2) 必须尽可能给予顾客最好的服务。

(3) 必须追求优异的工作表现。

IBM 公司在会议中、内部刊物中、备忘录中、集会中所规定的事项，或在私人谈话中都可以发现“公司哲学”贯彻在其中。这些准则一直牢记在公司每位人员的心中，任何一个行动及政策都直接受到这 3 条准则的影响，“沃森哲学”对公司的成功所贡献的力量，比技术革新、市场销售技巧，或庞大财力所贡献的力量更大。

2) 现代管理理念

随着时代的变化，组织的规模在不断扩大，组织的环境也变得愈加复杂。传统的管理理论已经不能适应现在大多数的组织的管理环境，所以一个优秀的组织在继承传统优秀文化的同时也应结合现代管理理论管理组织的实际活动。比如，现代管理心理学理论、科学的人力资源管理理论等。

3) 品牌建设理念

现代组织面临着激烈而残酷的竞争，实施品牌理念是组织适应竞争的有效手段之一。通过文化塑造组织的核心价值观，将组织精神和价值目标化为领导班子和员工所认同的行为来凝聚组织的精神，打造品牌。不同的品牌都附着特定的文化，如劳斯莱斯的定位是“皇家贵族间的坐骑”，金利来代表着“充满魅力的男人”等。

4) 核心竞争力理念

核心竞争力是指相对于竞争对手领先的有效整合组织独特而先进的实物资产、人才、技术、知识等经营要素的能力。在这个竞争激烈的时代，每一个组织要想生存不仅要有以独特而领先的经营要素为基础的核心竞争力，更重要的是要具有使经营要素发挥作用的整合能力——管理和运作能力。

4. 组织文化建设中的注意事项

1) 跨文化的冲突

随着现代组织活动的国际化和组织员工文化背景的多元化，有关组织文化建设的问题变得越来越复杂、越来越重要。无论是组织的普通员工，还是职业管理者，都要直面这种文化差异，着力解决好组织中跨文化冲突的问题。

拓展知识

文　化　族

Ronen 和 Shenkar 依据各文化维度仔细地分析了国别文化的差异，在 1985 年提出了文化族的概念。

他们将世界上的主要国家和地区划分为 8 个族：盎格鲁、拉丁欧洲、拉丁美洲、远东、阿拉伯、近东、北欧和德系。

表面上看，由于全球化的影响世界上的各个国家间的各个方面变得越来越相似，但人们的行为仍然具有其文化的特色。不同的国家由于不同国情的影响，最终会形成一定的国家文化。国家文化的差异使不同国家看待世界的方式和价值观不同，更影响着各国人民对待工作的态度。有时在跨国的交往中不同的国家文化会成为交往中隐形的障碍。

2) 组织文化与组织战略的匹配

组织文化是成功实施组织战略的重要支持，因此组织在选择或创建组织文化时，必须以战略对文化的要求为出发点，综合考虑战略类型、行业特点、管理风格、产品或服务特性等因素，实施有助于推动战略实施的文化类型。

3) 组织文化与组织发展阶段的适应

组织在不同的发展阶段，对组织文化的要求是不同的，组织文化的具体体现也不同。组织文化应适应组织不同发展阶段的要求，在组织处于创立期、成长期、成熟期、衰退期等不同阶段迅速做出相应的调整。

职业能力训练

知识测试

1. 什么是管理环境？
2. 简述管理环境的分类。
3. 简述组织外部环境的主要内容。
4. 什么是组织文化？组织文化包含哪些内容？
5. 组织文化的特点有哪些？
6. 组织文化有哪些功能？它对管理者的管理行为有哪些影响？
7. 组织文化建设的原则与方法步骤有哪些？
8. 组织文化建设的前沿理念有哪些？
9. 组织文化建设中应注意哪些事项？

学生小论坛

1. 以你熟悉的组织为例，解释说明管理与环境的关系。
2. 谈谈不同国家、不同类型的组织文化对组织管理者的素质有何不同的要求。

技能训练

实训项目一　“白鲸”的销售分析

1. 实训目标

(1) 加深对管理环境的理解。

(2) 培养内外部环境的综合分析能力。

2. 实训内容与方法

(1) 阅读案例，并分析下列问题。
① 该案例中涉及的是哪种环境？
② 你如何看待“白鲸牌”电池由供不应求变为严重滞销这一现象？
(2) 先由个人阅读并分析案例，然后写出发言提纲。
(3) 再以模拟公司为单位进行大组讨论。

“白鲸”的外销困境

“白鲸牌”大号铁壳电池是我国的名牌产品，在中东和西非有较好的牌誉。产品主销阿联酋的迪科，然后再转口到索马里、吉布提、也门等国家。年销售额 150～200 万美元，最高达 350 万美元。多年来客户常常应接不暇。1989 年下半年，在其主要竞争对手纸壳电池降价的同时，“白鲸牌”电池由每打 1.20 美元提高为每打 1.30 美元。提价的理由如下：①电池质量稳定，品牌声誉较好，市场上供不应求。②由于原材料价格逐年上涨，企业的制造成本大幅度上升。③为了应付国际上普遍存在的通货膨胀的趋势，预计这些国家还会发生通货膨胀，政府会采取限价政策，因此企业抢先一步，在对方控制提价前提价，是符合国际市场营销提价要求的。

1989 年下半年，市场形势急转直下，外销势头陡减，不仅来函询购者逐渐减少，而且在广交会上订出的一批货，一年后也还没拿到信用证，造成 1990 年无法出运，企业陷入严重的外销困境。计划科的同志仍然认为调价是正确的。

3. 标准与评估

1) 标准
能运用管理环境理论分析该企业的外部环境，并能提出解决该公司走出困境的途径。
2) 评估
① 每个人的发言提纲可作为一次作业，评定成绩。
② 根据班级讨论中的表现评定成绩(可由主持讨论的教师负责评定)。

实训项目二 设计组织文化

1. 实训目标

掌握组织文化的结构及其功能。

2. 实训内容

把学生分为若干个小组，每组 5～8 人，要求每组创办一家模拟公司，结合所学组织文化的结构和功能的内容，构建公司组织文化的体系，并制定与组织文化一体的目标和相关行动方案。以实训报告的形式上交，教师在课内组织讨论，并评价各自优劣。

3. 实训效果

(1) 每个学生都要提供一份企业组织文化建设的简要报告。
(2) 教师依据学生的表现和报告评定分数。

第4章 计划职能

学习目标

知识目标

(1) 明白计划的含义、内容和性质。
(2) 掌握计划的类型和作用。
(3) 掌握编制计划的过程与方法。
(4) 了解编制计划的原理。
(5) 明白目标的概念和特性。
(6) 掌握目标管理的概念和实施步骤。
(7) 理解目标管理的优点和缺点。
(8) 明白管理决策的含义、特点和类型。
(9) 掌握管理决策的程序及其方法。
(10) 明白影响管理决策的因素。

技能目标

(1) 具备编制计划书的能力。
(2) 能够采用一定的方法进行简单决策。

本章知识结构图

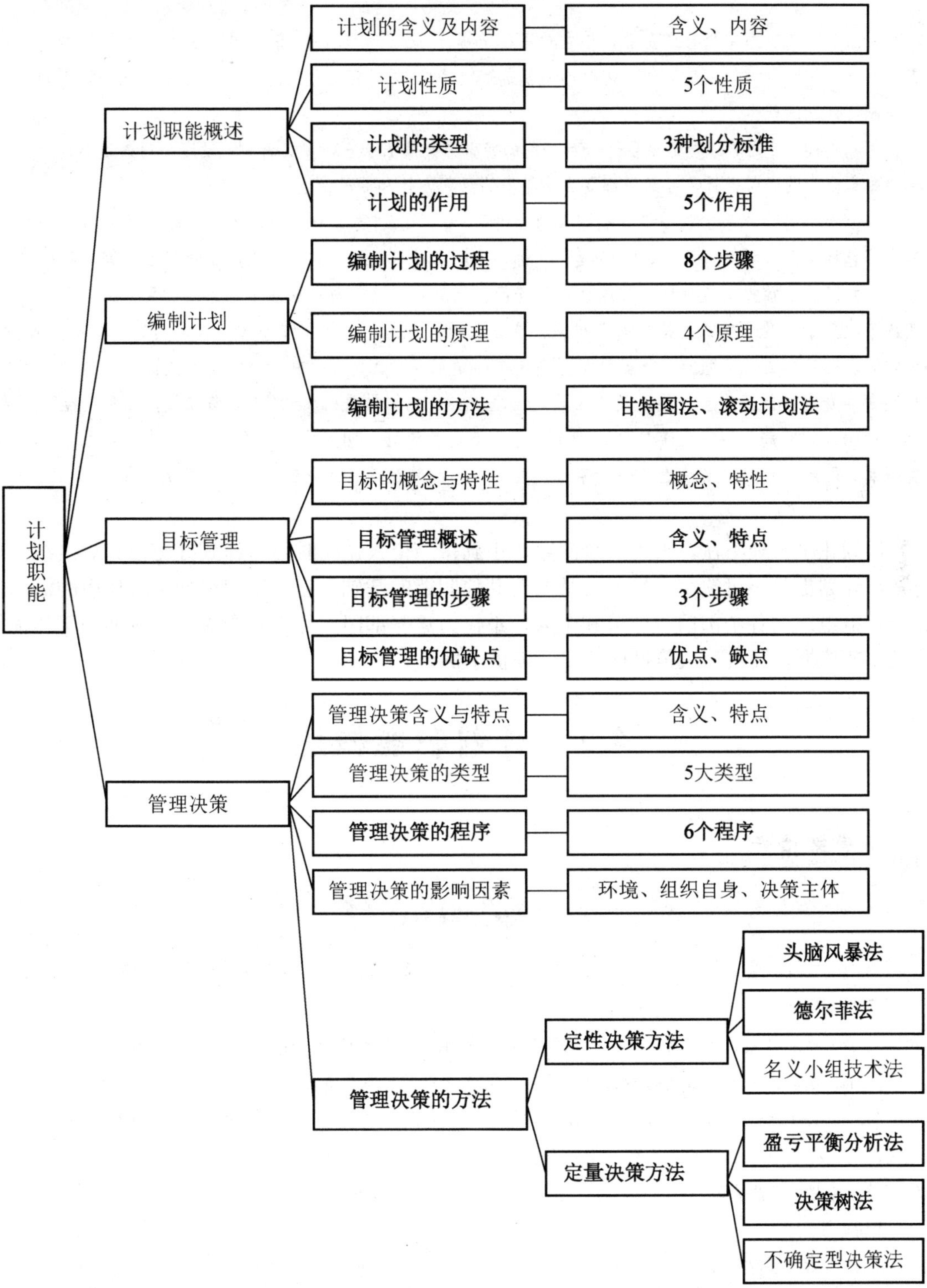

注：加粗字体表示本章的重点内容。

阅读小品

雅丽公司的事业计划

雅丽公司是一家中外合资企业，该企业高度重视计划工作。他们常说："制订一份好的计划就意味着工作完成了一半。""什么是管理，执行计划就是管理。"公司对职员考核的 5 条标准中，一个重要的标准就是制订计划的能力。

每年年初，公司总经理都要召开一年一度的经营方针发表会——制订计划，设定公司该年度的努力目标。根据公司的经营方针，各部门都要有该年度的经营方针和活动计划。

该公司最具有代表性的就是推行"事业计划"。事业计划的编制往往始于该财政年度的前几个月，其内容包括生产、销售、库存、设备投资、材料采购、材料消耗、人员聘用、工资基准数等一系列详细计划，并以此为前提制订计划、利润计划和资产负债计划。该公司不仅注重计划的制度，更注重计划的实施情况并予以检查确认，提出改善措施。在该公司被称为"把握异常"与"防止问题再发生"，这是日常管理的基本点和着眼点。公司经常强调要有问题意识，就是说在制订计划的时候能否事前预计到种种问题的发生，问题发生时能否及时正确地处理。公司的口号是："问题要预防在先，一旦发生了，要努力使同样的问题不再发生第二次。""工作今天要比昨天好，明天要比今天强。"雅丽公司由于既特别重视制订周密的计划，又注重计划的实施、控制，因此其经营和管理都收到了良好的效果。

计划几乎无处不在，大到一个国家，小到每一个人，随时要与计划打交道。对组织管理而言，计划更是不可缺少的环节，是所有其他职能的基础。它将组织在一定时期内的活动任务分解给组织的各个部门、环节和个人，不仅为这些部门、环节和个人在该时期的工作提供了具体的依据，而且为决策目标的实现提供了保证。

4.1 计划职能概述

管理情景

为什么要有计划

有一家中外合资企业，它自建立生产以来，获得了良好的经营业绩，曾连续获得多项荣誉，确立了在中国工业界的地位。

这家企业对计划工作非常重视，在他们看来，制订一份良好的工作计划，工作也就完成了一半。为了强调工作计划的重要性，公司将制订计划工作能力作为职员考核的标准之一。

每年，公司总经理都要制订计划工作，拟订公司本年度的活动经营方针，制订该年度的活动计划，设定合适的目标。制订计划的目的在于推动以目标管理为中心的事前管理，克服无计划的随机管理。公司总经理曾形象地说："等着了火再去泼水，傻瓜都会，管理的责任在于防止'火灾'的发生。"

【讨论】

1. 什么是计划？

2. 计划在管理活动中有什么作用？

理论研习

4.1.1 计划的含义及内容

1. 计划的含义

管理学家罗宾斯认为，计划是一个确定目标和评估实现目标最佳方式的过程。计划包括确定目标、制定全局战略任务以及完成目标和任务的行动方案。实质上，计划就是一个组织要做什么和怎么做的行动指南。

计划有两种含义，一种是计划，另一种是计划工作。计划与计划工作是两个既有联系又有严格区分的概念。计划是计划工作的结果，是未来行动安排的管理文件，往往是以书面文字或电子文档形式出现的。

而计划工作又有广义和狭义之分。广义的计划工作是指制订计划、执行计划和检查计划的执行情况 3 个阶段的工作过程。狭义的计划工作则是指制订计划的工作过程。本项目所指的计划是狭义计划工作的概念，就是制订计划工作。即通过计划的编制，合理地安排组织内的一切具体管理活动，有效地利用组织的人力、物力和财力资源，以期达到组织决策目标的实现。

计划职能是企业管理的首要职能，是实现组织、领导、控制等职能的前提，它使组织的经营管理活动具有方向性、目的性和自觉性。没有计划的管理是无序的、盲目的管理。

管理小故事

运筹帷幄，决胜千里

汉高祖刘邦打败了楚霸王项羽，当了皇帝，行赏的时候，把张良评为头功。元帅韩信听了很不高兴，认为天下是自己一刀一枪打下来的，为什么论功不如张良？刘邦说："运筹帷幄之中，决胜千里之外，张良也。"意思是说，因为有张良在大帐里出谋划策，你韩信才能在千里之外取胜。韩信想了想，这才服了。

管理启示：所谓的运筹，是指谋划和筹划，也就是管理上所讲的计划职能。可见，计划的作用有多么重要。

2. 计划的内容

在企业中，计划职能的内容可以概括为以下 7 个方面(5W2H)。

(1) What(做什么)：即明确计划工作的具体任务和要求，明确每个时期的中心任务和工作重点。

(2) Why(为什么做)：即明确计划的原因和目的，使计划执行者了解、支持计划，以便发挥执行者的积极性、主动性。

(3) Where(何地做)：即规定计划的实施地点，了解计划实施的环境条件和限制条件。计划的制订要因地因时而变，要根据不同环境、市场等不断调整计划。

(4) When(何时做)：即制订计划中各项工作的起始时间、进度和完成时间。这样做既有助于控制整个活动，又可以对组织资源进行合理安排。

(5) Who(由谁做)：即明确实施计划的部门或人员，包括每一阶段的责任者、协助者及利益相关者。

(6) How(怎么做)：即明确实施计划的措施，以及相应的政策和规则，以便对组织资源进行合理的预算、分配和使用等。

(7) How much(做了多少)：即效益分析、成果评估，分析计划给企业带来的盈亏和机会得失。

4.1.2 计划的性质

1. 计划的目的性

任何组织或个人制订计划都是为了有效地达到某种目标。目标是计划的全部内容的核心，实现目标是计划的出发点和归宿，没有目标就不叫计划。哈德罗·孔慈说："虽然计划不能完全准确地预测将来，但是如果没有计划，组织的工作往往会陷于盲目，或者碰运气。"

2. 计划的先行性

计划是实施其他各项管理职能的依据，相对于其他管理职能处于领先地位，它的影响贯穿于管理工作的全过程。由于管理的组织、领导、控制等职能都是为了支持和保证目标的实现，而它们只有在计划工作确定了目标之后才能进行，所以，计划工作在管理的诸项职能中处于先行的地位。

3. 计划的普遍性

组织中所有的管理人员都要制订计划，做计划工作。通常计划工作的特点和范围会因各级主管人员职权的不同而不同，但开展好这项工作却是各级主管人员的一个共同职能，管理人员都要有一定程度的自主权，并必须为此承担制订计划的责任。

4. 计划的效率性

计划工作讲求效率，计划的效率用计划对组织目标的贡献来衡量。对于一个组织来说，制订的计划是否会带来更大的绩效，要看这个计划对目标的贡献。一般情况下，高质量的计划过程和适当的实施过程比泛泛的计划可以创造更高的绩效。

5. 计划的前瞻性

计划，它不是对过去的总结，也不是对现状的描述，而是面向未来的，考虑未来的机遇与挑战的问题。当然这种前瞻性不是空想的，而是以组织内外部环境为基础，以现有成绩和问题为依据，在对今后的发展趋势做出科学预测之后做出的。它有助于指导组织未来的活动，为实现未来的目标创造条件。

4.1.3 计划的类型

1. 按照计划内容的时间界限划分

(1) 长期计划，一般是 5 年以上的计划。长期计划具有方向性和长远性，包含了组织的长远目标和发展方向等问题，对组织活动起着指导作用，包括经营目标、战略、方针、远期的产品发展计划、规模等。

(2) 中期计划，一般是 1 年以上，5 年以下的计划，它介于长期计划和短期计划之间。中期计划是根据长期计划制订的，较长期计划更具体、更详细，是结合组织内部和外部条件与环境变化情况后制订的可执行计划。

(3) 短期计划，一般是 1 年以下的计划。短期计划较中期计划更加详细具体，更具操作性，它是指导组织具体活动的行动计划，一般是对中期计划的分解和落实。

长期计划、中期计划和短期计划是相互关联的，长期计划要对中、短期计划具有指导作用；而中、短期计划的实施要有助于长期计划的实现。

2. 按照计划制订者的层次划分

(1) 战略计划。由组织的高层来制订，涉及的时间较长，是为组织设立总体目标和寻求组织在环境中的地位的计划。战略计划具有纲领性，它不纠缠于细枝末节，也不是包罗万象，而是明确整体行动的方向。全局性、长期性、概括性、前瞻性、权威性是战略计划的突出特征。

(2) 战术计划。一般由中层管理者制订，其内容包括组织各部门的目标、策略和政策。它把战略计划转化为具体的目标和政策，并且规定了达到各种目标的确切时间。它是一种局部性的、阶段性的计划。

(3) 作业计划。一般由基层管理者制订，规定总体目标如何实现的细节性操作计划，一般是必须执行的命令性计划。作业计划通常具有可重复性、个体性和较大的刚性。

战略计划、战术计划和作业计划，强调的是组织纵向层次的指导和衔接。战略计划一般是由高层管理者负责的，战术计划和作业计划往往由中层、基层管理者甚至是具体作业人员负责，战略计划对战术计划和作业计划具有指导作用，而较好地完成战术计划和作业计划能够确保战略计划的实施。

3. 按照计划的职能标准划分

(1) 财务计划。财务计划是组织在一定时期内，关于资本、利润以及成本费用的计算，以促进业务活动的有效进行。

(2) 销售计划。销售计划是关于产品销售的种类、规格、价格、销售渠道以及销售策略和方法方面的计划。

(3) 生产计划。生产计划的重点是根据市场需求量生产产品，包括计划期产品(或服务)生产的数量、结构、质量要求、物资供应以及生产社会协作方面的安排。

(4) 人事计划。人事计划用来分析如何为业务规模的维持或扩展提供人力资源方面的保证，包括用系统的方法确定长期计划和短期计划中所需要的各类人员，以及随后的关于员工的招聘、配备、培训、选拔、工资报酬等方面的安排。

4.1.4 计划的作用

1) 为组织成员指明方向，协调组织活动

好的计划可以通过制定明确的组织目标和各个层次的计划，较好地凝聚组织内部成员的力量，向着同一个目标奋斗，这样有助于减少内耗，降低成本，提高效率。

2) 有助于减少风险

计划是面向未来的，而不论是未来的环境还是组织自身都具有一定的不确定性和变化性。计划可以通过对组织未来进行周密细致的预测，分析环境的变化趋势，制定相应的对策，主动采取措施，而不是等到变化和危机到来时再作决策，这样可以变被动为主动，减少环境和组织的变化带来的影响。

3) 有助于选择适合组织的发展机会

对组织未来和环境进行预测，结合组织自身的情况，有助于组织选择适宜的发展计划。

4) 有助于合理配置资源

组织在实现组织目标的过程中，会出现一些工作协调不一致、相互缺乏联系的现象，将造成组织资源的浪费，并影响组织目标的实现进度。良好的计划可以较好地协调各方面的工作，调配组织资源，从而在一定程度上避免重复性和浪费性的活动。

5) 计划是控制的基础和依据

计划确定了控制的指标体系，提供了衡量工作业绩的标准，以利于考核和奖惩。

研讨与质疑

俗话说："计划赶不上变化"，既然如此，那么你认为现实中，还有制订计划的必要吗？

4.2 编 制 计 划

管理情景

10 分钟提高效率

美国某钢铁公司总裁舒瓦普向效率专家李先生请教："如何更好地执行计划的方法？"。李先生声称可以给舒瓦普一样东西，在 10 分钟内能把他公司业绩提高 50%。接着，李先生递给舒瓦普一张白纸，说："请在这张纸上写下你明天要做的 6 件最重要的事。"舒瓦普用了约 5 分钟时间写完。李先生接着说："现在用数字标明每件事情对于你和公司的重要性次序。"舒瓦普又花了约 5 分钟做完。李先生说："好了，现在这张纸就是我要给你的。明天早上第一件事是把纸条拿出来，做第一项最重要的。不看其他的，只做第一项，直到完成为止。然后用同样办法对待第 2 项、第 3 项……直到下班为止。即使只做完一件事，那也不要紧，因为你总在做最重要的事。你可以试着每天这样做，直到你相信这个方法有价值时，请将你认为的价值给我寄支票。"

一个月后，舒瓦普给李先生寄去一张 2.5 万美元的支票，并在他的员工中普及这种方法。5 年后，当年这个不为人知的小钢铁公司成为世界级钢铁公司之一。

【讨论】

1. 为什么总裁舒瓦普的计划难以执行？效率专家李先生方法的关键在哪里？

2. 效率专家李先生执行计划的方法使这个不为人知的小钢铁公司成为世界级钢铁公司之一。为什么计划能有这么大的作用？

理论研习

4.2.1 编制计划的过程

编制计划是一项程序性工作。管理人员在编制任何完整计划时，都将遵循同样的步骤。计划的编制过程依次包括以下环节：识别机会；制定目标；考虑制订计划的前提条件；拟订备选方案；评估备选方案；确定方案；制订辅助计划；编制预算；编写计划书。

1. 分析组织内外部环境状况

计划职能的前提是对组织所面对的各种环境状况进行综合分析，既要分析组织的外部环境，即组织所面临的具体环境条件，如社会政治环境、经济环境、技术环境、行业环境等，又要分析组织自身的内部环境，如本组织的组织结构、方针政策、资金等，以及所掌握的技术水平、竞争能力等；既要考虑组织的现实环境，也要考虑组织的未来环境。

2. 制定目标

计划工作的第二步是在分析组织内外部环境状况的基础上，确定组织战略目标，目标因环境的变化而变化。

3. 考虑制订计划的前提条件

前提条件是关于要实施计划的预期环境的假设条件。如将有什么样的市场，销量有多大等。编制计划的每个人，越彻底地理解和同意使用一致的计划前提条件，组织的计划工作就越协调。

4. 拟订备选方案

拟订备选方案时，要拟订尽可能多的计划。可供选择的计划数量越多，备选计划的相对可行性就越高，可选余地也较大。但是在拟订方案时，务必要做到信息准确、现实可行，方案与方案之间系统协调。

5. 评估备选方案

方案拟订出来后，就要根据前提和目标来权衡各种方案，比较各个方案的利弊，进而对各个方案进行评价。

【管理漫画】

◎目标要随着环境变化而变化，因为成绩仅仅比过去好是不能保持竞争力的。

6. 选择方案

经过对各方案的利弊评价之后，决策者就要根据组织目标等来做出决策了，在分析比较的基础上选择最满意的方案。

7. 制订派生计划

一项主要计划需要许多派生计划的支持。派生计划是总计划下的分计划和行动计划，是对总计划的支持，它能保障总计划的顺利实施。

8. 编制预算

计划工作的最后一步就是将计划转化为预算，使计划数字化。编制预算，一方面是为了使企业的目标具体化；另一方面是使企业更易于对计划的执行情况进行控制。

4.2.2 编制计划的原理

编制计划是一项指导性、科学性、预见性很强的管理活动，同时它又有自己的原理。编制计划工作的主要原理有限定因素原理、许诺原理、灵活性原理和改变航道原理。

1. 限定因素原理

限定因素是指妨碍目标实现的因素。也就是说在其他因素不变的情况下，通过分析、改变这些因素，就能实现期望目标。

限定因素原理就是指主管人员在制订计划时，越是能够找出影响计划目标实现的主要限定因素或战略因素，就越能准确、客观地选择可行方案。

2. 许诺原理

许诺原理是指任何一项计划都是对完成某项工作做出的许诺，许诺越大，实现许诺的时间就越长，许诺实现的可能性就越小。

计划工作所承担任务的多少决定工作期限的长短，按照许诺原理，许诺(任务)越多，计划期就越长，不确定性就越大。工业上常用的投资回报率就是该原理的具体应用。

3. 灵活性原理

灵活性原理是指在制订计划时要留有余地，当出现意外情况时，有能力改变而不必花费太大的代价。

对于主管人员来说，灵活性原理是计划工作中最主要的原理。尤其是当所承担的任务较重、目标期限又较长的情况下，灵活性的重要作用便显示出来。但是，灵活性的应用范围是有一定限度的。

4. 改变航道原理

改变航道原理是指主管人员通过定期检查现状、预期前景，以及为保证达到预期目标而重新制订计划等所进行的工作。

它与灵活性原理不同，灵活性原理使计划本身具有适应性，适应外部环境的变化，而改变航道原理可以使计划在执行过程中具有应变力。对于管理人员来说，也就是不被计划框住，必要时可以根据当时当地的实际情况作必要的修订。

4.2.3 编制计划的方法

1. 甘特图法

甘特图最早由美国工程师和社会学家亨利·甘特于 1917 年提出。它是以条棒式的图形来描绘某段时间内计划和实际任务的完成情况，用横轴来表示时间，用纵轴来表示要安排的活动。它可以很直观地告诉管理者各项活动的进度安排，然后再根据时间的推移，对比计划进度与实际进度的差距，将调整注意力到最需要加快速度的活动中，使整个计划如期完成。它既简单又实用，帮助管理者掌握实际进度偏离计划的情况，以便对计划工作进行正确的评估。

图 4.1 是依据某市场调研计划绘制的甘特图。

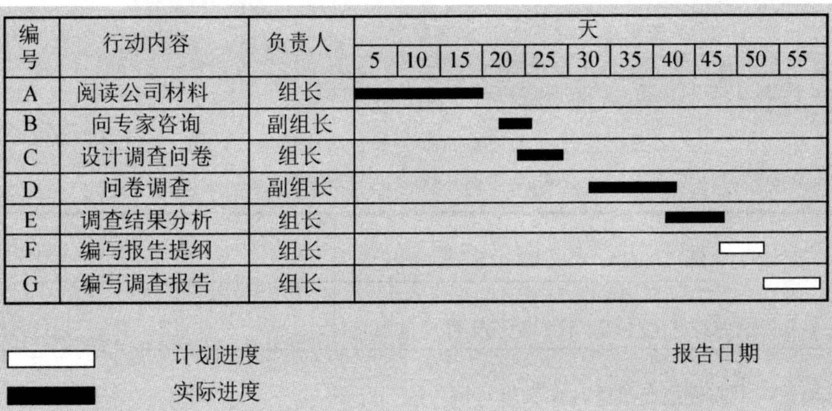

图 4.1　甘特图

2. 滚动计划法

滚动计划是一种具有灵活性的、能够适应环境变化的长期计划编制方法。由于长期计划的计划期较长，影响它的不可控因素多，很难准确地预测到各种影响因素的未来变化，因而很难确保长期计划的成功实施。采用滚动计划方法，意在根据环境条件变化和实际完成情况，定期地对计划进行修订，使组织始终有一个较为切合实际的长期计划作指导，并使长期计划与短期计划紧密衔接。

滚动计划的编制过程：在已编制出的计划的基础上，每经过一段固定的时期(例如一年或一个季度等，这段固定的时期被称为滚动期)，便根据变化了的环境条件和计划的实际执行情况，对原计划进行必要的调整，以确保实现计划目标。每次调整时，保持原计划期限不变，只将计划期限顺序向前推进一个滚动期，或者说平行移动一个滚动期。

滚动计划的特点是把计划工作看成是一种不间断的运动，使整个计划处于适时的变化和发展之中，避免了计划的凝固化，提高了计划的适应性。由于计划内容随着内外部条件的变化而不断调整，便于不同时限的计划之间的衔接和协调，可以提高计划的指导作用。

管理小游戏

制订行动计划

目的： 在本游戏中，假设学生是某百货公司的服务人员，先回顾服务人员所必需的技巧，然后评价自己的能力，并制订提高自己这方面能力的行动计划。该游戏可以帮助学生掌握制订计划的步骤及内在逻辑关系。

时间： 20～25 分钟。

所需材料： 向学生分发材料(见附录)。

步骤：

(1) 将材料分发给每位学生，要求在 5～10 分钟内完成第一页上的选择内容。

(2) 完成第一页上的选择内容后，要求每位学生在第二页写出自己需要改进的两项服务技巧，并制订一份行动计划工作表。

(3) 如果有时间，将两个人分成一个小组，让每个学生在行动计划工作表上以“你的技巧”为题，写上他或她想要改进的技巧，然后让大家与自己的搭档交换工作表。

(4) 每个参与者将为其搭档制订一个行动计划，以帮助其在工作表列出的领域内成为超级明星。这部分游戏限时 5 分钟。

小提示：教师可将这些行动计划张贴在教室内，并对做得好的学生进行表扬。

讨论题：(现场回答)

1. 让另外一些人利用头脑风暴法为你出主意有帮助吗？
2. 你的搭档是否想到了一些你不曾想到过的观点？

附录：

第一页材料：尽管你天生在一些领域很突出，而在另一些领域次之，但你的工作使你有机会通过科学可行的计划来精通它们。填表时请不要弄虚作假！没有人监视你！

起伏不定： 如果你在一项技巧上熟练度一般，那么将它填入这一行	
超级明星： 在这一项技术上你掌握最好的技巧，它们是你工作中的财富	
回学校去： 如果你在一项技巧上需要很大改进，那么将它填入这一行	

第二页材料：

行动计划工作表

你的技巧

____

____

你的行动计划

____

____

____

你的技巧

____

____

你的行动计划

____

____

____

4.3 目标管理

管理情景

机床厂的目标管理

某机床厂为充分发挥各部门的职责，推行了目标管理。多年实践证明，目标管理改善了企业经营管理，挖掘了企业内部力量，为企业带来较好的经济效益。该厂把目标管理分为3个阶段。

第一阶段：目标的制定

(1) 该厂通过国内外市场调查，结合该厂长远规划，并依据企业的具体生产能力发动职工进行反复讨论和修改，最终制定出全厂总目标。

(2) 厂长将总目标向全厂宣布后，各部门紧靠总目标，结合各项计划原则和技术指标，商定出各部门的部门目标。

(3) 各部门将部门目标进行分解，将目标落实到每个工段，工段再将具体目标下达给个人。

第二阶段：目标的实现

(1) 自我检查、控制和管理。由于每个工人都有了自己具体的工作任务，所以工人在实现目标的过程中都会参照具体任务进行自我检查、管理，以完成目标。

(2) 加强经济考核。为及时纠正目标实现过程中出现较大差错，该厂实行了每个季度考核一次，年终再进行一次总评定的考核制度。

(3) 重视信息反馈。该厂主要采取建立“工作质量联系单”的方式收集目标实现过程中员工反馈的信息。

第三阶段：目标成果评定

该厂主要采用自我评价和上级主管部门评价相结合的做法来评定目标成果。每个季度，各部门都要将该季度工作完成情况上交给管理委员会，管理委员会再依据他们的完成情况实行奖惩。

【讨论】

1. 目标管理过程应注意哪些问题？
2. 目标管理有什么作用？

理论研习

4.3.1 目标的概念与特性

1. 目标的概念

目标是一个组织根据其任务和目的确定在未来一定时期内所要达到的成果或结果。

目标是协调人们行动的依据，它既是管理活动的出发点，也是管理活动追求的结果。组织正是通过目标来引导人们的行动并考核行为结果的。目标应该是可以定量、可以规定时间、可以明确责任的，否则目标是不明确的。

2. 目标的特性

1) 层次性和网络性

管理组织是分等级、分层次的。组织的总体目标确定之后，围绕着总目标就要依次确定下级各个分目标、子目标，而且，各等级、各层次的目标之间构成了目标与手段的关系。

各等级、各层次的目标之间彼此相互关联、相互影响，并相互支持，形成了一个整体的目标网络。即目标之间左右关联，上下贯通，彼此呼应，融汇成一个整体。组织内各目标之间也只有形成了网络，才能保证组织目标更有效的实现。

2) 明确性和精确性

目标应当能够定性或定量地描述出来，尽可能是特定而又易于量度的指标。

研讨与质疑

试比较以下两个目标：

(1) 制造高素质的产品；(2) 将产品的可靠程度增至99.99%。

前者意思含糊(何谓“高素质”呢？)。目标需要一针见血，避免使用意思含糊的字句。

3)先进性和可行性

组织设置的目标应该既实际而又具有挑战性。

拓展知识

篮球架原理

正是由于这个跳一跳就能够得着的高度，才使得篮球成为一个世界性的体育项目，引得无数体育健儿奋争不已，也让许许多多的爱好者乐此不疲。

篮球架子的高度启示我们，一个“跳一跳，够得着”的目标最有吸引力，对于这样的目标，人们才会以高度的热情去追求。要想调动人的积极性，就应该设置有着这种“高度”的目标。

如果目标很容易达到，就会缺乏挑战性；失去激励员工的作用；但如果目标比登天还要难，就会令员工放弃争取。

【管理漫画】

◎挑战性的目标可以采取新的方法。

4) 时限性

目标的时限性即定下完成目标的期限。例如，甲说要在一年内赚取 100 万，乙则说要在 5 年内赚取 100 万，由于两人订下的期限不同，意义也有所不同。

5) 主次性

多等级层次，以及多种多样的目标网络，可能使管理者如何安排实现目标的行动成为困难。为此，就要将目标做主次之分。管理者应该将其主要资源用于主要目标的实现上，目标的主次性是从目标的重要程度上划分的。

6) 考核性

目标如果不能考核，就失去了存在的意义。最便于考核的目标是定量目标，但不等于说定性目标不能考核。定性目标可以通过具体说明时间规定、成果要求等加强其可考核性。考核性能将目标与报酬联系，管理者可对完成既定目标的员工加以奖赏，作为一种激励。奖赏的方式可以是加薪、晋升或发放奖金等。

4.3.2 目标管理概述

拓展知识

20 世纪 50 年代美国出现了一种新的管理制度——目标管理(MBO)，受到普遍欢迎，并得到广泛应用。目标管理是在泰勒的科学管理理论和行为科学理论的基础上发展起来的，是由美国著名管理学家彼得·德鲁克首先提出的。他在 1954 年出版的《管理的实践》一书中首先提出了“目标管理和自我控制”的主张。他认为，通过目标管理就可以对管理者进行有效的管理。之后，他又在此基础上发展了这一主张，认为“企业的目的和任务，必须转化为目标”，企业的各级主管必须通过这些目标对下级进行领导，以此来达到企业的总目标。如果每个职工和主管人员都完成了自己的分目标，则整个企业的总目标就有可能达到。与此同时，还有许多先驱者对目标管理也同样做出了重大贡献，在此基础上形成了目标管理制度。由于这种制度在美国应用非常广泛，而且特别适用于对主管人员的管理，所以被称为“管理中的管理”。

1. 目标管理的概念

目标管理又称成果管理，是由组织中的管理者和员工共同参与制定的、具体的、可行的，能够客观地衡量效果，在工作中实行“自我控制”，并努力完成工作目标的一种系统的管理方法。

2. 目标管理的特点

(1) 员工参与管理：目标管理是员工参与管理的一种形式，由上下级共同商定，依次确定各种目标。

拓展知识

传统的目标设定方法：目标由组织最高层管理者设定，然后分解成各个子目标分配到组织的各个层次上。这是一种单向的过程：直接由上级给下级设定目标，下级只要按照规定完成就可以了，是典型的“命令式管理”。目标在从抽象到具体的落实过程中，经过组织的层层过滤，加上一些可操作性含义(每一层可以根据自己的理解来规定具体目标)，最终可能丧失组织目标的一致性等特点。所以，这种传统的设定目标的方法是不科学的。比如说：

高层管理目标：我们需要改进公司的绩效。

事业部管理者的目标：我希望看到本事业部利润有重要改进。

部门管理者目标：增加利润而不管用什么方法。

雇员个人目标：不要担心质量，只要干得快。

可见，这种目标设定方法所设定的目标不够清晰明确，这不是好的方法。

(2) 以自我管理为中心：目标管理的基本精神是以自我管理为中心。目标的实施，由目标责任者自我进行，通过自身监督与衡量，不断修正自己的行为，以达到目标的实现。

(3) 强调自我评价：目标管理强调自我对工作中的成绩、不足、错误进行对照总结，经常自检自查，不断提高效益。

(4) 重视成果：目标管理将评价重点放在工作成效上，按员工的实际贡献大小如实地评价一个人，使评价更具有建设性。

研讨与质疑

目标管理与应急式管理、命令式管理有何区别？

3. 目标管理的步骤

1) 形成目标体系

组织的最高管理者根据组织的需要与内部条件，制定出一定时期内经营活动所要达到的总目标，然后经过上下左右的协商，将总目标层层分解到下级各单位和部门，以形成每个人的分目标。总目标指导分目标，分目标保证总目标，组织内部以总目标为中心，形成上下左右相互衔接，分工明确，协调一致的目标体系。目标的多少和目标实现的难易程度都要适当，而且要便于考核。在目标分解的同时，还伴随有权力的下放，即授权。

拓展知识

目标管理的应用

某糖果公司是一家生产、销售中式糖果的企业，随着西风东渐，他们发现我国人民对糖果的嗜好已经发生了改变，只靠经营中式糖果无法实现公司的长期发展计划。为此，公司决定新增西式糖果业务，并通知全公司所有部门和员工做好准备。于是，技术部研究了现行设备和技术，对需要新添的设备和技术做了调查；销售部调查了市场，讨论了现行营销体系的优缺点；财务部对资金状况进行汇总。年底，总经理签发了西式糖果经营总目标，各单位根据总目标制定了各自的小目标，并将小目标分配给基层单位和员工，以此类推，形成了一个目标体系。

2) 组织实施

目标确定，权力下放后，各项具体目标是否能够如期完成就要靠执行者的自主管理了。上级管理者除非必须，否则不宜再具体针对每项措施做详细的指示，指手划脚、横加干预只能适得其反。但这不等于说上级可以撒手不管，上级管理者的责任从直接管理转变为间接控制，即针对下级的情况提出问题、提供情报，进行指导、协助，并且为下级更好地完成任务创造良好的工作环境。

3) 成果检查

成果检查既是上一个目标管理过程的结束，也是下一个目标管理过程的开始。通过成果检查，既能够作为奖惩的依据，也能发现工作中的薄弱环节和差距，为下一步做好工作创造了条件，提供了经验教训。成果检查的过程，一般是事先确定检查时间，到期后先由执行人自我检查，然后再上下协商，分析结果产生的原因，以便吸取经验教训，并为制定下一个目标作准备。对完成结果的奖惩办法是事先确定好的，实践中常常采用分级打分的方式，如达到预期目标以上，定为A级；刚好完成目标，定B级；没有完成目标，但差距不大，定为C级；没有完成目标，且差距很大，定为D级。各级都有明确的奖励与惩罚的办法。

案例链接

零距离公司刘总经理在一次职业培训中学习到很多目标管理的内容。他对于这种理论逻辑上的简单清晰及其预期的收益印象非常深刻。因此，他决定在公司内部实施这种管理方法。首先他需要为公司的各部门制定工作目标。刘总认为：由于各部门的目标决定了整个公司的业绩，因此应该由他本人为他们确定较高目标。确定了目标之后，他就把目标下发给各个部门的负责人，要求他们如期完成，并口头说明在计划完成后要按照目标的要求进行考核和奖惩。但是他没有想到的是中层经理在收到任务书的第二天，就集体上书表示无法接受这些目标，致使目标管理方案无法顺利实施。刘总感到很困惑。

【讨论】

1. 根据目标管理的基本思想和目标管理实施的过程，分析刘总的做法存在哪些问题？

2. 他应该如何更好地实施目标管理？

4. 实施目标管理的优缺点

1) 目标管理的优点

(1) 有利于形成激励。当目标成为组织内每个部门、每个成员自己在未来一段时期内要达到的一种结果，且实现的可能性很大时，目标就成为组织成员们的内在激励。而目标要成为激励的因素，它最好是组织的每个部门及每个员工自己制定的目标，这样各部门、员工更熟悉目标的内容，能更好地完成目标。

(2) 有利于提高效率。目标管理是一种结果式管理，它迫使组织内的每个部门及其成员首先考虑目标的实现，尽力完成目标。因为这些目标是总目标的分解，所以组织的各部门及成员目标的完成，也就是总目标的实现。而且在目标管理方式中，一旦分解目标确定，各个部门就可以按照各自的方式、手段实现自己的目标，这给他们提供了创新的空间，有效提高组织管理的效率。

(3) 有利于明确任务。目标管理的另一个优点是使组织各级主管及成员明确组织的总目标、组织的结构体系、组织的分工与合作及各自的任务。这也有助于主管人员大胆放权，而不是将权力集中在主管人员手中。

(4) 有利于员工的自我管理。目标管理实际上是一种自我管理的方式，或者说是一种引导组织成员自我管理的方式。一方面，组织成员已参与了目标的制定，并取得了组织的认可；另一方面，在实施目标管理过程中，组织成员不再只是做工作、执行指示、等待指导等，而是可以自己决定如何实现目标的人。从这个意义上看，目标管理是一种自我管理。

(5) 有利于加强监督控制。目标管理方式本身就是一种控制，因为它是通过各分解目标的实现来保证组织总目标的实现，这本身就是一种结果控制方式。而且高层在目标管理过程中要经常检查、对比目标，进行评比，及时纠正，而不是放手不管各个分目标，这也是一种控制，而且效果较好。从另一个角度看，一套明确可考核的目标体系本身就是进行监督控制的最好依据。

2) 目标管理缺点

任何一种管理方法在应用时都具有双重性，它有优点，固然也有其不足。主要表现在以下 5 点。

(1) 目标制定较为困难。一方面，组织的许多目标难以定量化、具体化。因为组织目标的实现是大家共同合作的成果，很难确定各自完成了多少量，所以可度量的目标确定比较困难。另一方面，组织目标管理的有效实施要以目标的准确设定为前提。但由于组织面临的是开放系统，特别是外部资源环境等的变化，因此，制定者要具有及时调整目标、适应环境变化的能力。然后制定一套科学的、切实可行的组织目标，显然这是十分困难的事情。

(2) 过于强调短期目标。通常情况下，目标管理所使用的目标大多是短期目标，短期目标重视短期效益而对长期目标不关心，可能不利于组织的长远目标的实现。同时，在目标管理的考核和评价中，可能将更多的评价权重分配到短期目标、具体目标上，最后导致组织长期目标被忽视。

(3) 哲学假设不一定都存在。目标管理建立在 Y 理论基础上(关于 Y 理论，详见项目 7)，Y 理论对于人类的动机做了过于乐观的假设。实际上，人是有“机会主义本性”的，尤其是在监督不力的情况下。因此，很多情况下，目标管理所要求的承诺、自觉、自治等气氛是难以形成的。

(4) 重视结果忽视过程。目标管理重在靠结果说话，最终的评价也是针对结果的，这就有可能造成为了追求结果而忽视对过程的分析研究。比如，为了完成生产计划，将必要的设备维护修理计划取消，虽然目标完成了，但这是以牺牲长期利益为代价的。

(5) 目标管理是耗时耗资很多的工作。目标确定的过程就是一个艰苦的过程，需要花大力气分析论证，确定了总目标后再层层分解，更不是短时间能够完成的事情。因此，在目标管理的付出和效果之间存在着矛盾，必须认真分析并充分研究这个问题，不要因花费时间、费用太多削弱了目标管理的效果，更不能为省事草率行事，使目标管理流于形式，失去意义。

4.4 管理决策

管理情景

格兰仕的决策

我国生产微波炉这种制“热”产品的龙头企业——格兰仕集团公司，于 2000 年 9 月 21 日在北京召开新闻发布会正式公布：将投入 20 亿元巨资进入空调制冷业，其空调产品将在国庆节前后批量投放市场，并将在短时间内使空调产品成为该公司的第二大主导产品；还决定将进入电冰箱行业。格兰仕公司为什么要进入空调、电冰箱等两个制冷行业？该公司一位负责人说：①格兰仕在微波炉市场上拥有绝对优势，但在微波炉这一单一产品上，生产规模已达 1 200 万台/年，格兰仕很难再有大的发展空间。②空调产品正处于成长期，随着人民生活水平提高，市场容量将不断扩大，空调产品降价的余地很大，因而国内空调市场的需求量将变得十分巨大。③由于全球变暖，过去很少用空调的地区如欧洲也开始大量使用空调。而欧洲空调生产厂家少，只能依赖进口。因此，拓展欧洲空调市场潜力很大，格兰仕有开拓国际市场的经验和渠道。④格兰仕的微波炉产品是盈利产品，积累了雄厚的资本，另外有 40 亿元的银行授信贷款尚未动用，因而有能力对空调和电冰箱产品进行巨额投资。

【讨论】

1. 空调和电冰箱这两个行业竞争已很激烈，格兰仕进入这两个行业能站得住脚吗？
2. 该公司负责人对国内外的空调市场的预测准确吗？进入空调业能获得成功吗？

理论研习

4.4.1 管理决策的含义与特点

1. 管理决策的含义

美国现代决策论学派的创始人，1978 年诺贝尔经济学奖获得者西蒙指出：“管理就是决策。”决策贯穿于管理职能的各个领域，决策的正确与否关系着管理工作效率的高低。

管理决策是管理活动的核心，它贯穿于整个管理活动。所谓管理决策就是指组织或个人为了实现某种目标而对未来一定时期内有关活动的方向、内容及方式的选择和调整过程。

管理决策的内涵包括以下 5 个方面。

(1) 管理决策是以特定目标的实现作为前提条件的。

(2) 管理决策的主体可以是组织，也可以是组织中的个人。

(3) 管理决策所要解决的问题既可以是组织或个人活动的初始选择，也可以是对这种活动的调整。

(4) 管理决策要调整的对象，既可以是活动的方向和内容，也可以是特定方向下从事某种活动的方式。

(5) 管理决策是面向未来的，所涉及的时限，既可以是未来较长的时期，也可以是某个较短的时段。

拓展知识

赫伯特·西蒙——经济组织决策管理大师

赫伯特·西蒙(Herbert Simon，1916—2001 年)出生于威斯康星州密尔沃基市。西蒙的父亲是于 1903 年获得工程专业毕业文凭后由德国移居美国的，他是一位电气工程师、专利法律师，是当地的学术界和社会事务界的活跃的领导人。西蒙的母亲是典型的第三代美国人，是一位极有才华的钢琴家。在父母的熏陶下，西蒙从童年起就与书籍和其他智力活动结缘，并显示出极强的独立学习能力，他的博学足以让世人折服，先后获得过 9 个博士头衔。

2. 管理决策的特点

1) 目标性

没有问题就不需要决策，没有目标也就无从决策。决策目标正确与否，直接导致管理计划的成败。由此可见，管理决策目标性很强。

2) 选择性

决策如果只有一种方案，那么就无所谓决策。决策的实质就是选择，没有选择就没有决策。

3) 可行性

决策时，不仅需要有多个的备选方案，而且要求决策所依据的方案是可行的。这种可行性包括技术上的可行和经济上的可行。

4) 满意性

选择活动方案时要遵循的是满意原则，而不是最优原则。因为组织或个人很难收集到所有的信息，对于收集到的这些有限信息，决策者因为个人能力的有限，也只能制订出有限数量的行动方案。因此，很难做出最优选择，只能根据已知条件，做出相对满意的选择。

5) 过程性

决策是一个过程，而非瞬间的拍板。组织中的管理决策不是一项决策，而是一系列决策的综合。而且决策本身就是一个过程，从活动目标的确定，到活动方案的拟订、评价、选择，就是一个包含了许多工作、由众多人参与的过程。

6) 动态性

决策是一个不断循环的过程，因为决策的目的是使组织活动的内容不断适应外部环境的要求。作为决策者必须不断调整组织的活动，实现组织与环境的动态平衡。

4.4.2 管理决策的类型

1. 按照决策的重要程度划分

1) 战略决策

战略决策是指有关组织或企业未来发展方向和远景等重大问题的决策。

2) 战术决策

战术决策是指执行战略决策过程中的本部门具体行动方案的过程，即主要是有关实现战略目标的方式、途径、措施等的决策。

3) 业务决策

业务决策是组织为了提高日常业务活动效率而做出的决策。

2. 按照决策的重复程度划分

1) 程序化决策

程序化决策是指那些例行的、按照一定的频率或间隔重复进行的决策。程序化决策处理的主要是常规性、重复性的问题。这些问题的处理可以根据事先建立的相关制度、程序、规则等，必要时可以根据已有的规定加以修改或者直接使用。

2) 非程序化决策

非程序化决策是指那些非例行的、很少重复存出现的决策。它主要是处理不经常发生的、没有决策规范可循的业务工作和管理工作，它们具有极大的偶然性和随机性。如解决突发性事件的决策、开发新产品的问题等。此种决策往往缺乏信息资料，无先例可循、无固定模式等，需要管理者倾注全部精力，进行创造性思维。

管理小故事

露丝·汉德勒的非程序性决策

1955年，美泰玩具公司创办人之一，后来“芭比娃娃”的创意者露丝·汉德勒接到ABC公司的一个电话，问她是否愿意赞助“米老鼠俱乐部”的表演，并问她美泰玩具公司是否愿意花50万美元在电视台播放一年的电视广告。

这并不是个小数目，它相当于美泰公司当时的资本净值。并且当时电视广告的效应还不被人所知，也没有得到充分的利用。那时的玩具业也几乎根本不做广告宣传，只满足于圣诞节之前在一些大城市做一些促销活动。

然而，在接到电话之后的一个小时内，汉德勒和她的丈夫埃利奥特给了 ABC 公司一个肯定的答案。从此，他们在电视媒体上打广告销售玩具产品。汉德勒在自传中写道，在做电视广告之前，80%的玩具是在圣诞节前六周内售出的，而电视广告的播出刺激了孩子们整年对玩具的需求。

管理启示：管理者经常会遇到突然出现的机遇与挑战，关键时刻，如果能正确决策，抓住机遇，会得到意想不到的效果。

3. 按照决策的状态划分

1) 确定型决策

确定型决策是指在稳定可控条件下进行的决策。即决策者明确知道自然状态的发生，每个方案只有一种确定的结果，只要比较各方案的结果就能选出最满意的方案。

2) 风险型决策

风险型决策也称随机决策，在这类决策中，自然状态不止一种，决策者不能知道哪种自然状态会发生，但可以测出有多少种自然状态以及各种状态出现的概率。这有一定的风险。

3) 不确定型决策

不确定型决策是指在不稳定条件下进行的决策。决策者不知道有多少种自然状态，即便知道，也不清楚每种自然状态发生的概率，只能凭决策者主观经验做出决策。如在市场变化情况不明时，生产一种全新产品的决策。

4. 按照决策权限的制度安排划分

【管理漫画】

◎让大家都开口，而不能老板一人说了算。这样的组织才有活力。

1) 个人决策

个人决策是指决策权限集中于个人的决策，受个人知识、经验能力等主观方面的影响较大，决策过程带有强烈的个性色彩。

2) 群体决策

群体决策是指决策权由集体共同掌握的决策，该决策受个人因素影响较小，受群体结果的影响较大，需要花费较多的时间。

管理小故事

通用公司的"全员决策"

美国通用电气公司是一家集团公司，1981 年杰克韦尔奇接任总裁后，认为公司管理得太多，而领导得太少，"工人们对自己的工作比老板清楚得多，经理们最好不要横加干涉"。为此，它实行了"全员决策"制度，使那些平时没有机会相互交流的职工、中层管理人员都能出席决策讨论会。"全员决策"开展，打击了公司中官僚主义的弊端，减少了繁琐程序，使公司在经济不景气的情况下取得了巨大进展，他本人也被誉为全美最优秀的企业家之一。

管理启示：杰克韦尔奇的"全员决策"有利于避免企业中的权力过分集中这一弊端，让每一位员工都认识到自己也是企业的主人，从而提高员工的主人翁意识，真正为企业的发展着想，这是一个妙招。

5. 按照制定决策的层次划分

1) 高层决策

高层决策是指组织中最高层管理人员做出的决策，比如说董事长等领导做出的决策。

2) 中层决策

中层决策是指组织中处于高层与基层之间的管理人员所做的决策，比如说部门经理等做出的决策。

3) 基层决策

基层决策是指基层管理人员所做的决策。

研讨与质疑

"三个臭皮匠胜过一个诸葛亮"，这句话是否说明群体决策比个体决策更有效？

4.4.3 管理决策的程序

管理决策所要解决的问题复杂多样，决策的程序也不尽相同，但一般包括以下 6 个方面。

1. 诊断问题

决策都是从发现和提出问题开始的，通过科学分析，找出问题及其形成的原因，从而界定决策问题。管理者在识别机会时要注意以下事项：

(1) 管理者要尽可能精确地评估问题和机会。

(2) 管理者要尽力获取精确的、可信赖的信息。

(3) 管理者拥有精确的信息还要正确地解释它。

2. 明确决策目标

目标是决策的出发点和归宿。

(1) 目标确定时要坚持实事求是的态度。目标的制定要有可考核性，即要明确、具体，能够进行量化，不可含糊不清。

(2) 要区分重要程度和主次顺序，建立衡量决策的近期、中期、远期效果的 3 级衡量标准。

管理小故事

事先调查

某企业要占领海外市场，派出两位企业副管到海外分头调查。副管李先生到海外注重从报纸、电台中了解当地人的消费行为、消费能力及消费习惯，而不注重实地调查，认为当地人已不再需要同类产品的其他品牌；而副管周先生则进行实地调查，走街访户进行民意测验，并到各大商场了解与他们厂同类的产品的价位以及购买者的心理、承受能力和对该产品的建议等，认为海外是一个潜在的大市场，于是果断建议将产品推向海外。

结果，该产品以优异的质量、完善的服务和低廉的价格很快赢得海外消费者的青睐，该厂的出口额也与日剧增，利润也翻了几番。副管周先生也由此而升为公司的副总裁，主管海外出口；而副管李先生则由此被降为一般职员。

管理启示：管理决策决定了企业的发展方向，这不是一个简单的拍脑袋的事情，或片面的见解可以决定的，而是需要全方位、多角度的调研分析，两位企业副管最后不同的境遇也就不足为怪了。

3. 拟订方案

1) 大胆设想

要根据决策目标及相关的分析预测，充分运用各种创造性思维，广开思路，大胆设想。特别要集思广益，多方探索，提出创意，寻求解决问题的途径和方法。

2) 精心设计

根据对内外环境的思考，将信息系统提供的数据、情报等进行充分系统的分析，制订出两个以上的备选方案。

拟订方案时要遵循 3 个原则：一是整体详尽；二是方案之间相互排斥，即各方案的侧重点不同；三是有效针对性。

4. 筛选方案

(1) 制定评价和选择的标准。根据有利于目标实现和适应主客观环境的要求来制定标准，一般采用的不是最优标准而是令人满意的标准，这是充分利用主客观条件的最佳选择。

(2) 对备选方案进行充分的论证，并做出综合评价。

(3) 在综合评价的基础上，权衡各个方案的利弊得失，从中选出少数有效且可行的备选方案。

(4) 在分析比较的基础上，从备选方案中选择最满意的方案。

5. 执行方案

方案择定后，要付诸实施。把决策的目标、衡量标准以及整个方案向组织成员宣布，明确各部门的职责任务，做出时间和进度安排。

该阶段，管理者一方面要设法将组织中的各种资料调动起来，并注意不同种类资源的互相搭配；另一方面，要调动员工的积极性，需要得到广大员工的支持。

6. 反馈及追踪检查

在方案实施过程中建立信息反馈渠道，及时、准确地进行跟踪控制。

4.4.4 管理决策的影响因素

决策是为组织的运行服务的，而组织总是在一定的环境下运行，且受到组织中人的影响，因此，影响决策的因素既有客观的环境因素、组织自身的因素，又有决策主体的因素等。

1. 环境的因素

环境的特点影响着组织的活动选择。就企业而言，如果市场相对稳定，则今天的决策基本上是昨天决策的翻版与延续；而如果市场急剧变化，则需要根据环境的变化而及时调整之前的决策。

处在垄断市场上的企业，通常将经营重点放在内部生产条件的改善、生产规模的扩大以及生产成本的降低上，而处在竞争市场上的企业，组织就要形成以市场为导向的经营思想，密切关注竞争对手的动向，不断推出新产品，提高市场竞争力。

2. 组织自身的因素

组织对决策的影响，主要是通过组织文化来制约组织及其成员的行为及行为方式，并通过组织文化来影响人们改变态度而发生作用的。保守型组织文化中，人们倾向于维持现状，害怕变化。决策者在实施较大变动的方案时可能遇到较大阻力，甚至失败；而在进取型组织文化中生产的人们则欢迎变化，勇于创新。

另外，组织的信息化程度对决策有影响，主要体现在对决策效率的影响上。还有，组织对环境的应变模式对决策也有影响。

管理小故事

日本人的决策

一次，日本和美国谈判，日方代表像走马灯似的，每隔数日就换一班人马。第一班人马做大量的笔记、提大量的问题，不表态就回去了；第二班人马又重新开始，提问题，做笔记，就像以前从未进行过谈判似的。后来，又派出新的代表团，继续进行无休止的讨论。

这种马拉松式的谈判使美国人迷惑不解，埋怨日本人优柔寡断，作风拖拉。这时日本人突然表态，做出了决策，并对美国人提出供应情报和人员的要求，反而使美国人措手不及，陷入困境。

管理启示：这是一个可以从多角度分析的管理故事，经常被引用。这里需要了解的是，美国人面对日方代表的谈判策略缺乏有效地应对模式，给日方的决策提供了一个很好的反面实例。

3. 决策主体的因素

决策者是影响决策过程的关键因素。决策者对决策的影响，主要是通过决策者掌握知识的水平、心理素质、价值观念、个人处事能力等各种因素产生作用的。换句话说，决策的过程其实是对决策者的一种全面检验。

管理小故事

主人外出，召来 3 个仆人，按他们不同的才干分配银子：A5 000 两、B2 000 两、C1 000 两。主人走后，A、B 两人用所得银子做生意，分别赚了 5 000 两、2 000 两，C 仆人胆小慎微，为显示对主人的忠诚，将 1 000 两银子埋了起来。主人回来后，对 A、B 两人赞赏有加，说：“好，我要把许多事派你们管理，让你们享受主人的欢乐。”对 C 仆人，斥其懒惰与胆怯，逐出门外，并将 1 000 两银子奖赏给已拥有 10 000 两银子的那位仆人。

管理启示：现代社会需要的不仅仅是忠实，更渴求一种胆识。从不冒险，畏手畏尾的管理者顶多维持不亏本的境地，而取得卓越成功的通常都是些胆识过人，敢冒风险的人。

在决策时，无论是确定目的还是选择手段，都要对各种目的和手段进行比较。为了全面决策，还需要全面预测，而全面预测要求收集全面的情报和掌握全面的知识。在决策时，决策者还需要调动心理因素，克服各种心理障碍。此外，决策者还必须具备承担决策风险的心理承受能力。对于决策者，行使决策职能，经常会受到自身的知识条件、心理条件和其他一些能力条件的影响，所以，管理者在学习决策的过程中，尤其要注意提升自身的知识水平和心理素质。

4.4.5 管理决策的方法

根据决策所采用的分析方法，可以把决策方法分为定性方法、定量方法以及定性与定量相结合的方法；根据决策所采用的分析工具，可以把决策方法分为采用一般计算工具的方法以及采用计算机和网络等相关工具的方法。

1. 定性决策方法

定性决策方法是指在决策过程中充分发挥专家集体的智慧、能力和经验，在系统调查研究分析的基础上，根据所掌握的信息，通过对事物运动规律的分析，在把握事物内在本质联系的基础上，进行科学、合理决策的方法。

常用的定性决策方法主要有以下 3 种。

1) 头脑风暴法

头脑风暴法的创始人是英国心理学家奥斯本，是指要针对解决的问题，邀请专家、内行和相关人员聚在一起，在宽松的氛围中，让大家敞开思路，畅所欲言，寻求多种决策思路，因此又被称为思维共振法。这种方法既可以集思广益，放大信息，专家之间又可以起到优势互补，智能叠加的作用，以便于发表创新性意见。

该决策方法的实施要遵循 4 项原则。

(1) 各自发表自己的意见，不对他人的建议作评论。

(2) 多角度分析，鼓励方案越多越好。

(3) 鼓励每位专家独立思考、奇思妙想，想法越独特越好。

(4) 可以补充和完善已有的建议，使其更具有说服力。

头脑风暴法分为 3 个阶段：第一个阶段是对已提出的每一种设想进行质疑，并在质疑中产生新设想；第二个阶段是对每一种设想编制一个评价意见一览表，同时编制一个可行性设想一览表；第三个阶段由组织者通过整理、分析、系统化之后得到决策结果。通过这 3 个阶段的讨论可以排除折中方案，找到一组切实可行的方案。

该方法的目的在于创造一种畅所欲言、自由思考的氛围。时间一般是 1～2 小时，参加者以 5～6 人为宜，最多不超过 12 人。

研讨与质疑

你认为头脑风暴法有何优缺点？举例说说你在生活中可能应用到这种方法的事件。

2) 德尔菲法

德尔菲法是美国兰德公司提出的，用于听取专家对某一问题的意见，所以又称为专家意见法。这一方法的具体做法如下：首先，根据问题的特点，选择和邀请具有相关经验的专家；其次，制定调查表，即将与问题有关的信息有次序地排列成表格形式，制定成调查表并分别提供给各位专家，让他们以匿名的方式发表自己的意见，并写成书面材料；然后，管理者收集并综合专家们的意见后，将综合意见再反馈给各位专家，请他们再次发表意见。如果遇到分歧很大的，可以开会将专家们集中起来进行再讨论；反之，则只需要管理者分别与专家联络。如此反复多次，直到大家较满意的决策方案。

德尔菲法具有以下特点：一是匿名性。这样有助于克服专家之间因名望、权力、尊重等心理的影响，以此保证各成员能独立地做出自己的判断；二是多轮反馈。通过多轮反馈可以使各成员充分借鉴其他成员的意见并对自己的意见不断修改。

运用此方法时要把握好以下事项：首先要选择合适的专家，这取决于所讨论问题的性质；其次，专家人数的确定要得当，一般是10～50人；最后，就是要拟定意见征询表，因为它的质量直接影响决策的有效性。

拓展知识

德尔菲法的应用

美汁源果粒橙公司曾采用德尔菲法对某一地区的饮料销售量高低进行预测，以决定是否在该地区设立销售处。该企业首先选择若干区域销售经理、管理咨询公司专家、顾客、财务经理、销售代表和酒店超市经理组成专家小组。调查小组首先将该饮料和一些相应的背景材料，如当地人均收入、消费情况和竞争对手的情况等发给各位专家，要求专家预测该饮料在当地的最低销售量、最可能销售量和最高销售量3个数字，根据这3个数字来决定是否在当地设立销售处，同时还要说明自己做出决策的主要依据。然后，调查小组将的意见收集起来，结果归纳整理返回给各位专家，要求专家们参考他人的意见对自己的决策重新考虑。专家们完成第一轮预测并得到第一轮预测的汇总结果以后，在第二轮预测中做了不同程度的修正。在第三轮预测中，专家们又一次修改了自己的看法；第四轮预测时，所有专家都不再修改自己的意见，意见收集过程到此停止。最终预测结果为：最低销售量每年30万箱，可获得利润10万元；最高销售量每年70万箱，可获利40万元；最可能销售量每年50万箱，可获得利润30万元。该企业财务部已经计算出在该地区设立销售处每年需要花费10万元，结合专家的预测结果，该企业决定在该地区设立销售处。

3) 名义小组技术法

在集体决策中，当大家对问题性质的了解程度有很大差异，或彼此的意见有较大分歧，直接开会讨论效果可能不好的情况下，可以采用名义小组技术法。在这种技术下，小组的成员互不通气，也不在一起讨论、协商，小组只是名义上的。具体做法如下：首先，管理者选择一些对要解决的问题有研究或者有经验的人作为小组成员，并向他们提供与决策问题相关的信息。小组成员各自先不通气，请他们独立思考，要求每个人尽可能把自己的备选方案和意见写下来。然后再根据次序让他们一个接一个地陈述自己的方案和意见。在此基础上，由小组成员对提出的备选方案进行投票，根据投票结果，赞成人数最多的备选方案即为所要的方案。当然，管理者最后有权决定是接受还是拒绝这一方案。

这种名义上的小组可以有效地激发个人的创造力和想象力，也避免了传统面对面的讨论中可能出现争执不下或是从众的现象。

2. 定量决策方法

定量决策方法是指运用数学模型及计算机手段等进行决策的一种决策方法。可分为确定型决策方法、风险型决策方法和不确定型决策方法。

1) 确定型决策方法

确定型决策是指决策面对的问题的相关因素是确定的，从而建立的管理决策模型中的各种参数也是确定的。实际中有许多问题虽然不是严格确定型的，但如果主要因素是确定的，也还是可以暂且忽略不确定因素的，简化为确定型决策问题。确定型决策的方法有很多，这里主要介绍盈亏平衡分析法。

盈亏平衡分析的基本模型。它是研究生产、经营一种产品达到不盈不亏时的产量或收入的一种分析模型。这个不盈不亏的平衡点即为盈亏平衡点。显然，当生产量低于这个产量时，则发生亏损；当超过这个产量时，则获得盈利。如图 4.2 所示，随着产量的增加，总成本与销售额随之增加，当到达平衡点 A 时，总成本等于销售额即总收入，此时不盈利也不亏损，正对应此点的产量 Q 即为平衡点产量；销售额 R 即为平衡点销售额。同时，以 A 点为分界，形成亏损与盈利两个区域。此模型中的总成本是由固定成本和变动成本构成的。按照是以平衡产量 Q 还是以平衡点销售额 R 作为分析依据，可将盈亏平衡分析法划分为盈亏平衡点产量法和盈亏平衡点销售额法。

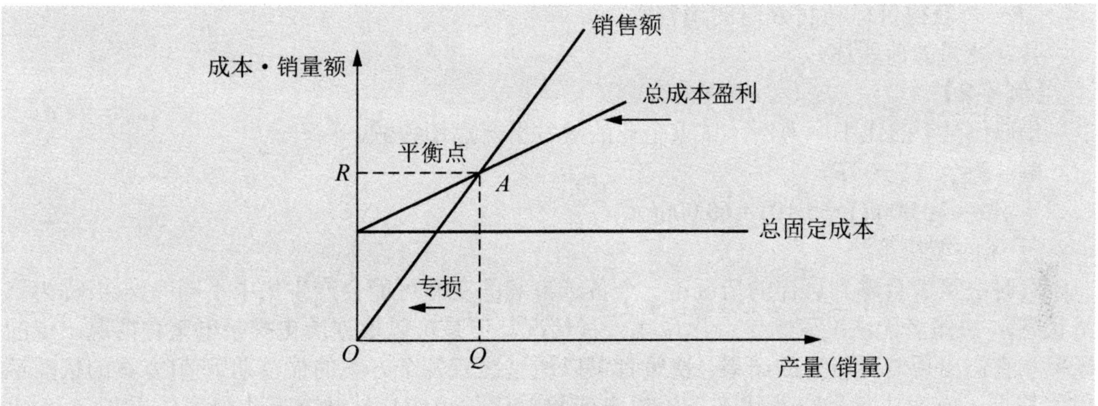

图 4.2　盈亏平衡基本模型

(1) 盈亏平衡点产量法。

即以盈亏平衡点产量或销量作为依据进行分析的方法。其基本公式为

$$Q=C/(P-V)$$

式中：Q——盈亏平衡点产量(销量)；

C——总固定成本；

P——产品价格；

V——单位变动成本。

当要获得一定的目标利润时，其公式为

$$Q=(C+B)/(P-V)$$

式中：B——预期的目标利润额；

Q——实现目标利润 B 时的产量或销量。

【例 4-1】

某化工厂生产一种产品。其总固定成本为 30 000 元，单位产品变动成本为 5 元，产品销价为 10 元。

求：(1) 该厂的盈亏平衡点产量应为多少？

(2) 如果要实现利润 30 000 元时，其产量应为多少？

解：(1) $Q=C/(P-V)$

$=30\ 000/(10-5)=6\ 000$(件)

即当生产量为 15 000 件时，处于盈亏平衡点上。

(2) $Q=(C+B)/(P-V)$

$=(30\,000+30\,000)/(10-5)=12\,000$(件)

即当生产量为 12 000 件时，企业可获利 30 000 元。

(2) 盈亏平衡点销售额法。

即以盈亏平衡点销售额作为依据进行分析的方法。其基本公式为

$$R=C/(1-V/P)$$

式中：R——盈亏平衡点销售额；

其余变量如前所述。

当要获得一定目标利润时，公式为

$$R=(C+B)/(1-V/P)$$

式中：B——预期的目标利润额；

R——获得目标利润 B 时的销售额；

其余变量如前所述。

【例 4-2】

仍以例 4-1 的化工厂为例，试求企业的盈亏平衡点销售额。

解：$R=C/(1-V/P)$

$=30\,000/(1-5/10)=60\,000$(元)

2) 风险型决策法

有时决策者会碰到这样的情况：一个备选方案的实施可能会产生集中不同的结果(称为自然状态)，决策者无法准确断定会出现哪一种情况，但是可以根据历史推断出某种情况出现的概率和它们出现时所带来的结果。决策者可以通过比较各个方案的损益期望值(方案的损益期望值是指该方案在各种自然状态下的损失或收益值与相应自然状态发生概率的乘积之和)来进行决策，这时的决策就被称为风险型决策。风险型决策主要采用决策树法和决策表法，这里只选择决策树法进行说明。

决策树法是指借助树型分析图来描述各种备选方案在未来的收益情况，计算并比较各方案期望值，从而选择最优方案的方法。决策树由决策点(用□表示)、方案枝(由决策点引出的分枝)、状态点(用○表示)和概率枝(从状态点引出的分枝)4 个要素组成，每一概率枝表示一种自然状态，在概率枝的末端注明相应方案在改状态下的损益值，在概率枝上注明不同状态发生概率的大小，在状态点上注明该方案计算所得的期望值。决策树如图 4.3 所示。

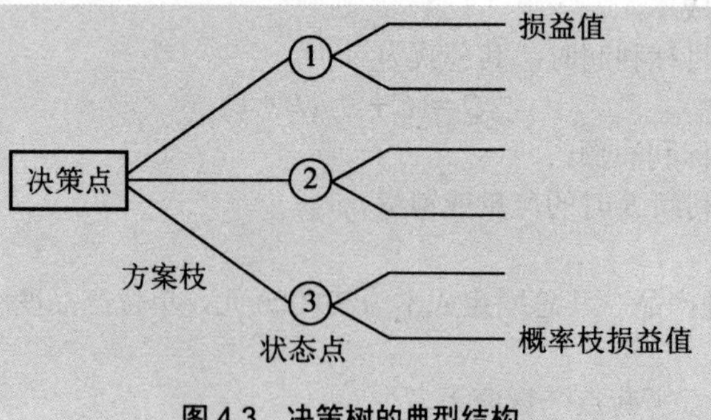

图 4.3　决策树的典型结构

使用决策树分析法的步骤如下。

(1) 根据可替代方案的数目和对未来市场状况的了解，绘制决策树形图，按决策树的构成要素依次从左到右顺序展开。

(2) 计算每个方案的期望值，包括：计算各概率分枝的期望值；将各概率分枝的期望值相加，并将数字标在相应的状态点上。

(3) 考虑各方案的投资，比较不同方案的损益期望值。

(4) 剪去期望收益值较小的方案分枝，将保留下来的方案作为选中方案。

【例 4-3】

某公司计划开发新产品，有 3 种设计方案可供选择。不同的设计方案的制造成本等不同，在不同的市场状态下的损益值也不同。产品销路有 3 种可能性：销路好、一般和差。生产该产品有 3 种方案：一是改进生产线，需投资 80 万元；二是新建生产线，需投资 120 万元；三是外包生产，需投资 50 万元。各方案的收益值见表 4-1。

表 4-1　各种方案的收益值/万元

项目	销路好	销路一般	销路差
方案 1 改进生产线	180	120	−40
方案 2 新建生产线	240	100	−80
方案 3 外包生产	100	70	16

求：假设销路好的概率为 60%，销路一般的概率为 30%，销路差的概率为 10%，试比较选择何种方案获利最大。

解：根据已知条件绘制决策树形图，如图 4.4 所示。

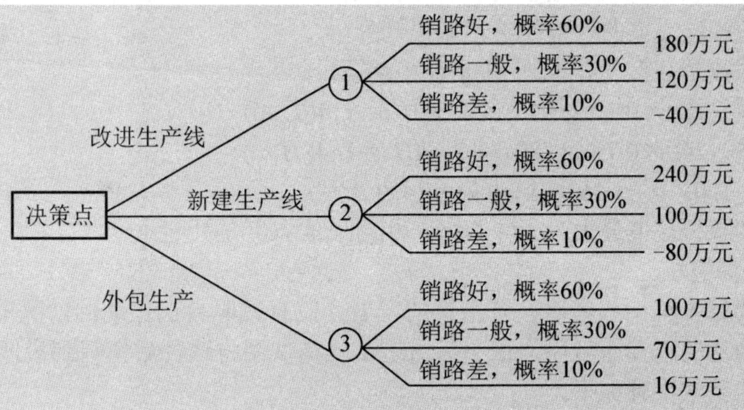

图 4.4　决策树形图

方案 1　(结点①)的期望收益为：[0.6×180＋0.3×120＋0.1×(−40)]−80＝60(万)

方案 2　(结点②)的期望收益为：[(0.6×240＋0.3×100＋0.1×(−80)]−120＝46(万)

方案 3　(结点③)的期望收益为：[(0.6×100＋0.3×70＋0.1×16]−50＝32.6(万)

比较 3 个方案的期望收益可知，方案 1＞方案 2＞方案 3，所以应选择方案 1，改进生产线。

3) 不确定型决策方法

不确定型决策是指决策者对未来自然状态出现的概率不能确定时所做的决策。它的状态和风险与风险性决策相似，不同的是各备选方案在未来将出现哪一种结果的概率也不能预测，因而结果也不能确定。

由于决策主要靠决策者的经验、智慧和风格等心理状态的影响，常用的不确定型决策方法主要有：乐观法、悲观法、折中法、最小后悔值法。

【例 4-4】

仍以例 4-3 中公司开发新产品的方案为案例，试用乐观法、悲观法、折中法、最小后悔值法分别选出最佳方案。

解：(1) 乐观法。

乐观法又称大中取大法。决策者对未来持乐观态度，认为未来会出现最好的情况。决策时，先计算出各种方案能够带来的最大收益，然后从这些最大收益值中再选出一个最大值，与该最大值相对应的备选方案就是决策选择的方案。

在本例中，3 种方案的最大收益依次分别为 180 万元、240 万元、100 万元，其中第二种方案对应的值最大，所以选择新建生产线的方案。

(2) 悲观法。

悲观法又称小中取大法。决策者对未来持悲观态度。决策时，先计算出各种方案能够带来的最低收益，然后比较哪种方案的最低收益最高，即小中取大值。

在本例中，3 种方案的最小收益依次分别为－40 万元、－80 万元、16 万元，其中第三种方案对应的值最大，所以选择外包生产的方案。

(3) 折中法。

采用折中法的决策者既不乐观，也不悲观，而是认为自然状态出现最好和最坏的可能性都存在。决策者首先要赋予最好的自然状态一个乐观系数，最坏的自然状态一个悲观系数，两者的和为 1；然后用各备选方案在最好自然状态下的损益值与乐观系数的乘积，加上各备选方案在最坏自然状态下的损益值与悲观系数的乘积，就得到各备选方案的期望损益值；最后，通过比较各备选方案的期望损益值做出选择。

假设乐观系数是 0.7，则乐观期望损益值如下。

改进生产线：$180\times0.7+(-40)\times(1-0.7)=114$(万元)

新建生产线：$240\times0.7+(-80)\times(1-0.7)=144$(万元)

外包生产：$100\times0.7+16\times(1-0.7)=74.8$(万元)

选择乐观期望损益值最大为 144 万元，相对应的方案是新建生产线。

(4) 最小后悔值法。

决策者在选择了某项方案后，若未来的发展并没有按照自己预期的情况发生，那么决策者就会为自己当初的选择而后悔，最小后悔值法就是试图将这种后悔降到最低。

这种方法的基本步骤如下。

第一步，决策者首先要计算出各个备选方案在各种自然状态下的后悔值，列出后悔值表。

后悔值＝该情况下的各方案中的最大收益－该方案在该情况下的收益

第二步，找出每一个备选方案在各种自然状态下后悔值的最大值。

第三步，选择这些最大值中的最小的方案，即大中取小。与该最小值相对应的备选方案就是决策选择的方案。

利用最小后悔值法后，3 种方案的后悔值见表 4-2。

表 4-2　后悔值表/万元

项目	销路好	销路一般	销路差	最大后悔值
方案 1 改进生产线	60	0	56	60
方案 2 新建生产线	0	20	96	96
方案 3 外包生产	140	50	0	140

表 4-2 中给出了各方案在各种市场情况下的后悔值，最右边一列给出各种方案的最大后悔值。由表 4-2 中的内容可知，第一种方案对应的最大后悔值最小，所以选择改进生产线的方案。

职业能力训练

知识测试

1. 简述计划职能的主要内容。
2. 俗话说“车到山前必有路”，所以企业管理者事先所作的计划根本没有作用。你认为这种看法是否正确，并说明理由。
3. 计划有哪几种分类方法？
4. 论述编制计划的过程。
5. 何为目标管理？目标管理的实施步骤有哪些？
6. 试论述管理决策的影响因素。
7. 管理决策有哪些分类？依据什么进行分类？
8. 什么是定性决策？
9. 什么是定量决策？举一两例进行解释。
10. 简述编制计划的方法。

学生小论坛

按照下列步骤展开讨论

(1) 将全班同学分成若干组，每个小组的成员在小组内介绍自己的一次成功决策或是失败的决策，比如购买大件学习物品、公选课、制订学习计划等，谈谈自己认为是什么导致了你的正确决策或是错误决策。

(2) 以小组为单位，开始讨论，总结正确决策的共同特征，并谈谈正确决策的建议。

(3) 把小组的讨论结果与其他小组一起分享。

技能训练

实训项目一　分析企业计划书

1. 实训目标

(1) 通过各种途径寻找一份企业计划书，分析该计划所属的类型，以及其制定的方法和要实现的目标。

(2) 在分析计划书的过程中，理解计划的分类，并与目标管理知识相联系，整理出支持该计划的目标。

2. 实训内容与方法

(1) 与有关企业管理人员沟通，获得计划。

(2) 了解制订该计划时企业所面临的内外部挑战及其实施情况。

(3) 参照本章有关计划的知识点对其进行分析。

(4) 将同学们收集到的计划进行分类，然后以此为标准进行分组，在小组内进行讨论，讨论的主要内容包括：这些计划是哪些人制订的？制订的流程怎样？计划的优点如何？并将讨论过程及分析结果记录下来。

3. 标准与评估

(1) 每个小组上交一份讨论记录和一份计划分析总结。

(2) 根据每一个人所取得的资料的典型性，及其在班级讨论中的表现来评定成绩。

实训项目二　培养决策能力

1. 实训目标

(1) 加深对决策有关知识的理解。

(2) 培养初步的决策能力。

2. 实训内容与方法

(1) 阅读下面的案例资料，用决策树法分析企业该如何选择。

(2) 先由个人做出决策分析，然后写出发言提纲。

(3) 再以模拟公司或班级为单位进行大组讨论。谈谈该方法的利弊。

本市某企业为了扩大产品的生产，拟新开分厂。据市场预测，产品销路好的概率为 0.7，销路差的概率为 0.3，土地的使用期为 10 年。有以下两种方案可供选择。

方案 1：新建大分厂，需投资 30 万元。据初步估计，销路好时，每年可获利 10 万元；销路差时，每年亏损 2 万元。

方案 2：新建小分厂，需投资 14 万元。销路好时，每年可获利 4 万元，销路差时，每年仍可获利 3 万元。

3. 标准与评估

1) 标准

能够准确运用决策方法对实例进行分析。

2) 评估

(1) 每个人的发言提纲可作为一次作业，评定成绩。

(2) 根据班级讨论中的表现评定成绩。

第5章 组织职能

学习目标

知识目标

(1) 懂得组织的含义、程序。
(2) 了解组织设计的基础知识。
(3) 掌握典型的组织结构模式。
(4) 掌握组织结构设计的基本知识。
(5) 了解人员配备的工作内容、原则。
(6) 掌握员工招聘的途径和程序过程。
(7) 明白人员培训的含义、内容并掌握人员培训的方法。
(8) 了解组织变革的一般规律。
(9) 理解组织变革的过程和程序，掌握组织变革的策略。
(10) 明白组织变革的趋势。

技能目标

(1) 能够进行具体组织结构设计、分析和评价。
(2) 能够按照组织的一定程序、方法和要求，有效地组织招聘活动。
(3) 能够绘制组织结构图。

本章知识结构图

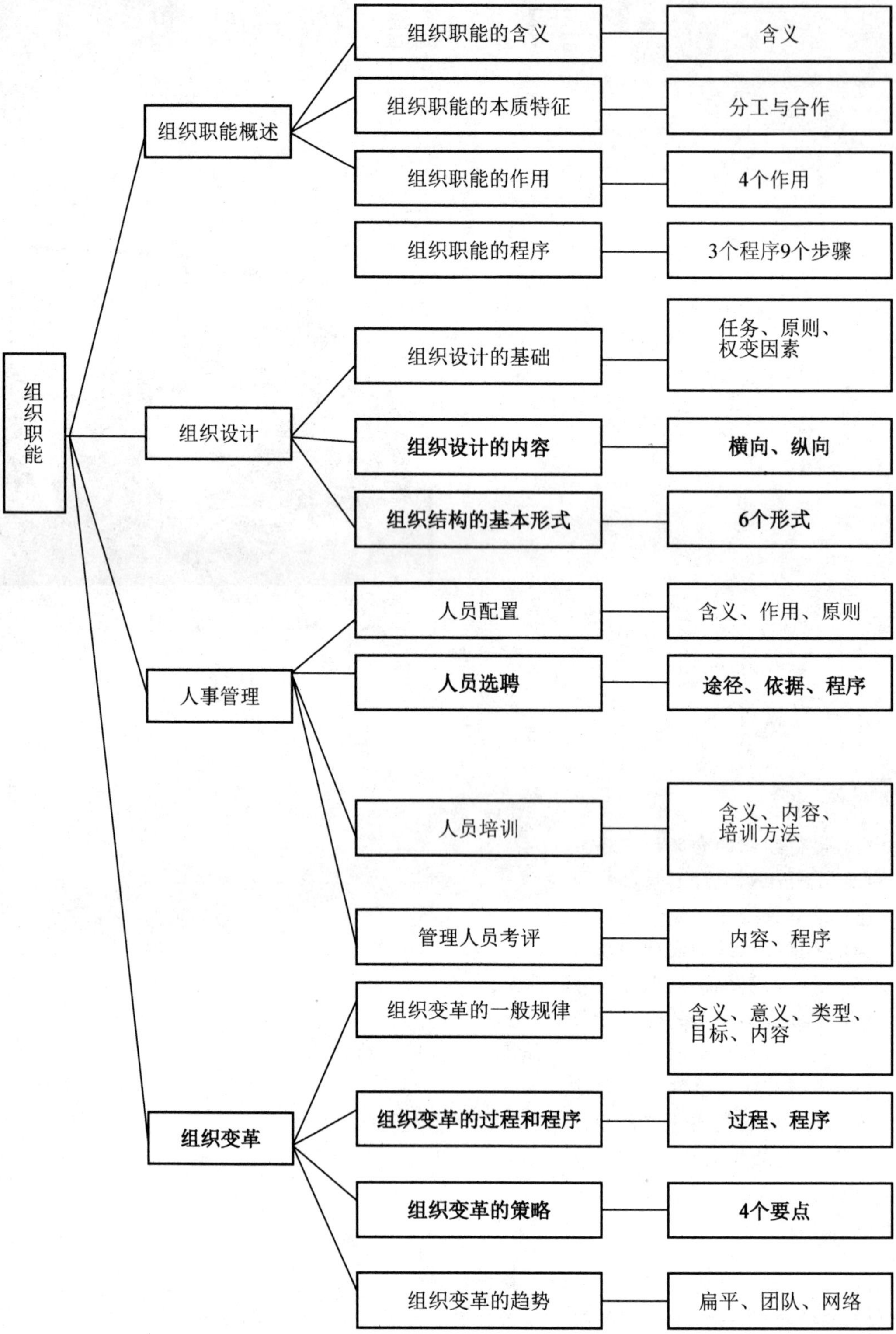

注：加粗字体表示本章的重点内容。

阅读小品

CMP出版公司组织结构的演变

一个很好的计划常常因为没有良好的组织结构而不能实现。或者在某一时期是合适的组织结构，过了一段时间就不合适了。

戈里和利洛·利兹夫妇经营着CMP出版公司。他们在1971年建立了该公司，所设立的组织将所有重大决策都集中在他们手中，公司运作得非常好。到1987年，公司出版的10种商业报纸和杂志都在各自的市场上占据了领先地位。他们所服务的计算机、通信技术、商务旅行和医疗保健市场也为公司成长提供了充分的机会。

1987年公司的情况发生了变化，他们对公司的管理越来越困难，例如，想约见戈里的人早上8点就要在办公室外排队等候。员工越来越难以得到对日常问题的答复，要求快速反应的重要决策常常被耽误。为什么呢？当初设计的组织结构，对这个成长中的公司已经不适应了。认识到这一问题后，他们立即对公司组织进行了重组。

(1) 将公司分解为可管理的单位——分部。在各分部分别配备一名经理，这些经理都被授予足够的权力去经营和扩张他们各自的分部。

(2) 设立出版委员会，负责监管这些分部。他们夫妇和各分部经理都是该委员会的成员，分部经理向委员会汇报工作，委员会负责确保各分部按公司的总战略运作。

组织结构的变革取得了明显的效果。公司现总共出版14种刊物，年销售额接近2亿美元，公司的收益持续地按管理当局设定的30%的年增长率目标不断增加。

组织是管理的基本职能之一。组织工作就是要把为达到组织目标而必须从事的各项工作或活动进行分类组合，通过组织设计，确定管理幅度和管理层次，实行部门化，进行职位设计，并进行组织结构的整合，把监督组织工作或活动所必需的职权授予各层次、各部门的主管人员，以及规定上下左右的协调关系，使组织成为一个有机的系统树。

5.1 组织职能概述

案例情景

造成混乱的原因？

陈经理手下有几个精兵强将，他没有进行科学的分工与组合，每个人都感到用非所长，且常常出现成员之间的不和与冲突。整个部门缺乏科学严格的规章制度，如果重复遇到同一件事，陈经理仅凭当时的感觉表态，发出的指示也前后不一，从而造成了部门管理的混乱。陈经理只让部下工作，很少关心他们的成长，部下看到其他部门中同期到企业来的同事进步很快，内心产生了对陈经理的不满情绪。陈经理发现自己管理的部门已经出现秩序混乱、人心不稳的糟糕局面。

【讨论】

1. 你认为陈经理所在的部门出现混乱的原因是什么？
2. 你认为陈经理应该怎样管理自己的部门呢？

理论研习

5.1.1 组织职能的含义

一般来说，组织是为了达到某一些特定目标，在分工合作基础上构成的人的集合。

从管理学角度来看，组织职能是指为有效实现组织目标，建立组织结构，配备人员，使组织协调运行的一系列活动。管理者的组织职能主要包括以下几个工作内容。

(1) 如何设计合理的组织结构？

(2) 组织中的管理幅度与管理层次的确定？

(3) 如何进行组织中的部门划分？

(4) 在组织中如何进行职权配置？

(5) 对一个组织来说，根据什么来决定该集权多一些还是分权多一些？

(6) 根据组织的具体情况和各种组织结构的优缺点，采用不同的组织结构形式。

(7) 如何进行组织的变革与发展工作？

5.1.2 组织职能的本质特征

组织职能的本质特征：分工与合作。

组织通过分工与合作，以获取专业化优势，实现个人力量所无法达到的目标。组织是一种工具或手段，用得好，有利于目标实现；反之，会阻碍目标实现。没有分工与合作的群体不是组织，只有分工和协作结合起来才能产生较高的集团效率。

一个人并不能完成全部的工作，而是将工作划分为若干步骤，由每个人单独完成其中的某一步骤。传统观点认为劳动分工是增加生产率的不尽源泉。现代观点认为劳动分工并非越细越好。

劳动分工在专业化没有得到普遍推广的情况下，应用它通常总能产生更高的生产率。但在某一点上，由劳动分工产生的人员的非经济性(厌倦、疲劳、压力、低生产率、劣质品、旷工、高离职流动率等)表现会超过专业化的经济优势。

拓展知识

合　作

大雁有一种合作的本能，它们飞行时都呈V型。这些大雁飞行时定期变换领导者，因为为首的大雁在前面开路，能帮助它两边的大雁形成局部的真空。科学家发现，大雁以这种形式飞行，要比单独飞行多出12%的距离。

合作可以产生一加一大于二的倍增效果。据统计，诺贝尔获奖项目中，因协作获奖的占三分之二以上。在诺贝尔奖设立的前25年，合作奖占41%，而现在则跃居80%。

【管理漫画】

◎团队协作能力提升:让能力较差的业务人员也跟上团队步伐。

5.1.3 组织职能的作用

组织职能的发挥是实现管理功能的保证。一般来说，组织有以下几个方面的作用。

(1) 组织使每一个成员充分认识到自己所进行的工作对达成组织目标的作用，从而使每一个成员都能按组织要求，保质保量地完成任务。

(2) 组织能使其每一个成员了解自己在组织中的工作关系和隶属关系，并能正确处理各种关系。

(3) 组织能使每一个成员了解自己的工作职责和义务，以及自己应有的权力，并能正确运用。同时还使每一个成员了解完成任务后对组织、个人所带来的好处。

(4) 组织能及时调整和改善自身结构，使各部门及工作人员的职责范围更加明确合理，以适应组织活动的发展和变化，适应外界客观环境的发展与变化。

管理小故事

一位著名企业家在作报告，一位听众问："你在事业上取得了巨大的成功，请问，对你来说，最重要的是什么？"企业家没有直接回答，他拿起粉笔在黑板上画了一个圈，只是并没有画圆满，留下一个缺口。他反问道："这是什么？""零"、"圈"、"未完成的事业"、"成功"，台下的听众七嘴八舌地答道。他对这些回答未置可否："其实，这只是一个未画完整的句号。你们问我为什么会取得辉煌的业绩，道理很简单：我不会把事情做得很圆满，就像画个句号，一定要留个缺口，让我的下属去填满它。"

管理启示：留个缺口给他人，并不说明自己的能力不强。实际上，这是一种管理的智慧，是一种更高层次上带有全局性的圆满。给猴子一棵树，让它不停地攀登；给老虎一座山，让它自由纵横。也许，这就是企业管理用人的最高境界。

5.1.4 组织职能的程序

管理者的组织职能主要包括组织设计、组织运行与组织变革三大部分内容。如图 5.1 所示。组织职能的基本程序如下。

1) 组织设计过程

(1) 要根据组织的宗旨、目标和主客观环境，确定组织结构设计的基本思路与原则。

(2) 根据企业目标设置各项经营、管理职能，明确关键职能，并把组织总的管理职能分解为具体管理业务和工作等。

(3) 选择总体结构模式，设计与建立组织结构的基本框架。

(4) 设计纵向与横向组织结构之间的联系与协调方式、信息沟通模式和控制手段，并建立完善的制度规范体系。

2) 组织运行过程

(1) 为组织运行配备相应的管理人员和工作人员，并进行培训。

(2) 对组织成员进行考核，并设计与实施奖酬体系。

(3) 反馈与修正。在组织运行过程中，加强跟踪控制，适时进行修正，使其不断完善。

3) 组织变革过程

(1) 发动变革，打破原有组织定势，为建立新组织模式扫清道路。

(2) 实施变革。这一环节与下一轮组织设计与组织运行相衔接。

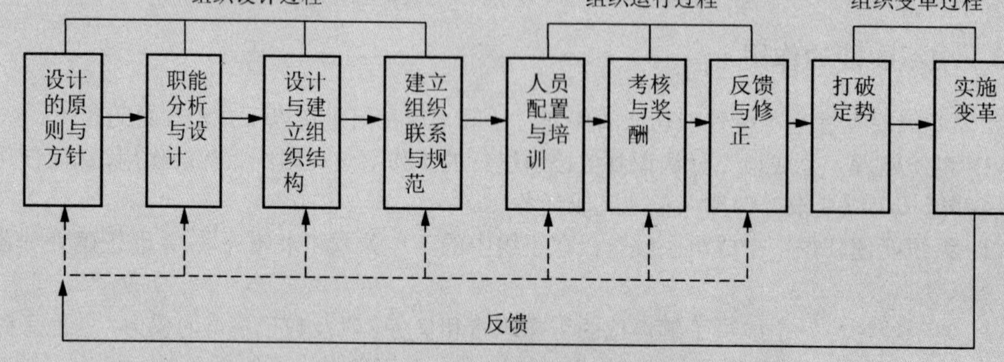

图 5.1 组织职能的基本程序图

5.2 组 织 设 计

管理情景

MEY 纺织品公司的采购困境

孙勇是 MEY 纺织品公司的总经理。一天，印染厂的经理李刚抱怨道："采购部经理买了不合规格的纺织品，并已运货到厂。我特别叮嘱过他，从那家进的纺织品把我们的工序搞乱了，以后别买它了。"

孙勇问："那你为什么不来告诉我？"

李刚说："我认为直接对他讲了，就不用绕圈子做官样文章了。再说，印染车间主任给那家供货商打过电话，叫他们以后别再运这种货来了。"

孙勇说："是吗？我们和那家厂已经签订了采购合同，他们对此会特别敏感的，你这样做真让我们处境难堪。以后，让采购部经理来决定买哪家的，别再给供应厂商直接打电话，那是采购部经理的责任。"

李刚说："那个电话不是我打的，是印染车间主任打的。"

【讨论】

1. MEY 公司主要存在什么问题？

2. 如何改进才能改善采购工作？

理论研习

组织设计是以组织结构安排为核心的一系列组织工作，是一项系统工程。概括地说，就是要对组织实现目标所必须的各种资源进行安排，以便在适当的时间、适当的地点把实现目标所需的各方面力量有效地组合到一起的管理活动过程。

5.2.1 组织设计的基础

1. 组织设计的任务

一般地，组织设计需要完成以下几项任务或工作。

1) 职务分析与设计

组织设计是自下而上的，职务分析与设计是组织设计的最基础工作。职务设计是在目标活动逐步分解的基础上，设计和确定组织内从事具体管理工作所需的职务类别和数量，分析担任每个职务的人员应负的责任和应具备的素质要求。

2) 部门划分和层次设计

根据各个职务所从事工作的性质、内容及职务之间的相互联系，采取一定的部门化方式，依照一定的原则，将各个职务组合成被称为"部门"的作业或管理单位。这些部门单位又可以按一定的方式组合成上一层级的更大部门，这样就形成了组织的层次。

3) 组织结构的形成

根据组织内外能够获取的现有人力资源，对初步设计的部门和职务进行调整，并平衡各部门、各职务的工作量，以使组织机构合理。然后根据各自工作的性质和内容，规定各管理机构之间的职责、权限以及义务关系，使各管理部门和职务形成一个严密的网络。

2. 组织设计的原则

组织设计的原则一直指导着组织的设计工作，同时，在组织活动日益复杂多变的今天，这些原则仍然适用。

1) 统一指挥原则

统一指挥原则就是每位下属应当而且只能向一个上级主管直接负责，在上下级之间形成一条清晰的指挥链，否则，下属可能要面对来自多个主管的冲突要求或优先处理要求而无所适从，所以必须防止多头领导。在组织设计的过程中，实施这一原则才能最大限度地防止政出多门、遇事相互推诿，才能保证有效地统一和协调各方面的力量和各部门的活动。

【管理漫画】

◎乐队的每个成员都要服从指挥的安排，才能演奏最好的乐曲。

2) 控制幅度原则

控制幅度原则是指一个上级直接领导与指挥下属的人数应该有一定的控制限度，并且应该是有效的。法国的管理学者格拉丘纳斯曾提出一套数学公式说明了当上级的控制幅度超过6～7人时，其和下级之间的关系会越来越复杂，以至于最后使他无法驾驭。

3) 权责对等原则

权责是指职权和职责。职权与职责要对等。如果有责无权，或者权力范围过于狭小，责任方就有可能会因缺乏主动性、积极性而导致无法履行责任，甚至无法完成任务；如果有权无责，或者权力不明确，权力人就有可能不负责任地滥用权力，甚至助长官僚主义的习气，这势必会影响到整个组织系统的健康运行。

4) 柔性经济原则

所谓组织的柔性，是指组织的各个部门、各个人员都是根据组织内外环境的变化而进行灵活调整和变动的。组织的经济是指组织的管理层次与幅度、人员结构以及部门工作流程必须要设计合理，以达到管理的高效率。组织的柔性与经济是相辅相成的，一个柔性的组织必须符合经济的原则，而一个经济的组织又必须使组织保持柔性。只有这样，才能保证组织机构既精简又高效，避免形式主义和官僚主义作风的滋长和蔓延。

3. 组织设计的权变因素

组织活动总是在一定的环境中利用一定的技术条件，并在组织总体战略的指导下进行的。组织设计不能不考虑到这些因素的影响。此外，组织的规模及其所处阶段不同，也会要求与之相应的结构形式。

1) 战略

适应战略要求的组织结构，为战略的实施和组织目标的实现，提供了必要的前提。战略是实现组织目标的各种行动方案、方针和方向选择的总称。为实现同一目标，组织可在多种战略中进行挑选。不同的战略要求不同的业务活动，从而影响管理职务的设计；战略重点的改变，会引起组织的工作重点以及各部门与职务在组织中重要程度的改变。因此要求各管理职务以及部门之间的关系做相应的调整。

2) 环境

人类社会组织是开放系统，是整个社会大系统的一个组成部分。它与外部的其他社会子系统之间存在各种各样的联系。这种影响主要表现在 3 个不同的层次上：对职务和部门设计的影响；对各部门关系的影响；对组织结构总体特征的影响。因此，要依据组织所处的环境及其变化来设计组织结构，才有望做到科学、合理，组织也才有效率。

3) 技术

组织的活动需要利用一定的技术和反映一定技术水平的物质手段来进行。技术以及技术设备的水平不仅会影响组织活动的效果和效率，而且会作用于组织活动的内容划分、职务的设置和工作人员的素质要求。因此，在组织结构设计中也要考虑技术对组织结构的影响并作为设计的一个依据。尤其是企业的组织结构设计更要注意这一点。

4) 规模与组织所处的发展阶段

规模是影响组织结构的一个不容忽视的因素。适用于仅在某个区域市场上生产品税和销售产品的企业组织结构形态，不适用在国际经济舞台上从事经营活动的巨型跨国公司。组织的规模往往与组织的发展阶段相联系。伴随着组织的发展，组织活动的内容也会日趋复杂，人数会逐渐增多，活动的规模会越来越大，组织的结构也需随之经常调整。

研讨与质疑

你认为组织设计的这些原则在现代是否有过时的？就其中你理解最深的一条举例说明。

5.2.2 组织设计的内容

组织结构设计是指根据组织目标及实际工作需要，确定组织层次划会、各个部门及其工作人员的职责范围和权限，建立合理的组织结构的过程。组织设计包括横向结构设计和纵向结构设计。组织横向结构设计主要解决部门划分和职责的委派问题，而组织纵向结构设计主要解决管理幅度和管理层次的合理确定问题。

1. 组织横向结构设计

1) 部门划分

部门划分是把工作和人员组织成若干管理单元并组建成相应的机构和单位。不同的管理或者业务部门，是整个管理系统有机运转起来的细胞和工具。部门划分的目的是以此来明确职权和责任归属，以求分工合理，职责分明，并有利于各部门根据其工作性质的不同而采取不同的政策，加强本部门的内部协调。常见的部门划分方法如下。

(1) 按职能划分部门。按职能划分部门是根据管理的不同作用或功能进行的部门划分。例如，财务部门、销售部门、计划部门、生产部门等，如图 5.2 所示。

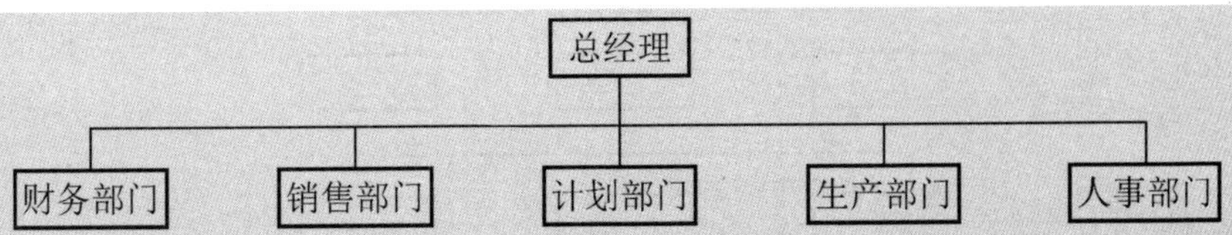

图 5.2 按职能划分部门

(2) 按产品划分部门。按产品划分部门是根据企业生产经营的不同产品或不同产品系列进行的部门划分，如图 5.3 所示。例如，汽车公司的小汽车部门、中型车部门、工程车部门等。

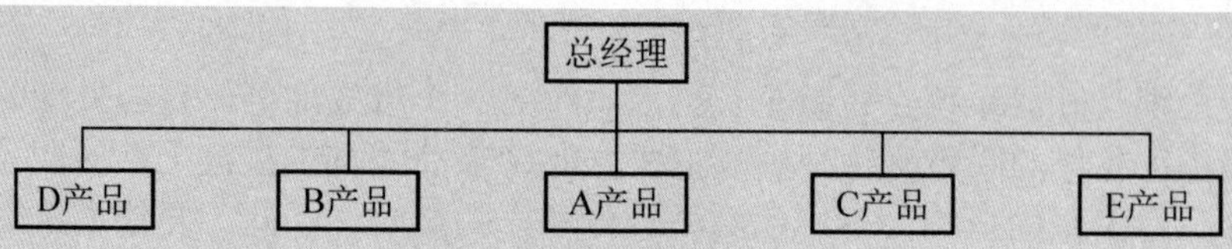

图 5.3　按产品划分部门

按产品划分部门有利于深入研究各产品的生产流通特点，提高产品质量和增加产品功能。但也可能造成某些活动的重复，同时也增加了高层协调的困难，提高了对高层管理人员的要求。因为它往往需要给各部门更广泛的权力，某些可以集中的活动也会由于分散而增加费用。

(3) 按地区划分部门。按地区划分部门是根据生产经营所处的不同地区进行的部门划分。例如，北部、南部、中部、东部等，如图 5.4 所示。

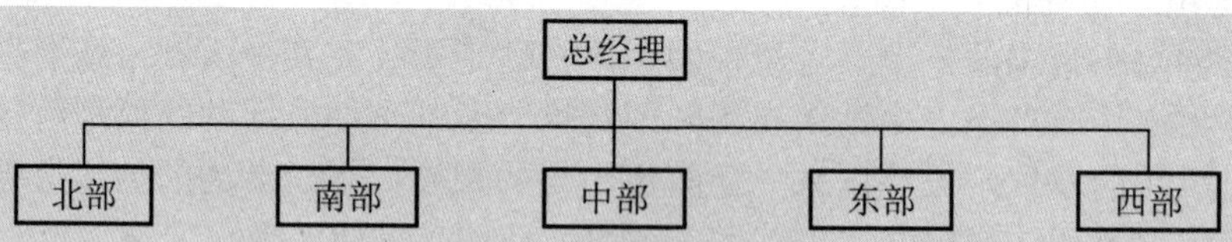

图 5.4　按地区划分部门

按地区划分部门可以深入研究各地区的情况，使生产销售更符合地区特点，并加强某一地区各种活动的协调。但它需具有全面管理能力的人，同时各地区要有人事、财会、采购等其他总公司也提供的服务，造成重复劳动。

(4) 按顾客划分部门。按顾客划分部门是根据不同消费者群体而进行的部门划分。例如，出国人员服务部、大学生服务部、老年部等，如图 5.5 所示。

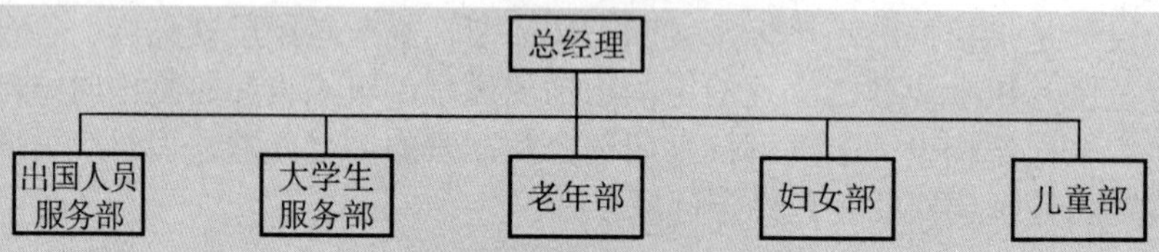

图 5.5　按顾客划分部门

按顾客划分部门有利于深入研究特定顾客的需求，在明确规定的服务项目方面满足顾客特殊的和广泛的需求。但它有可能使企业的某些资源如设备、专业人员等不能达到充分利用，而且随着顾客类型和需求的变化往往要求部门进行变化，而有些变化是难以适应的。

(5) 按环节或工艺流程划分部门。按环节或工艺流程划分部门是根据生产经营活动在时间上的先后次序进行的部门划分。例如，采购、生产、销售等，如图 5.6 所示。

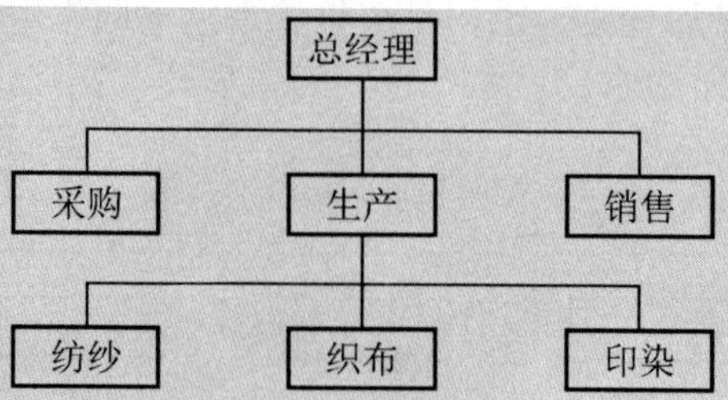

图 5.6　按环节或工艺流程划分部门

按环节或工艺流程划分部门能够有效利用专业技术和特殊技能，简化员工培训。但不适合培养全面人才，各部门都只对生产和质量负责而不对最后成果负责，同时需要部门间的紧密协调。

2) 部门职责的委派

部门划分还涉及各项具体业务工作的分配、部门职责的委派等问题。职责委派、任务分配的一个最基本的依据就是按业务工作的类似性分配任务。这就需要对业务工作的一些项目进行分类，把从事类似业务工作的人集中到一个部门，从而实现职务专业化。同时，分派责任时也应考虑彼此联系的密切程度。有时根据工作需要，也可能将多种性质的业务工作集中到一个部门，但这些必须具有密切联系，以便能最有效地进行工作。在向各部门委派职责时，应注意防止发生以下问题。

(1) 重复。把生产、经营及管理方面的同类问题，同时分派给不同机构，使他们都有解决问题的权力和责任，这就会发生职责上的重复，也等于机构设置的重复。一旦发生问题，几个部门来回“扯皮”，谁都有“责任”，谁都又不“负责”，问题反而难以解决。如果有的特殊问题确实需几个部门协作才能解决，那么，将该职责授予这几个部门的时候，必须明确划清各自的权限和职责范围，并确定牵头部门。

(2) 遗漏。某项基本的例行工作，任何机构都没有把它列为自己的工作职责，这就发生了职责的遗漏。出现有事无人管的现象，必然影响组织目标的实现和工作的正常进行。即使是例外工作，当重复发生时也应及时将其委派给有关部门作为例行的职责。

(3) 不当。这是指将某项职责委派给了不适合完成这一职责的部门。每个机构都有其基本的职能以及有助于完成这一职能的有利条件。因此，对某一项具体工作，总有某一个部门能利用其有利条件更好地完成。所以，应将工作交给能最有效解决这一个问题的工作部门。

研讨与质疑

你了解自己学校的横向组织结构吗？请画出你们学校的横向组织结构图。

2. 组织纵向结构设计

1) 管理幅度设计

(1) 管理层次也称组织层次，是指社会组织内部从高一级管理组织到低一级管理组织的各个组织等级。管理层次实际上反映的是组织内部纵向分工关系，各个层次将负担不同的管理职能。一般来说，管理层次分为上层(最高管理层次)、中层(中间管理层次)和基层(基层管理层次)，并且每个层次都有明确的分工和具体的职能。

(2) 管理幅度又称管理跨度、管理宽度，它是一个主管人员能够直接指挥和监督的下级人员的数量。合理的管理幅度有利于管理的控制和沟通，可以加快上情下达和下情上报的传递速度，便于管理者及时做出决策，也有利于下属贯彻上级的决策意图。

案例链接

山禾公司的组织问题

山禾公司是一家新兴企业，7 年前以房地产开发业务起家，公司初创只有几个人，资产 2 000 万元，发展到现在的 1 500 余人，6 亿元资产。业务以房地产开发为主，集娱乐、餐饮、咨询、汽车维护、百货零售等业务的多角化经营格局。随着公司的不断发展，人员开始膨胀，部门设置日益复杂。如总公司下设 5 个分公司及一个娱乐中心，娱乐中心下设游泳、餐饮、健身、保龄球、滑雪等项目。另外，总公司所属的房地产开发公司、装修公司、汽车维修公司和物业公司又都自成体系。管理层次也不断增加，总公司有3级，各分公司又各有3级以上的管理层，最突出的是娱乐中心，管理层次多达7级。职能部门重叠设置，总公司有人力资源部，而下属公司也相应设立人力资源部门，管理混乱。事实表明，多角化经营的复杂业务格局，原有的直线职能制已不适应公司的发展了。此外，财务管理也很混乱，各个分部独立核算后，都有自己的账户，总公司可控制的资金越来越少。因此，有必要在财务上实行统一核算。

(资料来源：http://www.shanhegroup.com)

【讨论】

请说明管理层次与管理幅度之间的关系，并分析案例中导致管理层次过多的原因。

(3) 管理幅度与管理层次的关系。管理层次的数量主要取决于组织规模和管理幅度两个因素。

在管理幅度既定的情况下，组织规模与管理层次成正比例关系变化，即组织规模越大，管理层次越多；反之，组织规模越小，管理层次越少。

管理幅度是决定、影响管理层次的最基本因素。在组织规模既定的前提下，管理幅度与管理层次成反比例关系变化，即管理幅度大，管理层次少；反之，管理幅度小，管理层次多。

按照管理幅度与管理层次的关系，形成了两种层次类型：扁平结构和直式(高耸)结构。在理论上，把管理幅度大、管理层次少的组织结构称为扁平的组织结构；把管理幅度小、管理层次多的组织结构称为直式的组织结构，如图5.7与图5.8所示。

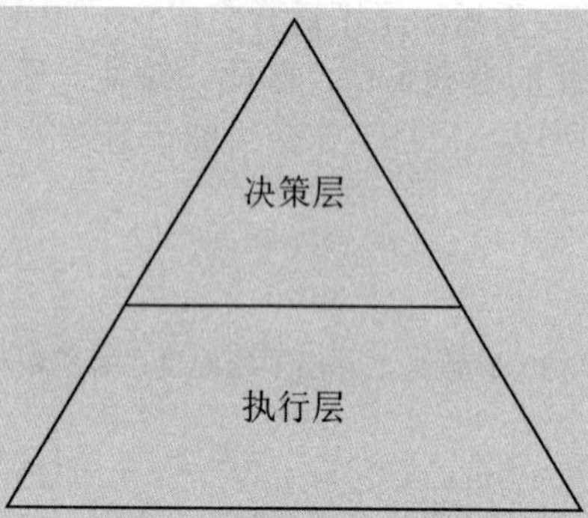

图5.7　扁平的组织结构

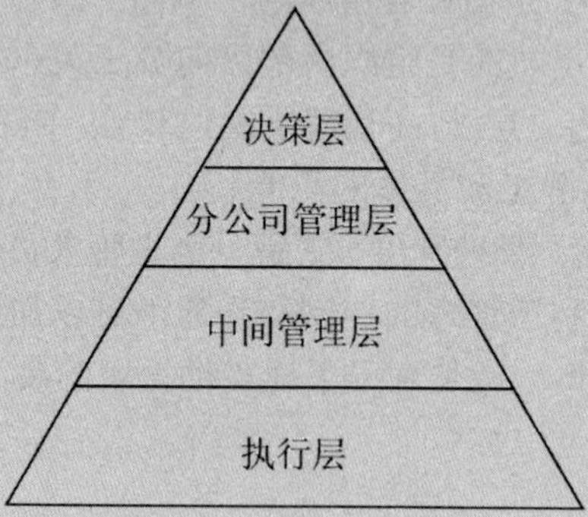

图5.8　直式的组织结构

2) 直线与参谋

(1) 直线、参谋及相互关系。

① 直线关系：由管理幅度的限制而产生的管理层次之间的关系，也是指挥和命令关系。

② 参谋关系：伴随着直线关系产生的一种服务和协作关系。组织的规模是伴随着直线关

系产生的，组织的规模越大，活动越复杂，参谋人员的作用就越重要。

直线关系授予直线人员的是决策和行动的权力；而参谋关系授予参谋人员的则是思考、筹划和建议的权力。正确处理直线和参谋的关系，充分发挥参谋人员的合理作用，是发挥组织中各方面力量的协同作用的一项重要内容。

(2) 直线与参谋的矛盾。

在组织的实际工作中，直线与参谋往往会发生矛盾，通常表现为两种倾向。

① 虽然保持了命令的统一性，但参谋作用不能充分发挥。当参谋人员向直线管理人员提意见时，直线管理人员会认为参谋干扰了自己的工作，产生对参谋人员的不满，这样就会对直线人员失去约束力。

② 参谋作用发挥失当，破坏了统一指挥的原则。有些参谋人员对下级的一些低层管理者发号施令，造成下级人员没有统一指挥。

直线与参谋的矛盾是组织缺乏效率的重要原因，正确处理直线与参谋的关系，充分发挥他们彼此的作用，对组织来说，是一项重要的工作内容，真正发挥参谋人员作为直线管理人员的辅助人员的作用，对组织发展具有重要的意义。

(3) 正确发挥参谋的作用。

解决直线与参谋之间的矛盾，关键是要合理利用参谋的工作，可从以下 3 个方面来处理这种矛盾。

① 明确职权关系。直线与参谋间要相互了解彼此关系，获得彼此重视。

② 授予必要的职能权力。直线下属主管将原本属于自己的指挥和命令直线下属的某些权力授予有关的参谋部门或参谋人员行使，从而这些参谋部门不仅具有研究、咨询和服务的责任，而且在某种职能范围内具有一定的决策、监督、控制权。方式如下：参谋专家向他们的直线上司提出意见和建议，然后把建议作为指示传达下级；参谋向直线下级传达信息，并告诉后者如何利用信息。

③ 向参谋人员提供必要的条件，使他们能及时了解直线部门活动进展情况，从而提出建议。

案例链接

谁拥有权力

王华明近来感到十分沮丧。一年半前，他获得某名牌大学工商管理硕士学位后，在毕业生人才交流会上，凭着满腹经伦和出众的口才，他成为某大公司的高级管理职员。由于其卓越的管理才华，一年后，他又被公司委以重任，出任该公司下属的一家面临困境的企业的厂长。当时，公司总经理及董事会希望王华明能重新整顿企业，扭亏为盈，并保证王华明拥有完成这些工作所需的权力。考虑到王华明年轻，且肩负重任，公司还为他配备了一名高级顾问严高工(原厂主管生产的副厂长)，为其出谋划策。

然而，在担任厂长半年后，王华明开始怀疑自己能否控制住局势。他向办公室高主任抱怨道：“在我执行厂管理改革方案时，我要各部门制定明确的工作职责、目标和工作程序，而严高工却认为，管理固然重要，但眼下第一位的还是抓生产、开拓市场。更糟糕的是他原来手下的主管人员居然也持有类似的想法，结果这些经集体讨论的管理措施执行受阻。倒是那些生产方面的事情推行起来十分顺利。有时我感到在厂里发布的一些命令，就像石头扔进了水里，我只看见了波纹，随后，过不了多久，所有的事情又回到了发布命令以前的状态，什么都没有改变。”

【讨论】

1. 王华明和严高工的权力各来源于何处？

2. 严高工在实际工作中行使的是什么权力？你认为，严高工作为顾问应该行使什么样的职权？

3. 这家下属企业在管理中存在什么问题？如果你是公司总经理助理，请对案例中该企业存在的问题向总经理提出你的建议以便改善现状？

3)集权与分权

集权与分权也就是权力的集中和分散，准确地说是权力的集中程度和分散程度。集权与分权表明企业组织和管理的权力关系及其运作的基本原理。所谓集权，是指决策权在组织系统中较高层次上一定程度的集中；与此相对应，分权是指决策权在组织系统中较低层次上一定程度的分散。

在组织管理中，集权和分权是相对的，绝对的集权或绝对的分权都是不存在的。

集权有利于集中领导和统一指挥，有利于部门与整体的协调一致，有利于加强控制，形成统一意志。但集权又限制了下属人员积极性、主动性和创造性的发挥，它使企业领导过多地关注具体事务而不是重大问题，使组织缺乏必要的灵活性和适应性，易于死板僵化。分权有利于发挥下级的主动性和创造性，能够使下级自主工作，便于企业领导关注企业的重大问题，使组织有较强的灵活性和适应性。但分权又不利于实行集中统一的指挥，容易导致各部门的本位主义倾向，影响整体利益，增加了协调和控制的难度，易于分散和各自为政。

集权、分权各有利弊，过分的集权和过分的分权都有碍于组织目标的实现。在企业中职权应当在多大程度上集中或分散，要根据具体情况而定。只有一个原则，那就是：权力的集中或分散程度应该是既能保证统一意志和整体利益，又能保证发挥人的积极性和主动性，使组织灵活适应。

案例链接

陷于困境的经理

王先生作为一名有能力的工程师，开创了一个小型生产企业。员工大约有 50 人。他的朋友帮他得到了一些印刷电路板的订货。这个企业是他的，王先生自然想全盘掌握他的公司。他制定所有的决策，而其他人都要向他汇报工作、执行他的指示。公司是一人管理制，王先生几乎处理公司的所有业务，包括从计划、采购、市场、人事到生产监督的每一项工作。王先生要处理这些问题：制订企业计划；建立和保持与现有和潜在顾客的联系；安排财务筹资并处理日常的财务问题；招募新员工；解决生产中的问题；监管库存、货物接收和发运；在秘书的帮助下管理日常的办公事务。他在工厂投入相当多的时间，指导工人该做什么和不该做什么。一旦看到了自己不喜欢的事情，他就会叫附近的任何职工来改变它。最近进行体检时，他的医生告诉他：“王先生，如果你一再消瘦下去的话，你的心脏病将可能很快发作。”王先生现在正在考虑他的健康和公司的生存。

【讨论】

1. 你认为王先生的问题是什么？
2. 王先生所面临的问题如何能得到解决？

5.2.3 组织结构的基本形式

组织结构的类型反映了组织结构设计要素的组合效果。对组织中决策权限的分配以及直线指挥和参谋辅助关系的确定，配之以组织的部门化设计，可以形成不同的组织结构形式。组织结构形式有：直线制组织结构、职能制组织结构、直线-职能制组织结构、事业部制组织结构、矩阵制组织结构、委员会制组织结构。

1. 直线制组织结构

1) 基本含义

直线制是最早使用也是最为简单的一种结构，又称为单线制结构或军队式结构。直线制的主要特点是组织中各种职位是按垂直系统直线排列的，各级主管负责人执行统一指挥和管理职能，不设专门的职能机构。以制造业企业为例，直线制组织结构如图5.9所示。

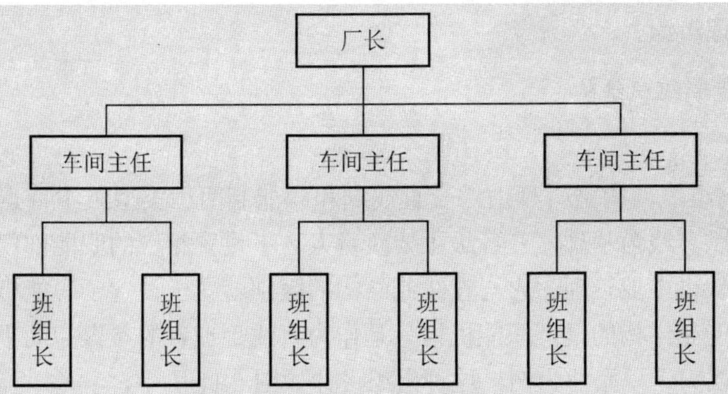

图5.9 直线制组织结构

2) 优缺点

这种组织形式的主要好处是命令单一直线传递，管理权力高度集中，决策迅速，指挥灵活。但要求最高管理者通晓多种专业知识，一旦企业规模扩大，管理工作复杂，势必因经验、精力不及而难以管理。

这种形式适用于规模较小、任务比较单一、人员较少的组织。

2. 职能制组织结构

1) 基本含义

职能制组织结构的特点是在组织中设置若干专门化的职能机构，这些职能机构在自己的职责范围内，都有权向下发布命令和指示。以企业为例，职能制组织结构如图5.10所示。

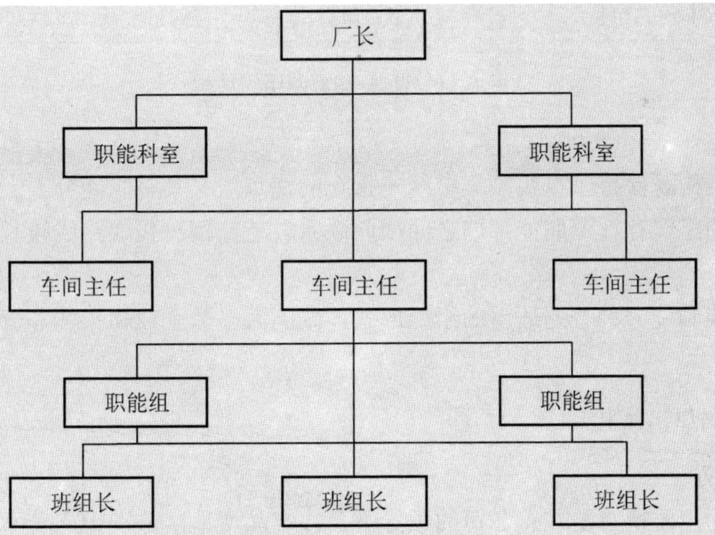

图5.10 职能制组织结构

2) 优缺点

职能制适应现代生产技术比较复杂和管理分工比较细的特点，提高了管理的专业化程度，并使直线经理人员摆脱琐碎的经济技术分析工作。其缺陷是多头领导容易造成管理上的混乱。

这种组织形式适用于任务较复杂的社会管理组织和生产技术复杂、各项管理需要具有专门知识的企业管理组织。

3. 直线-职能制组织结构

1) 基本含义

直线-职能制组织结构是一种由综合直线制和职能制两种类型组织特点形成的组织结构类型。其特点是以直线为基础，在各级主要负责人之下设置相应的职能部门，作为该级管理者的参谋，分别从事专业管理。它与直线制结构的区别就在于设置了职能机构，实行专业化管理；不同于职能制结构的是，职能机构只是作为直线管理者的参谋和助手，不具有对下面直接进行指挥的权力。以企业为例，这种组织设计如图 5.11 所示。

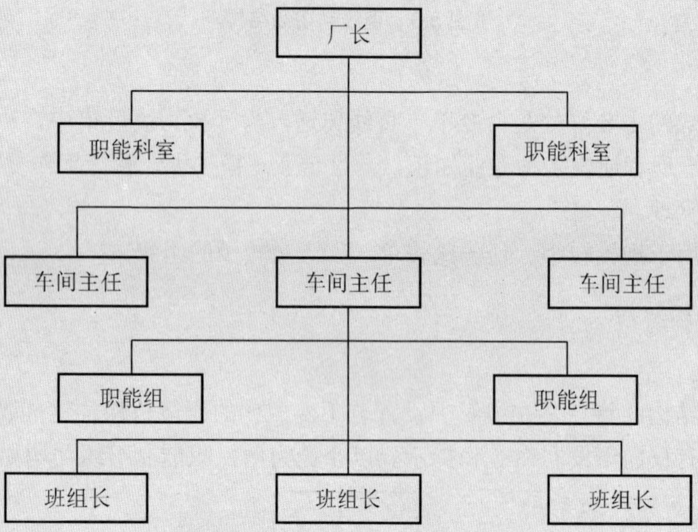

图 5.11　直线-职能制组织结构

2) 优缺点

这种组织结构既保持了直线制集中统一指挥的优点，又具有职能分工专业化的长处。但是，这种类型的组织存在着职能部门之间横向联系较差、信息传递路线较长、适应环境变化差的缺陷。

直线—职能制是一种普遍适用的组织形式，我国大多数企业和一些非营利组织经常采用这种组织形式。

4. 事业部制组织结构

1) 基本含义

事业部制的主要特点是在总公司的领导下，按产品或地区分别设立若干事业部，每个事业部在经营管理上拥有很大的自主权，总公司只保留预算、人事任免和重大问题决策等权力，并运用利润等指标对事业部进行控制，如图 5.12 所示。

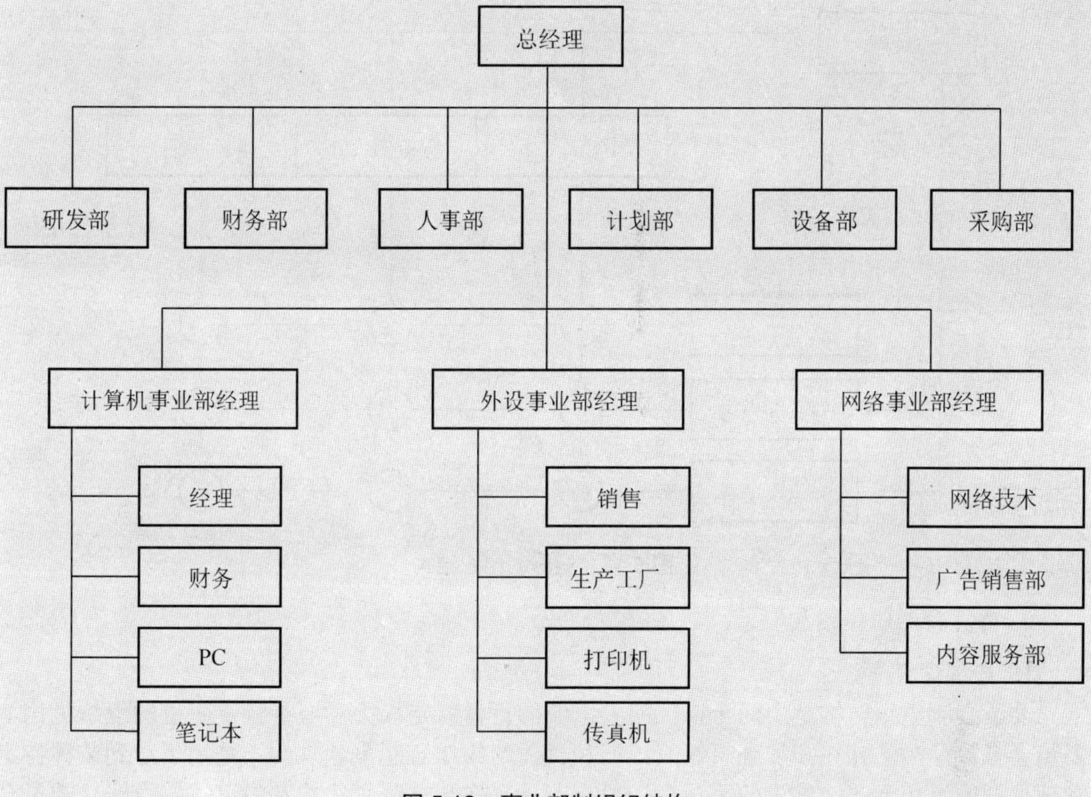

图 5.12 事业部制组织结构

2) 优缺点

由于各事业部具有独立经营的自主权，这样既有利于调动各事业部的积极性和主动性，又提高了管理的灵活性和适应性，还能为管理人才的成长创造良好的机会。这种组织结构的主要缺陷是资源重复配置，管理费用较高，且事业部之间协作较差。

这种结构主要适用于产品多样化和从事多元化经营的组织，也适用于面临环境复杂多变或所处地理位置分散的大型企业和巨型企业。

5. 矩阵制组织结构

1) 基本含义

这是一种把按职能划分的部门同按产品、服务或工程项目划分的部门结合起来的组织结构类型。在这种结构中，每个成员既要接受垂直部门的领导，又要在执行某项任务时接受项目负责人的指挥。矩阵结构创造了双重指挥链，可以说是对统一指挥原则的一种有意识的违背，如图 5.13 所示。

2) 优缺点

主要优点是灵活性和适应性较强，有利于加强各职能部门之间的协作和配合，并且有利于开发新技术、新产品和激发组织成员的创造性。主要缺陷是组织结构稳定性较差，双重职权关系容易引起冲突，同时还可能导致项目经理过多、机构臃肿的弊端。

这种结构主要使用于科研、设计、规划项目等创新性较强的工作或单位。

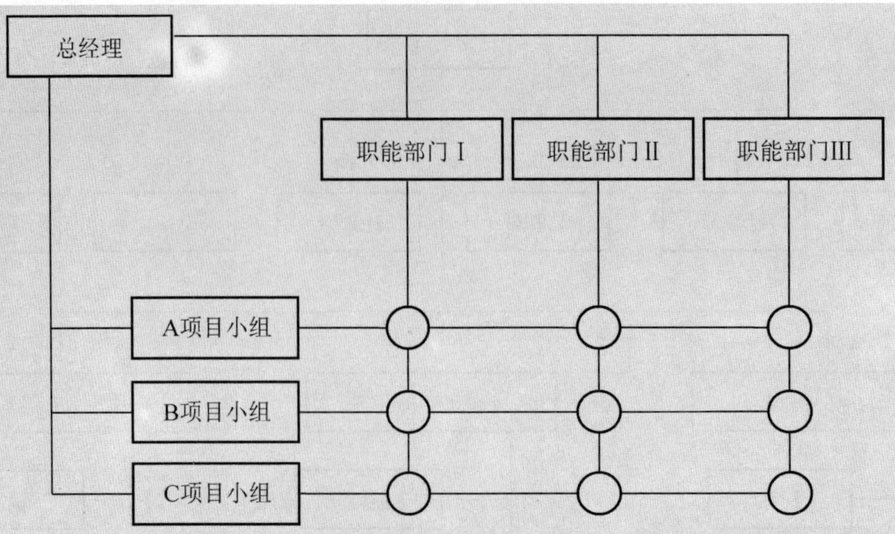

图 5.13　矩阵制组织结构

6. 委员会制组织结构

1) 基本含义

委员会制组织结构是由两个以上的人组成的行使特定权力和履行特定职责的组织机构。委员会多数是为了补充和加强直线组织而和直线组织结合起来建立的，是为了达到某种特定管理目的的组织形式。常设的委员会一般有两种存在形式：直线式和参谋式。直线式委员会具有直线机构的权力，可直接对下级发号施令；参谋式委员会是为决策机构服务的，没有决策权，主要职能是参谋指导作用。作为经营管理的一种手段而设立的委员会，与其他组织形式明显不同的是，其活动特点是集体行动，如图 5.14 与图 5.15 所示。

2) 优缺点

这种组织形式的优点是，能够集思广益，反映各方利益需要，有助于沟通和协调，防止个人滥用权力。但这种组织形式为达成意见一致，往往决策迟缓或折中调和，委员责任不明确，可能出现无人负责现象。

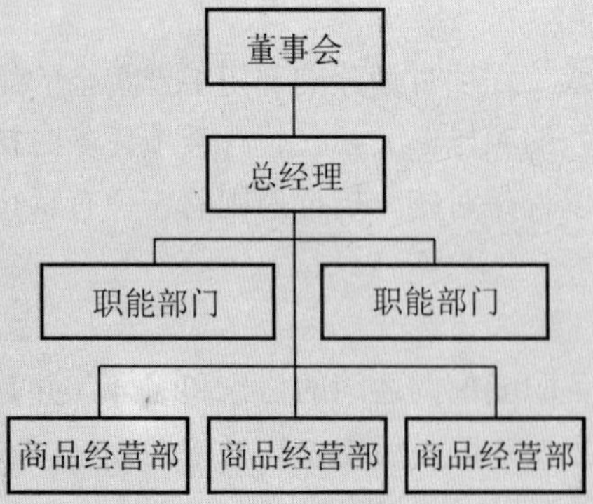

图 5.14　直线式委员会

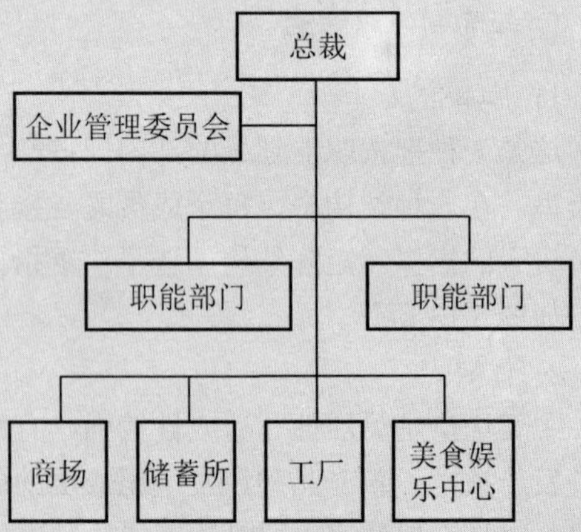

图 5.15　参谋式委员会

研讨与质疑

请举一个大家所熟悉的大型跨国公司，谈谈其组织结构主要是何种类型。

5.3 人事管理

管理情景

宝洁公司的校园招聘

曾经有一位宝洁的员工这样形容宝洁的校园招聘："由于宝洁的招聘实在做得太好，即便在比较困难的求职关口，自己第一次感觉自己被当作人来看，就是在这种感觉的驱使下，有些学生带着理想主义来到了宝洁。"

1. 前期的广告宣传

派送招聘手册，招聘手册基本覆盖所有的应届毕业生，以达到吸引应届毕业生参加其校园招聘会的目的。

2. 邀请大学生参加其校园招聘介绍会

宝洁的校园招聘介绍会程序一般如下：校领导讲话，播放招聘专题片，宝洁公司招聘负责人详细介绍公司情况；招聘负责人答学生问，发放宝洁招聘介绍会介绍材料。

3. 网上申请

从 2002 年开始，宝洁将原来的填写邮寄申请表改为网上申请。毕业生通过访问宝洁中国的网站，单击"网上申请"来填写自传式申请表及回答相关问题。这实际上是宝洁的一次筛选考试。

招聘中的测试包括：网上筛选、人才测评、笔试。

宝洁公司的笔试主要包括 3 部分：解难能力测试、英文测试、专业技能测试。

【讨论】

1. 案例中宝洁公司是通过何种途径进行招聘的？这种招聘人员的方式有何利弊？
2. 案例中宝洁公司对应聘人员进行了哪些测试？

理论研习

5.3.1 人员配置

1. 人员配置的含义

人员配置是指对人员进行恰当而有效的招聘、甄选与培训等，从而确定合适的人员去充实组织机构中所规定的各项职务，保证组织活动的正常运行，进而实现组织的目标。人员配置是组织正常运作的一个重要保障。

【管理漫画】

◎要保证组织活动的正常运行，就要进行科学有效地人员配置。

2. 人员配置的作用

人员配置既满足了组织的需要，又考虑到个人的特点、爱好和能力，因此人员的配备有以下 3 个作用。

(1) 从组织的角度来看，人员配置是为实现组织目标提供了保障。组织是一个动态系统，处于一个不断变化发展的社会经济环境中。所以，我们在为组织目前的机构配备人员时，还需要考虑机构可能发生的变化，为明天的组织准备和提供工作人员，特别是管理人员。

(2) 从个人的角度来看，人员配置赋予了个人施展才华的机会和载体，使自己的知识和能力得到公正的评价和认可，并获得开发和提高的空间。

(3) 从社会的角度来看，人员配置可以使个人最大限度地为社会贡献自身价值，实现人力资源的优化配置，促进经济发展和社会进步。

管理小故事

刘邦的管理艺术

汉高祖刘邦驰骋疆场数十年，败秦灭楚，一统江山。庆功宴上，他对部下谈及"我为什么能打败项羽"时，说道："夫运筹策帷帐之中，决胜于千里之外，吾不如子房；镇国家，抚百姓，给馈饷，不绝粮道，吾不如萧何；连百万之军，战必胜，攻必取，吾不如韩信。此三者，皆人杰也，吾能用之，此吾所以取天下也。"刘邦认为，他能建立汉朝，关键是用了张良、萧何、韩信 3 人。3 人分别是 3 个方面的重要管理者。的确，刘邦的成功就在于他得到了这 3 个人，并且用好了这 3 个人，使他们各自充分发挥了自己的管理才能。

管理启示： 实施有效管理的前提是选任合适的人。管理是靠人来完成的，管理和人是一个问题的两个方面，二者相辅相成。

3. 人员配置的原则

为求得人与事的最优化组合，人员配置过程中必须依据一定的原则。

1) 因事用人的原则

用人的目的在于使其担当一定的职务，要求其从事与该职务相应的工作。因此，人员的配置应以职位的空缺情况和实际要求为出发点，以职位对人员的实际要求为标准，选拔、录用各类人员。因事用人是人员配置的首要原则。

管理小故事

不拉马的士兵

一位年轻的炮兵军官上任后，到下属部队视察操练情况，发现有几个部队操练时有一个共同的情况：在操练中，总有一个士兵自始至终站在大炮的炮筒下，纹丝不动。经过询问，得到的答案是：操练条例就是这样规定的。原来，条例遵循的是用马拉大炮时代的规则，当时站在炮筒下的士兵的任务是拉住马的缰绳，防止大炮发射后因后坐力产生的距离偏差，减少再次瞄准的时间。现在大炮不再需要这一角色了。但条例却没有及时调整，出现了不拉马的士兵。这位军官的发现使他受到了国防部的表彰。

管理启示：及时调整管理策略，可以有效地进行人员配置，为组织有序快速的发展奠定基础。

2) 因才适用的原则

不同的工作要求不同的人去进行，而不同的人也具有不同的能力和素质，能够从事不同的工作。从个人角度来考虑，只有根据每个人的特点来安排工作，才能使他们的潜能得到最充分的发挥，工作热情得到最大限度的激发。

3) 用人所长的原则

用人就要对人有一个正确的认识。任何一个管理者看人要客观、实事求是，一分为二，既要看优点，又要看缺点。看缺点，是为了对他作客观的评价，也是为了在人员配置时充分发挥他的优点。有效的管理者不是盲目地找通才，而是找最合适空缺岗位需要的人，然后把他放到最能发挥个人智慧并将弱点减少到最小的岗位上去。

拓展知识

三国时期的刘备，拥有关羽、诸葛亮、张飞等一批优秀人才。张飞粗犷、莽撞，但骁勇善战；关羽忠心耿耿，智勇双全；诸葛亮运筹帷幄，足智多谋。3人各有所长，刘备求人所长，为我所用，在复杂的环境中通过艰苦激烈的拼战，能够三分天下有其一，牢牢地占据川蜀这一席之地。

4) 人与事动态平衡的原则

处在动态环境中的组织是在不断发展的，工作中的人的能力和知识是在不断提高和丰富的，同时，组织对其成员的素质认识也是不断全面、完善的。因此，人与事的配合需要进行不断的调整，使能力平平、不符合职务需要的人有机会进行力所能及的活动，使能力超强的人担当更重要的工作和更高的职务，以求使每一个人都能得到最合理的使用，实现人与工作的动态平衡。

研讨与质疑

俗话说：“一个萝卜一个坑”。利用人员配置的有关知识，请结合实例谈谈你的看法。

5.3.2 人员选聘

人员选聘是指组织及时寻找、吸引并鼓励符合要求的人，到本组织中任职和工作的过程。

人员选聘是人员配置中最关键的一个步骤，这一工作的好坏，不仅直接影响到人员配置的其他方面，而且对整个管理过程的进行乃至整个组织的活动，也有极其重要的影响。

1. 选聘的途径

依据招聘的内外环境不同，组织大致可以通过外部招聘和内部招聘两种方式来选择和填补员工的空缺。

1) 外部选聘

外部选聘就是根据组织制定的标准和程序从组织外部选拔符合空缺职位要求的员工。组织中的一些高级员工和专业岗位，常常需要将选择的范围扩展到全国甚至全球的人才市场。

案例链接

一则招聘广告

一家外资企业招聘采购经理的启事：大专以上学历，3年以上相关工作经验，较好的英语和计算机能力，有高度的工作责任感和沟通协调能力。主要工作职责是：联系供货公司，及时准确地在规定时间内将企业各部门所需货物发送至指定地点，并确保货物的质量和价格符合企业的要求。

【讨论】

用广告的形式发布选聘信息有何优劣？

外部选聘具有以下优势。

(1) 具备难得的“外部竞争优势”，有利于企业。

(2) 有利于平息并缓和内部竞争者之间的紧张关系。

(3) 能够为组织输送新鲜血液。

(4) 可以节省培训投资。

外部选聘也有许多局限性，主要表现在以下方面。

(1) 外聘者对组织缺乏深入了解。

(2) 组织对外聘者缺乏深入了解。

(3) 对内部员工的积极性造成打击。

当组织从外部招聘员工时，应该对外部招聘的优点和缺点进行权衡，以提高外部招聘员工的效果。由于这些局限性，许多成功的企业强调不应轻易地外聘人员，而主张采用内部培养和提升的方法。

外部选聘的方式很多，比如刊登广告、举行招聘会、求助于猎头企业、借助互联网、校园招聘等，可以根据企业的实际情况做出实际的选择。

2) 内部选聘

内部选聘是指组织内部成员的能力和素质得到充分确认之后，被委以比原来责任更大、职位更高的职务，以填补组织中由于发展或其他原因而空缺了的管理职务。当组织在内部招聘员工时，管理者将视线从外部转向现有员工，让现有员工填补空缺职位。内部应聘员工的目的或者是寻求评级调动，或者是寻求提升。

内部选聘是企业空缺岗位人选的重要来源，内部选聘具有以下优点。

(1) 工作的稳定性更高。

(2) 能够鼓舞士气，激励员工进取。

(3) 更适应工作。

(4) 降低选聘成本。

内部选聘也具有以下一些缺点。

(1) 被招聘者可能水平有限，造成“青黄不接”。

(2) 可能造成“近亲繁殖”。

(3) 可能操作不公，造成内部矛盾。

(4) 使未被提拔员工的积极性受到打击。

内部选聘有许多方式：公开招聘、内部提拔、横向调动、岗位轮换、重新聘用或招回以前的雇员等。在企业局域网、墙报、布告栏、内部报刊上发布招聘信息，公布空缺职位的性质、职责及其所要求的条件等情况，邀请企业所有符合条件的员工申请；管理层指定，即管理层根据考核结果指定候选人，有时甚至直接任命。

拓展知识

索尼公司将人才市场的竞争机制引入企业内部，建立了富有特色的内部招聘制度。索尼公司每周出版一份内部小报，刊登公司各部门的“求人广告”，员工可以秘密地前去应聘，他们的上司无权阻止。有能力的人才大多能找到自己较中意的岗位，并增强企业管理与控制的活力。

2. 选聘途径的依据

确定从内部还是从外部选聘管理者时，要考虑以下 3 个方面的因素。

(1) 职务的性质。涉及对组织的发展具有重要意义的技术骨干与重要管理者应注意从组织外部招聘。大部分一般性职务，则多从内部招聘。

(2) 企业经营状况。小型的、新建的及快速增长的企业，需要从外部招聘技术人员及有经验的管理者。而大型的、较成熟的企业因有经营、有才干的备选人才众多，则多半靠自己的力量。

(3) 内部人员的素质。

3. 选聘程序

员工选聘的基本程序包括选聘决策、发布选聘信息、选聘测试、人事决策四大步骤。

1) 选聘决策

选聘决策是指企业中的最高管理层关于重要工作岗位的选聘和大量工作岗位的选聘的决定过程。

(1) 选聘决策的原则。

① 少而精原则。选聘来的人员不需要多，够用就行。选聘来的人要尽其能地发挥他们的优势，为企业创造效益。

② 宁缺毋滥原则。一个岗位宁可暂时空缺，也不要让不合适的人占据。

③ 公平竞争原则。只有通过公平竞争才能使人才脱颖而出，才能吸引真正的人才，才能起到激励作用。

(2) 选聘决策的运作。

① 用人部门提出申请。需要增加人员的部门负责人向人力资源开发管理部提出需要人员的人数、岗位、要求，并解释理由。

② 人力资源开发管理部复核。人力资源开发管理部应该到用人部门去复核申请，是否一定要这么多人员，减少一些人员是否可以，并写出复核意见。

③ 最高管理层决定。根据组织的不同情况，可以由高层领导工作会议决定，也可以在中层领导工作会议上决定。决定应该在充分考虑申请和复核意见的基础上产生。

【管理漫画】

◎选聘恰当的人才到合适的工作岗位，是符合组织发展需要的。

拓展知识

选聘决策的主要内容

组织员工的选聘决策应包括以下一些主要内容。

(1) 什么岗位需要选聘？选聘多少人员？每个岗位的具体要求是什么？

(2) 何时发布选聘信息？运用什么渠道发布选聘信息？

(3) 委托哪个部门进行选聘测试？

(4) 选聘预算是多少？

(5) 何时结束选聘？

(6) 新进员工何时到位？

2) 发布选聘信息

一旦选聘决策后，就应该迅速发布选聘信息。发布选聘信息就是向可能应聘的人群传递企业将要选聘的信息。

(1) 发布选聘信息的原则。

① 面广原则。发布选聘信息的面越广，接受到该信息的人就越多，应聘的人也就越多，这样可能选聘到合适人选的概率就越大。

② 及时原则。在条件许可的情况下，选聘信息应该尽量早地发布，这样有利于缩短选聘进程，而且有利于使更多的人获取信息，使应聘人数增加。

③ 层次原则。选聘的人员都是处在社会的某一层次的，要根据选聘岗位的特点，向特定层次的人员发布选聘信息。

(2) 选聘信息的渠道。

信息发布的渠道有报纸、杂志、网络、电视、电台、布告、人才市场、职介所和新闻发布会等。除此之外，还有随意传播的发布形式，这是有关部门或有关人员用口头的、非正式的方式发布选聘信息的类型。其主要特点是费用低，可以进行双向交流，速度较快。主要缺点是覆盖面窄。在选聘层次不是很高时可以选用这种类型。

表 5-1 是在发布选聘信息时，要求应聘人员填写的登记表。

表 5-1　应聘人员登记表

<table>
<tr><td>姓名</td><td></td><td>性别</td><td></td><td>出生年月</td><td></td><td rowspan="4">照
片</td></tr>
<tr><td>民　族</td><td></td><td>政治面貌</td><td></td><td>参加工作
时　间</td><td></td></tr>
<tr><td>现工作单位
及部门</td><td colspan="3"></td><td>职　务
(岗位)</td><td></td></tr>
<tr><td>职称(或技能
等级)</td><td></td><td>专业年限</td><td></td><td>身体状况</td><td></td></tr>
<tr><td rowspan="2">学历学位</td><td>初始
学历/学位</td><td></td><td>毕业院校
系及专业</td><td></td><td>毕业年月</td><td></td></tr>
<tr><td>后续
学历/学位</td><td></td><td>毕业院校
系及专业</td><td></td><td>毕业年月</td><td></td></tr>
<tr><td>家庭住址</td><td colspan="4"></td><td>邮政编码</td><td></td></tr>
<tr><td>联系电话</td><td colspan="2">手机：</td><td>固定电话：</td><td>身份证号</td><td colspan="2"></td></tr>
<tr><td>应聘单位</td><td colspan="3"></td><td>岗位名称</td><td colspan="2"></td></tr>
<tr><td rowspan="4">所获奖项(省
级及以上)</td><td>时　间</td><td colspan="2">内　容</td><td colspan="2">所获奖项(证书)</td><td>颁发机关</td></tr>
<tr><td></td><td colspan="2"></td><td colspan="2"></td><td></td></tr>
<tr><td></td><td colspan="2"></td><td colspan="2"></td><td></td></tr>
<tr><td></td><td colspan="2"></td><td colspan="2"></td><td></td></tr>
<tr><td rowspan="6">主要
工作经历</td><td colspan="2">年　　月—　　年　　月</td><td colspan="2">工作单位部门</td><td colspan="2">职务(含岗位)</td></tr>
<tr><td colspan="2"></td><td colspan="2"></td><td colspan="2"></td></tr>
<tr><td colspan="2"></td><td colspan="2"></td><td colspan="2"></td></tr>
<tr><td colspan="2"></td><td colspan="2"></td><td colspan="2"></td></tr>
<tr><td colspan="2"></td><td colspan="2"></td><td colspan="2"></td></tr>
<tr><td colspan="2"></td><td colspan="2"></td><td colspan="2"></td></tr>
<tr><td rowspan="4">主要学习
(培训)
经历</td><td colspan="2">年　　月—　　年　　月</td><td colspan="2">院校及系、专业</td><td colspan="2">毕(结、肄)业</td></tr>
<tr><td colspan="2"></td><td colspan="2"></td><td colspan="2"></td></tr>
<tr><td colspan="2"></td><td colspan="2"></td><td colspan="2"></td></tr>
<tr><td colspan="2"></td><td colspan="2"></td><td colspan="2"></td></tr>
<tr><td rowspan="4">主要
家庭成员</td><td>姓　名</td><td colspan="2">与本人关系</td><td colspan="2">工作单位</td><td>职务(岗位)</td></tr>
<tr><td></td><td colspan="2"></td><td colspan="2"></td><td></td></tr>
<tr><td></td><td colspan="2"></td><td colspan="2"></td><td></td></tr>
<tr><td></td><td colspan="2"></td><td colspan="2"></td><td></td></tr>
</table>

3) 选聘测试

选聘测试是指在选聘过程中，运用各种科学方法和经验方法对应聘者加以客观鉴定的各种方法的总称。

企业员工选聘测试的种类有很多，目前我国企业比较常用的有以下几种。

(1) 履历分析。履历分析技术是根据“过去行为是预测未来行为的良好指标”的原理，对个体过去的背景、经历、成绩进行定性或定量分析，以预测其未来的表现。

(2) 心理测验。心理测验是通过观察人的少数有代表性的行为，对人的全部行为活动中的心理特点做出推论和数量化分析的一种科学手段。

(3) 知识考试。知识考试是指主要通过纸笔测验的形式，对被试者的知识广度、知识深度和知识结构了解的一种方法。

(4)面试。用谈话方式来引发应试者与相关职位有关的信息，并据此预测应试者在该职位上的表现的测评技术。

(5)评价中心技术。把被试者置于一个模拟的工作情景中，采用多种评价技术，观察和评价被试者在该模拟工作情景下的心理和能力。

【管理漫画】

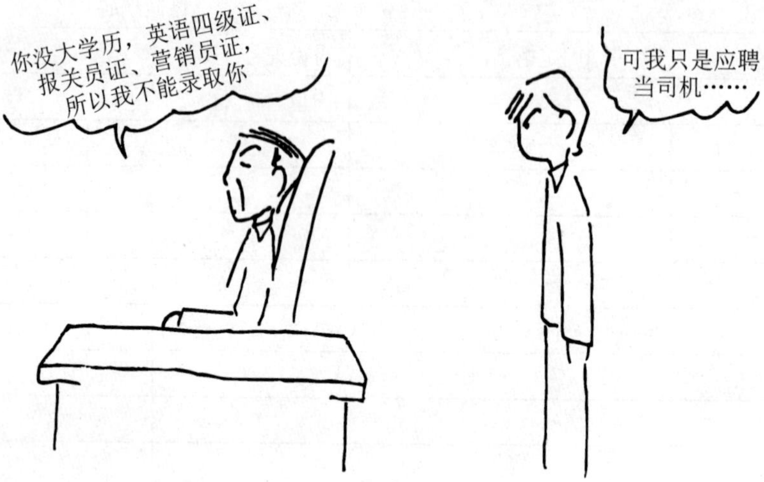

◎有些中国人的思维，有时候让你哭笑不得。

4) 人事决策

人事决策是员工选聘中的最后一环，也是十分重要的一环。如果前几个步骤都正确无误，但最终人事决策错了，企业依然选聘不到理想的员工。人事决策的基本步骤如下。

(1) 对照选聘决策。

(2) 参考测试结果。

(3) 确定初步人选。

(4) 查阅档案资料。

(5) 进行体格检查。

(6) 确定最终人选。

拓展知识

几种主要的解聘方案

不同的情况下，解聘方案有很多种，表5-2列举了几种主要的方案。

表5-2 几种主要的解聘方案

方案	说明
解雇	永久性、非自愿地终止合同
临时解雇	临时性、非自愿地终止合同 可能持续若干天，也可能延续几年
自然减员	对自愿辞职或正常退休腾出的职位空缺不予填补
调换岗位	横向或向下调换员工岗位，通常不会降低成本，但可减缓组织内的劳动力供求不平衡
缩短工作周	让员工每周少工作一些时间，或者进行工作分担，或以临时工身份做这些工作
提前退休	为年龄大、资历深的员工提供激励，使其在正常退休期限前提早离位

5.3.3 人员培训

1. 人员培训的含义

人员培训是指组织通过对员工有计划、有针对性的教育和训练，使其能够改进目前知识和能力的一项连续而有效的工作。

人员培训旨在提高员工队伍的素质，促进组织的发展，实现以下4个方面的具体目标。

(1) 补充知识。

(2) 发展能力。

(3) 转变观念。

(4) 交流信息。

2. 人员培训的内容

各级、各类人员的素质、能力要求不同，其培训的具体内容也是不同的。培训的基本内容主要包括3个方面：政治思想与职业道德教育；技术与业务知识；技术与业务能力。如果对管理者进行培训，那么技术与业务知识、技术与业务能力的培训中均应包括管理的理论与技能。

3. 人员培训的方法

1) 在岗培训

在岗培训也称为在职培训，即员工在保持不脱离现有工作岗位的基础上接受培训。其最大优点是可以边学习边工作，这样不仅节约时间，而且便于学以致用；培训内容与工作的相关性良好，可以利用现有的工作条件，而不必额外创造设施和条件。在岗培训有以下几类方法。

(1) 工作轮换。包括管理工作轮换与非管理工作轮换。非管理工作轮换是根据受培训者的个人经历，让他们轮流在公司生产经营的不同环节工作，以帮助他们取得各种工作的知识，熟悉公司的各种业务。管理工作轮换是在提拔某个管理人员担任较高层次的职务以前，让他先在一些较低层次的部门工作，以积累不同部门的管理经验，以熟悉各管理部门在整个公司中的地位、作用及其相互关系。

(2) 工作指导法。也称为学徒培训，它是最古朴的培训方法之一。其主要特点是通过资历较深、业务熟练的员工的指导，使新员工迅速掌握岗位技能。其缺点是企业需要通过管理制度来保持指导者的动机和热情，很多指导者可能刻意“留一手”以维持自己的领先优势；指导者的水平和工作习惯将直接影响被指导者，这导致工作指导法对被指导者个人有一定的风险，可能造成“一旦站错队，一生都不对”的后果。

案例链接

随着我国加入 WTO，企业面临新的机遇和挑战。某国有大型企业为了适应来自国内外的竞争，促进企业长期健康发展，认识到要转变观念，加快建立现代企业制度的步伐，需要苦练内功提高自身管理水平，而培训是先导。过去，该企业搞过不少培训，但都是临时聘请几个知名专家，采用所有员工参加、上大课的培训方式，对培训过程疏于控制。培训过后，有的人认为在工作中有用，有的人认为没有什么用，想学的没有学到；也有的人反映培训方式太单一，没有结合工作实际等。

【讨论】

如果你是公司负责人力资源管理工作的副总经理，你该如何管理公司的培训工作？

2) 脱岗培训

脱岗培训是指培训对象脱离工作岗位，集中时间和精力参加培训活动。脱岗培训的好处是比较系统、正规、有深度，培训效果较好，尤其对提高管理人员和技术人员的素质非常有效。缺点是短期内会在一定程度上影响单位工作，培训成本较高。脱岗培训的方法主要有以下几种。

(1) 试听教学法。这是指用录像带、光盘、幻灯片等电化教学手段实施培训的方法。其优点是通过试听的感官刺激，可以使参训人员留下深刻印象。其缺点是缺乏交流沟通，实际效果较差。

(2) 研讨法。这是指先由专家或专业人士就某一培训专题进行讲座，随后由培训对象就此主题进行自由讨论，以达到深入理解的目的。此法较适用于管理人员的培训。

(3) 网络培训。这是通过互联网进行的以自我学习为中心的一种培训方式。即在公司的网站上设立虚拟课堂，所有的培训活动都在网上进行。其特点是培训不受时空限制，员工可以随时随地上网学习所需的知识。开展网上培训要求企业投资建立良好的网络培训系统。

研讨与质疑

请结合你所熟悉组织的人员培训实际，谈谈你对该组织人员培训情况的看法。

5.3.4 管理人员考评

1. 管理人员考评的内容

一般来说，为确定工作报酬提供的考评着重管理人员的当前表现，而为人事调整或组织培训而进行的考评则偏向技能和潜力的分析。然而，组织中具体进行的人事考评，往往不是一种与目的有关，而是为一系列目的服务的。因此，考评的内容不能只侧重于某一方面，而应尽可能的全面。

1) 贡献考评

贡献考评是指考核和评估管理人员在一定时期内担任某个职务的过程中对实现企业目标的贡献程度，即评价和对比组织要求某个管理职务及其所辖部门提供的贡献与该部门的实际贡献。贡献往往是与努力程度和能力强度相关联的。因此，贡献考评可以成为决定管理人员报酬的主要依据。

2) 能力考评

能力考评是指通过考察人员在一定的时期内的管理工作，评估他们的现实能力和发展潜力，即分析他们是否符合现任职务所具备的要求，任现职后素质和能力是否有所提高，从而能否担任更重要的工作。

2. 管理人员考评的工作程序

公平的考评要求依据一定的程序，以真正起到促进改善的效果。

(1) 确定工作构成。管理职务不同，工作要求不同，管理人员应具备的能力和提供的贡献也不同。所以考评管理人员，首先要根据不同岗位的工作性质，设计合理的考评表，以合理的方式提出问题，通过考评者对这些问题的填写得到考评的原始材料。

(2) 选择考评者，确定考核标准，实施考评。传统的考评方法往往是由直接上司来考评各管理人员，但每个上司都不希望下属的能力和贡献评价中得到不利的结论，所以在考评时往往打分过宽，这种考评方法还有可能促成管理人员只知“唯上”的坏作风。而让关系部门的同僚或部属来填写考评表中的有关部分，可以克服这些弊端，可以促进管理人员加强民主意识和协作意识。

(3) 分析考评结果，辨识误差。为了得到正确的考评结果，首先要分析考评表的可靠性，剔除那些明显不符合要求的、随意乱填的表格。

(4) 传达考评结果。考评结果应及时反馈给有关当事人。反馈的形式可以是上级主管与被考评对象的直接单独面谈，也可以用书面形式通知。

(5) 根据考评结论，建立企业的人才档案。有规律地定期考评管理人员，可以使企业了解管理人员的成长过程和特点，可以使企业建立起人力资源档案，作为奖酬与升迁的依据。

(6) 制订改进计划，并进行指导，绩效改进计划是考评工作的落脚点。改进计划应该切合实际、时间明确、计划具体可行并得到组织认同。主管人员应该经常与下属讨论工作，并对下属的工作和绩效改进给予具体的忠告和指导。

5.4 组织变革

管理情景

助理为什么受到反对？

鉴于公司在发展中所出现的成本失控问题，×公司的总经理邀请获得了注册会计师资格的年轻助理帮助解决这个问题。这位助理又请了一些高明的财务分析专家、本地大学工商管理学院的著名教授组成一个诊断小组。在了解公司的问题之后，他们去调查成本和公司的生产、采购、销售等各部门的管理方法。经多次研究之后，诊断小组发现各部门中效率低的许多根源，于是，该助理把小组发现的问题详情和拟予以纠正的措施做出提要，向总经理提出了诊断报告，并说明小组所建议的行动会给公司节约上百万元。

总经理采纳了这些建议，并付诸实施。但实施不久，负责生产、销售、采购的几位副总经理就群起围攻总经理，坚决要求撤掉那位助理。

【讨论】

1. 为什么这位助理工作做得那么好，却受到副总经理们的反对？

2. 若诊断小组的调查结果是准确的，那么总经理、助理、副总经理及其他人应怎样做才能使这些调查结果有助于解决问题？

理论研习

5.4.1 组织变革的一般规律

1. 组织变革的含义和现实意义

1) 组织变革的含义

组织变革是组织根据组织内外部环境的变化，及时对组织中要素进行结构性变革，以适应未来组织发展的要求。

2) 组织变革的现实意义

3C(顾客 customers、竞争 competition 和变革 change)是市场竞争最重要的 3 种力量，是为了提高组织效能，促使组织顺利的成长和发展。

任何一个组织，无论过去如何成功，都必须随着环境的变化而不断地调整自我并与之相适应。组织变革的根本目的就是提高组织的效能，特别是在动荡不定的环境条件下，要想使组织顺利地成长和发展，就必须自觉地研究组织变革的内容、阻力及其一般规律，研究有效管理变革的具体措施和方法。

2. 组织变革的类型

组织变革的类型见表 5-3。

表 5-3 组织变革的类型

类型	定义
战略性变革	是指组织在发展战略或使命上发生的变革。如收缩业务，则必须剥离不良资产和非相关业务；要战略扩大，则要考虑购并的对象和方式，以及重构组织文化
结构性变革	是指对组织的结构进行变革，对权力和责任进行再分配
流程主导性变革	是指围绕组织目标和核心竞争力，现代化的信息和手段对业务流程进行的重新构造，这使组织的各方面产生重大的变化
以人为中心的变革	是指改变人的思想观念的变革

3. 组织变革的目标

1) 使组织更具环境适应性

环境因素具有不可控性，组织要想阻止或控制环境的变化可能只是自己的一厢情愿。组织要想在动荡的环境中生存并得以发展，就必须顺势变革自己的任务目标、组织结构、决策程序、人员配置、管理制度等，只有如此，组织才能有效地把握各种机会，识别并应对各种威胁，使组织更具环境适应性。

2) 使管理者更具环境适应性

一个组织中，管理者是决策的制定者和组织资源的分配人。在组织变革中，管理者必须要清醒地认识到自己是否具备足够的决策、组织和领导能力来应对未来的挑战。因此，管理者一方面需要调整过去的领导风格和决策程序，使组织更具灵活性和柔性，另一方面，管理者要能够根据环境的变化要求重构层级之间、工作团队之间的各种关系，使组织变革的实施更具针对性和可操作性。

3) 使员工更具环境适应性

组织变革的最直接感受者就是组织的员工。组织如若不能使员工充分认识到变革的重要性，顺势改变员工对变革的观念、态度、行为方式等，就可能无法使组织变革措施得到员工的认同、支持和贯彻执行。需要进一步认识到的是，改变员工的固有观念、态度和行为是一件非常困难的事，组织要使人员更具环境适应性，就必须不断地进行再教育和再培训，决策中更多地重视员工的参与和授权，要能根据环境的变化改造和更新整个组织文化。

管理小故事

将军的马

有一位勇猛的将军，年轻的时候特别喜欢大吃大喝。每次他都喝得酩酊大醉，一边东摇西晃，一边同女人调笑。他总是到离家有一段距离的一个村子里享受他的放荡生活，通常一周光顾一次。他的青春年华就这样一天天虚度，自己的武艺也渐渐地被荒废。

终于，有一天早上，将军的母亲狠狠训斥了他一顿，责怪他不应该像一个花花公子那样无所事事。母亲情真意切的话令他猛醒，将军感到惭愧万分，向母亲发誓说他再也不会去那个村子了。从此，他开始拼命训练，立志一心向善，成为一个品行优秀的人。

一天傍晚，在进行了整日的野外训练之后，将军又累又乏，伏在他的爱驹上睡着了。马儿本来应该驮他回家，但这天恰好是周末，也就是以前他去那个村子游乐的时间。受过主人良好调教的马，竟带他到了那个村子。

当将军醒来时，他发现自己违背了对母亲所发的誓言，又到了他不该到的地方。想到自己的失信，将军忍不住掉下眼泪。他凝视着自己的马，这是他孩提时就伴随着他的亲密伴侣，是他除了亲人以外的至爱。经过长久的沉默，他拔出剑，杀了这匹马。

管理启示：变革是痛苦的，人们对旧习惯的根除并不那么容易。作为组织的变革，更是一个巨大的挑战。为了组织更好的发展，变革又是必须的。

4. 组织变革的内容

(1) 对人员的变革：是对人的思想与行为的变革，是其他变革的基础和保证。

(2) 对结构的变革：是对体制、机制、责任权力关系等方面的变革。

(3) 对技术与任务的变革：是指对业务流程、技术方法的重新设计，包括更换设备、工艺、技术、方法等。

(4) 对目标的变革：是战略变革所决定的。

【管理漫画】

◎只有勇于变革，才能到达光明的彼岸。

5.4.2 组织变革的过程和程序

1. 组织变革的过程

美籍德国心理学家库尔特·勒温认为，成功的变革要求对现状予以解冻，然后变革到一种新的状态，并对新的状态予以再冻结，使之保存长久。组织变革包括以下 3 个步骤。

(1) 解冻，即创造变革的动力。这个阶段的主要任务是发现组织变革的阻力，营造危机感，塑造出改革乃是大势所趋的气氛，并在采取措施克服变革阻力的同时具体描绘组织变革的蓝图，明确组织变革的目标和方向，以形成待实施的比较完整的组织变革方案。解冻可以看作是进行变革的准备。

(2) 变革，即指明改变的方向。实施变革，使成员形成新的态度和行为。这一阶段的任务是按照所拟定的变革方案开展具体的变革活动，以使组织从现有结构模式和行为方式向目标模式与新的行为方式转变。这个阶段通常分为试验和推广两个阶段。

(3) 冻结，即稳定变革。现状被打破以后，就需要经过变革而建立起新的平衡状态。这种新的平衡状态需要予以再冻结，只有这样才能使之保持一段较为长久的时间；否则，变革可能是短命的，员工的行为又会回到原来的模式中。

2. 组织变革的程序

(1) 通过组织诊断，发现变革征兆。组织变革的首要任务就是要对现有的组织进行全面的诊断。这种诊断必须要有针对性，要通过搜集资料的方式，对组织的职能系统、工作流程系统、决策系统以及内在关系等进行全面的诊断。

(2) 分析变革因素，制定改革方案。组织诊断任务完成之后，就要对组织变革的具体因素进行分析，如职能设置是否合理、决策中的分权程度如何、员工参与改革的积极性怎样、流程中的业务衔接是否紧密、各管理层级间或职能机构间的关系是否易于协调等。

(3) 选择正确方案，实施变革计划。制定改革方案的任务完成之后，组织需要选择正确的实施方案，然后制订具体的改革计划并贯彻实施。推进改革的方式有多种，组织在选择具体方案时要考虑到变革的难度及其影响程度，变革速度以及员工的可接受和参与程度等，做到有计划、有步骤、有控制地进行。当改革出现某些偏差时，要有备用的纠偏措施及时地进行纠正。

(4) 评价变革效果，及时进行反馈。变革结束之后，管理者必须对改革的结果进行总结和评价，及时反馈新的信息。对于没有取得理想效果的改革措施，应当进行必要的分析和评价，然后再做取舍。

5.4.3 组织变革的策略

1. 精心设计

组织变革的方向、变革的方针、变革所要达到的目标要十分明确，这是组织变革的客观依据。在变革前要深入调查，仔细研究各种可行方案，考虑到变革会遇到的各种问题，应准备好预防措施。避免心血来潮和朝令夕改的变革方式。

2. 全面发动

(1) 要创造一种讨论改革的氛围，使大家认识到变革的重要性和紧迫性。

(2) 要讲清变革的艰巨性和复杂性，使大家在思想上和心理上做好对困难的准备。

(3) 要讲清变革的有利条件和时机，宣传鼓动全员参与并提高信心，避免“少数人干，多数人看”的局面。

(4) 要讲清变革目的、目标、原则、程序和方法，使大家一切胸中有数，以保证变革过程的科学性和平衡性。

3. 精心组织

(1) 要尽可能先试点，摸索经验，再逐步推广。

(2) 要注意突破难点，抓住重点，加强薄弱点，消除盲点，把各方面的改革配套进行，整体推进。

(3) 要把组织结构变革同提高成员素质结合起来。

(4) 要把组织结构变革同建立健全的管理制度结合起来，用制度形式规范和巩固改革成果。

(5) 要注意做好思想工作，善于转化矛盾，减少冲突，消除阻力。

(6) 要处理好组织变革与保证开展正常的组织运行活动的关系，保持组织活动的连续性。

4. 排除组织变革阻力

1) 反对组织变革的现象

常见的反对组织变革的现象有：①生产量、销售量和经济效益持续下降；②消极怠工、办事拖拉等；③要求离职调动的人数增加；④发生争吵与敌视行为，人际关系紧张，内耗严重；⑤提出许多似是而非的反对变革的理由；⑥对组织中的不论什么事情都抱有一种无所谓的态度。

2) 反对组织变革的原因

组织成员常见的反对组织变革的原因有以下几个。

(1) 不确定感。对变革、发展进行反对的最常见原因是组织成员无法预计变革、发展可能会对自己带来的影响。他们会担心自己的就业保障，担心自己能不能适应新的要求等。就像许多组织中的办公室人员一开始总是反对办公室计算机化，因为他们担心自己会被计算机所取代，他们不知道自己能不能使用那些复杂的机器。

(2) 缺乏理解和信任。有些人抵制变革、发展，是因为他们认识不到变革、发展的必要性，或是他们对变革、发展的真正目的有所怀疑。例如，当管理人员决定改变工作小组中某些人的任务分配时，便会遭到一些小组成员的抵制，他们会认为这是管理人员意图增加自己的工作量，或是暗示自己的工作不合格，或是管理人员在排除异己等。

(3) 害怕失去某些既得利益。这是管理人员对某些变革、发展进行抵制的主要原因。组织机构变革和技术变革会使人们产生这样的担心。

【管理漫画】

◎任何人都欢迎对自己有利的变革，抵制于己不利的变革，所以组织变革遇到阻力是很正常的。

(4) 对变革、发展的认识不同。不同的人们对变革、发展的评价及对变革、发展内容的选择会有不同的看法。参加变革、发展设计的人员如果在这些方面有不同看法，将会导致一些人对变革、发展持消极态度。

管理小故事

温水煮青蛙

如果把一只青蛙放进沸水中，它会立刻试着跳出来，或许它会因此保住性命。但是如果你把青蛙放进冷水中，不去惊吓它，它将呆着不动。当你慢慢加温，当温度升到40℃、50℃时，青蛙仍显得若无其事，甚至自得其乐。可悲的是，当温度慢慢上升时，青蛙将变得越来越虚弱，最后动弹不得。虽然没有什么限制它脱离困境，可青蛙仍留在那里直到被煮熟。为什么会这样？因为青蛙内部感应生存威胁的器官，只能感应出环境中激烈的变化，而不是针对缓慢、渐进的变化。

管理启示：组织变革的最大阻力来自于组织成员的怀旧心理，来自于他们对现状的满足。所以，克服组织及其成员的惰性，增强他们对外界的感应能力，及时并快速地对外界进行反应，增强环境的适应能力，这是组织变革的重要任务。这正如美国通用汽车公司前总裁杰克·韦尔奇所说：“未来优秀的领导者，是能够在汽车行进中更换轮胎的人。”

3) 减少和排除组织变革阻力的方法

(1) 宣传教育。如果能在变革实施之前，让组织成员对变革、发展的目的、内容、过程、方式等有所了解，可以在很大程度上减少对变革、发展的抵制。

(2) 增强心理适应性。组织变革将在某些方面破坏人们已有的心理习惯，人们对新事物有个逐步认识、熟悉和习惯的适应过程。因此，变革需要时间和时机，不能操之过急。一旦人们对变革尚未建立新的心理适应，就会对组织变革产生抵制情绪。

(3) 采取参与制。鼓励员工积极参与制订变革计划，执行变革计划。因为当人们参与某项活动时，就会产生责任感，参与的程度越深，承担责任的压力也就越大，自然会把它当作自己分内的事去看待。这样可以减少阻力，促进变革的实施。

(4) 委任有威信的领导。群众选举或经群众反复酝酿推荐而产生的领导，其领导行为易被群众接受。因此，由这种领导实行变革时，受到的抵制就越少。另外，个人威信高的领导，会增加组织的影响力。

(5) 必要的妥协。通过与受变革影响的人进行协商，可以减少他们的抵触情绪。特别是预计到组织中一些重要人物、工作小组或部门有可能会对变革进行强烈抵制时，不妨与这些人、小组或部门进行正式谈判，以取得他们对变革的首肯，其中也不妨进行一定的妥协。例如，福特汽车公司就曾以“特别利润分享制”来换取自动线上工人对工艺及报酬方面变革的支持。

(6) 行政强制。当变革势在必行，而上述方法又不奏效时，管理人员就不得不利用自己的权力，强迫实施变革。例如，改换工种、开除、不给予提升等。由于行政强制方法会使变革的实施和稳定工作变得较为困难，因此采用前需慎重考虑。

(7) 高层管理部门的支持。组织中的大部分人都能认识到，组织的权力最终来自于高层管理部门，因此会本能地服从高级管理部门的决定。如果高级经理人员对有计划变革、发展持明确的支持态度，对变革的抵制便会少些。特别是当变革涉及组织中多个部门时，高层管理部门的支持对于克服来自于各部门的阻力就显得尤为重要。

研讨与质疑

你认为上述列出的7种减少和排除组织变革阻力的方法是否全面？你还能补充哪些方面的内容？

5.4.4 组织变革的趋势

1. 扁平化组织趋势

随着信息技术和知识经济的发展，组织扁平化的趋势也日益明显。组织的扁平化，意味着管理层次的减少和管理幅度的增加，结构形态从金字塔型向圆筒型转化。组织的扁平化也意味着管理者向员工的授权，让第一线的团队和员工获得更大的权力去承担更大的责任，在管理层与员工间建立新型的关系。

拓展知识

各大公司内部组织的扁平化

自20世纪90年代以来，英国电讯公司的管理层次由12层减为6层，1992—1993年，公司解雇了900名高级管理人员和500名中级管理人员，1994年又宣布裁减35名年薪在5～10万英镑的高级主管。美国公司在 90 年代上半期已将其中管理阶层削减了 1/3。日本本田公司废除了属于中间阶层的"科级"组织。德国大众汽车制造公司 1992—1995 年取消了过去分为 6 级的管理层次，并且管理人员也由 1 000 人减少到 800 人。为"加强公司的根基"，西方公司的总部正在收缩。发工资、法律事务等工作正在尽力甩给日益完善的社会服务业。美国的帕尔公司在世界各地有 6 000 名雇员，销售额高达 7 亿美元，但总部却只有约 50 名雇员，公司规模正在向精干的方向调整。

2. 团队化组织趋势

团队是由技能互补的成员组成的群体，团队的成员致力于共同的宗旨、绩效目标和通用方法，并且共同承担责任。

团队建设是现代企业组织建设的重要内容，团队建设的核心在于培养团队精神。团队精神是从团队的根本利益出发，坚持整体利益高于一切。团队精神的另一个含义是平等参与。组织的环境日新月异，风云动荡，如果组织的决策由一个人来承担，风险便会加大。另外，社会分工越来越细，科学技术的发展越来越快，这使重大的创新由一个人完成变得越来越难，组织成员必须具备与他人合作的能力，必须掌握团队解决问题的方法。事实表明，团队建设加大了组织的灵活性，增强了对外部环境的适应能力。

3. 网络化组织趋势

企业之间的联合兼并，以网络的形式将这些企业组成企业集团或经济联合体。原来的一些大公司为了提高竞争能力，在精简机构与人员的基础上进行组织重构，分立出一些小型的自主经营单元，这两种方式都可以形成网络型的组织。在网络化组织中，成员单位之间存在是以资本为纽带进行联系的，包含产权转移、人员流动和商品买卖关系在内的全方位的市场关系。每个成员单位都可以以实体或虚拟形式进行资源互补和优化组合，提高竞争力。在这个组织中，信息、产品和人员的互动模式是由需求而不是严格的计划所确定的，某些模式会持续存在，另一些则会迅速变动。

职业能力训练

知识测试

1. 简述组织职能的具体内容和功能。
2. 简述组织职能的程序。
3. 简述组织设计的任务。
4. 简述组织设计的原则。
5. 简述影响组织设计的因素。
6. 简述集权与分权的关系。
7. 简述组织结构的基本形式。
8. 简述员工选聘的途径。
9. 简答员工选聘的基本程序。
10. 简述管理人员培训的方法。
11. 简述组织变革的过程和程序。

学生小论坛

1. 早期管理学家使用哪5种方式进行部门划分？试对每种划分方法的优缺点给予简要评论。
2. 调查当地一家公司的人员招聘途径和程序，你认为存在哪些问题需要改进？
3. 列出你所了解的3个组织(其中至少有一个制造型组织和一个服务型组织)，说出它们面临什么样的重大的内部和外部变革？
4. 探讨企业领导者如何面对变革的阻力和压力问题？

技能训练

实训项目一 设计组织结构

1. 实训目标

掌握组织结构的类型及其特点。

2. 实训内容

把学生分为若干个小组，每组5～8人，要求每组创办一家模拟公司，结合所学组织结构内容，构建公司组织框架，并制定组织目标和相关行动方案。以实训报告的形式上交，教师在课内组织讨论，并评价各自优劣。

3. 实训效果

(1) 每个学生都要提供一份企业组织结构建设的简要报告。
(2) 教师依据学生的表现和报告评定分数。

实训项目二 模拟招聘会

1. 实训目标

通过模拟招聘会的开展，使学生了解企业招聘的基本流程，为以后求职面试打下良好基础。

2. 实训内容

(1) 从班级中择优选出4名学生，和老师一起组成评审团(模拟企业招聘人员)。
(2) 给出3个工作职位(比如：办公室文员、市场营销员、酒店服务人员)，学生课下准备(包括服装等方面)。
(3) 正式模拟
① 学生自我介绍。
② 评审组对每位参加面试的学生进行提问(2～3个问题)。
③ 最后确定录取人员名单。

3. 实训效果

(1) 每名同学写出一份500字的感想。
(2) 组织学生进行交流讨论。
(3) 结合以上两项成绩，给出每位成员该项实训课成绩。

实训项目三　天体航空公司的组织结构变革分析

1. 实训目的

(1) 说明如何管理组织中变革的力量和稳定的力量。

(2) 说明当变革的力量与稳定的力量相当时，采用不同变革策略的效果。

2. 实训内容和要求

(1) 分成5～7人的小组充当咨询人员。

(2) 每一小组应该区分公司中变革的动力和变革的阻力。

(3) 每一小组应形成一套战略用于处理变革的阻力并运用这些战略。

(4) 召集全班，听取每一小组的建议及解释。

(5) 每一小组陈述完毕后，其他小组应该针对陈述小组的建议提出问题并进行探讨。

天体航空公司的组织结构变革

天体航空公司的营销部门在过去7年里已经经历了两次重大的重组。最初，组织结构从职能式转换为矩阵式。但即使是这样，职能经理也不满意，而且也没有带来组织绩效的提高。经理抱怨这种结构使职权与责任关系混淆不清。针对这些抱怨，高层管理又回到了职能式，但保留了项目经理负责的、由少数几个一般员工组成的市场和项目小组，但是没有职能专家被分配到这些小组中。这样变革之后，新的问题又接踵而来。项目经理抱怨，他们根本不能从职能人员那儿获得必要的支持，这不但要花费更多的时间去获取支持，而且在建立与职能人员的稳定关系方面也出现了问题。因为这些问题影响到对顾客的服务质量，项目经理要求在组织结构方面进行一次变革。面对来自项目经理的抱怨和要求，高层管理正在酝酿针对这一部门的又一次重组。他们就重组计划——这一计划将提高组织结构的稳定性，阐述主要问题，帮助组织实现其战略目标——向外部咨询人员寻求帮助。

3. 标准与评估

1) 标准

能从组织变革的内外部因素以及变革的阻力等方面进行分析，并且能够提出有价值的意见或建议。

2) 评估

教师根据学生的任务完成情况进行考核与评价，给出实训成绩。

第6章　领导职能(上)

学习目标

知识目标

(1) 了解领导的含义、作用及领导手段。
(2) 掌握领导与管理的联系和区别。
(3) 掌握有关领导理论知识，如领导特质理论、行为理论、权变理论和现代最新领导理论等。
(4) 明确领导权力的来源。
(5) 了解授权的含义、原则和意义等。

技能目标

(1) 掌握运用领导理论解决管理问题的方法。
(2) 培养提高自身权威和有效运用权力的能力。

本章知识结构图

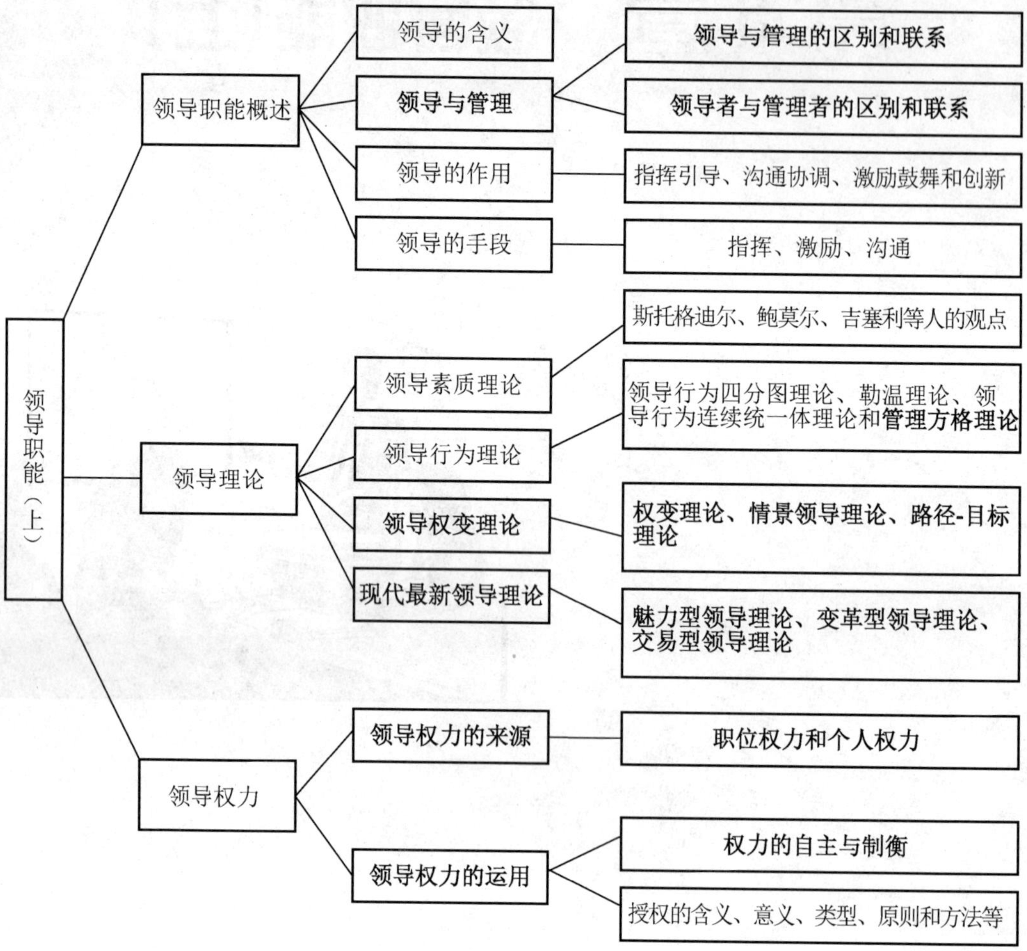

注：加粗字体表示本章的重点内容。

阅读小品

泰德·特纳的成功

“要么领导，要么服从，别无它途。”这是著名的美国媒介大亨、美国有线电视新闻网CNN(Cable News Network)的创始人泰德·特纳(TedTurner)的座右铭。显然，在领导和服从之间，特纳选择了领导。由此可见，领导对于一个人，特别是一个成功者的重要性。正是特纳的选择，使得他在一次又一次的大胆冒险中，领导他的公司创立了巨大的新闻帝国。

1963年，泰德·特纳24岁时，中止了在布朗大学的学业，开始了他作为领导的第一步——经营家中濒临倒闭的广告牌企业。由于他卓越的领导才能，仅短短几年，特纳就使企业有了明显的转机。在以后的企业经营活动中，他不断出击，充分展示了其领导才能。首先，他购买了亚特兰大的一家独立的小型电视台，并自负地为其取名为“超级电视台”，将其经营得有声有色。一年之后，他又买下了亚特兰大的勇敢者棒球队，当时这是一支屡战屡败的球队，但这与他的电视台互相配合，互相支持。他自己的电视台除了重播那些早已过时的影片之外，还有了一些可以实况播出的体育内容。并且，他把最新的卫星转播技术与尚未开发的有线电视市场相结合，不但使超级电视台获得了极大的成功，而且勇敢者棒球队也于1992年跻身于世界强手之列。

1981年，特纳以其敏锐的目光认定24小时新闻直播必有市场，尽管当时没有一个人赞同此看法，他还是倾其全部财力创立了著名的美国有线电视新闻网(CNN)。在CNN的经营中，特纳获得了令人难以置信的效益，并且由于对1991年海湾战争的报道，更是赢得了无数的赞誉。1986年，泰德·特纳又一次投赌，买下了联合艺术家电影图书馆。与以往一样，批评家们都认为他是个傻瓜，但他再次证明了那些批评家的错误，并且特纳的有线电视台也因为上演经典影片而获得了巨大的成功。

泰德·特纳以其出类拔萃的领导才能，以及发现别人看不到的机遇和大胆追求成功的能力，使他明显区别于一般的企业经理。他的领导才能还在1979年的美国世界杯赛场上得到了展示，并在1993年1月的《时代》周刊被授予“年度先生”的美誉。

领导作为管理的重要组成部分，是一个会影响到许多人的过程，它在组织活动中对达成组织目标和发挥成员作用都具有非常重要的意义。本项目将对什么是领导，领导的理论，以及领导权力等相关问题进行论述。

6.1 领导职能概述

管理情景

黄炳买饭

南宋嘉熙年间，江西一带山民叛乱，时任吉州万安县令的黄炳听闻此事，立刻调集大批人马，严加守备。一天黎明前，探马来报，叛军即将杀到。

黄炳立即派巡尉率兵迎敌。巡尉问到：“士兵还没有吃饭如何迎战？”黄炳胸有成竹地说：“你率兵尽管出发，早饭随后送到。”黄炳并未开“空头支票”，他立刻带上差役，抬着竹箩木桶，沿着街市挨家挨户叫道：“知县老爷买饭来啦!”当时城内居民正在做早饭，听说县令老爷亲自来买饭，都纷纷将自家做好的饭端出来。黄炳命人付足饭钱，将热气腾腾的早饭装进木桶就走。这样一来，士兵既吃饱了肚子，又没有耽误行军，还打了一个大胜仗，最终平息了叛军。黄炳并没有亲自捋袖做饭，也没有兴师动众，劳民伤财，他只是借助别人的人，烧自己的饭。县令买饭之举，看来平淡无奇，甚至有些荒唐，但却收到了很好的效果。

【讨论】

1. 这个案例中蕴涵了怎样的管理理念？

2. 黄炳是一名合格的领导者吗？为什么？

理论研习

领导是管理职能中的一项非常重要的职能，是连接管理职能计划、组织、控制的纽带。在现实生活中，领导的职能贯穿于管理工作的各个方面，如何有效地实施领导，是现代管理者必须要掌握的一项基本技能。

6.1.1 领导的含义

领导是指领导者依靠影响力，指挥、引导和鼓励被领导者或追随者，实现组织目标的活动或过程。从其定义中可以看出，领导的实质性含义包括了以下几个方面的内容。

(1) 领导是一种活动或过程。领导是引导人们的行为过程，是领导者带领、引导和鼓舞部下去完成工作、实现目标的过程。

(2) 领导的基础是领导的影响力。领导者必须有被领导者或追随者，领导者必须要拥有影响追随者的能力。

(3) 领导活动是目标导向的。任何领导活动都有目标，没有目标就会迷失方向，领导具有很强的目的性。领导者不仅要鼓励组织成员自觉地以满腔热忱来工作，还要鼓励他们为实现组织目标而努力。

研讨与质疑

想一想：“士为知己者死”说明了有效领导中的什么问题？

6.1.2 领导与管理

在现实生活中，人们往往容易把“领导”和“管理”作为同义语来使用，似乎领导者就是管理者，领导活动就是管理活动。其实，从上文定义中可以看出，“领导”和“管理”有所区别。

1. 领导和管理的联系和区别

1) 联系

从行为方式上看，领导和管理都是在组织内部通过影响他人的协调活动，实现组织目标的过程；从权力的构成看，两者都与组织层级的岗位设置有关。

2) 区别

领导和管理的区别体现在以下方面。

(1) 作用基础：管理是建立在职位权力的基础上对下属的行为进行指挥的过程，下属必须服从管理者的命令；而领导侧重的是在个人影响力和专长权以及模范作用的基础上去影响追随者的行为，通过对下属施加影响，使下属自觉地为实现组织目标而努力工作。

(2) 层次：领导具有战略性、较强的综合性，贯穿在管理的各个阶段，而管理则注重于微观问题和细节问题。

(3) 对象：管理的对象主要是事，虽然也包括人，但多为物、财、信息及管理系统，通过制定各种规章制度、作业手册等来保证管理对象的正常运转；而领导的对象主要是人及其组织，它是通过调动下属的热情和积极性，激发下属的潜在需求和情感，实现组织的目标。

(4) 功能：管理的主要功能是解决组织运行的效率；而领导的主要功能是解决组织活动的效果。效率涉及活动的方式，效果则侧重的是活动的结果。

【管理漫画】

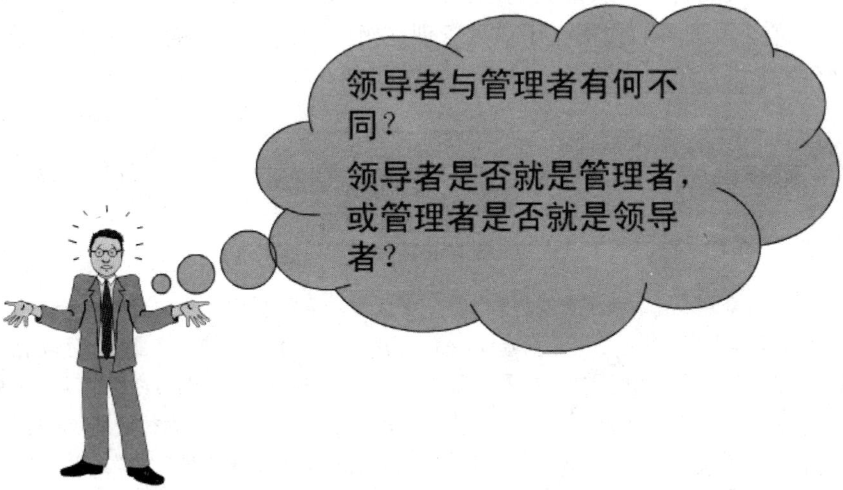

2. 领导者和管理者的联系和区别

根据不同的标准和价值判断，对领导者的定义可以有不同的理解。从狭义上来说，领导者是指能够影响他人并拥有管理权力实现领导活动过程的人；从广义上来讲，领导者是指履行一定权力、职责、义务的领导个人或集体。

领导者不同于管理者，领导者需要真正起到“领而导之”的作用，管理者就是要管得住、理得清。领导者与管理者既相互联系又相互区别(图 6.1)。

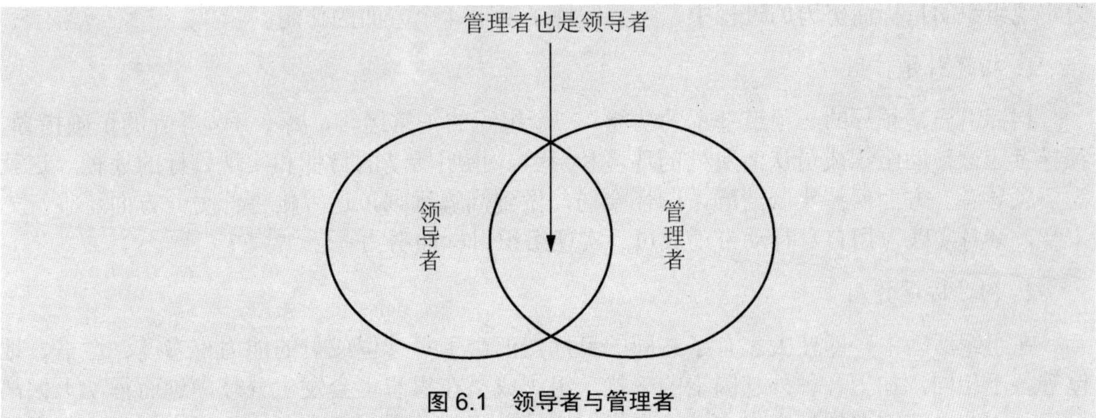

图 6.1 领导者与管理者

1) 联系

就组织中的个人而言，可能既是管理者，又是领导者；也可能只是领导者，而不是管理者；也可能只是管理者，而不是真正的领导者。一位优秀的管理者不一定是一位优秀的领导者。管理者应当要致力于成为领导者，虽然通过周密的计划、严密的组织及严格的控制也能取得一定的成效，但管理者如果加上有效的领导成分，则收效会更显著。

2) 区别

(1) 从管理者与领导者的关系看，管理者是由组织任命的，其产生方式是自上而下的，对其下属的影响主要来自于职位赋予的正式权力；而领导者可以是任命，也可以是在群体中自发产生的，对下属的活动既可以用正式权力，也能用非正式权力来影响。

(2) 从工作重心来看，管理者的工作偏重于决策、组织和控制等方面的工作；而领导者的工作偏重于组织中人的管理，关注人的因素及人与人之间的相互关系。

(3) 从作用看，管理者的作用在于通过管理在组织中建立良好的秩序；而领导者的作用在于引导组织不断地进行创新和变革，使组织能够长期存在和发展。

拓展知识

杰克·韦尔奇谈领导与管理

通用电气的前董事长杰克·韦尔奇谈的名言是“要领导，不要管理”。韦尔奇说：“我不喜欢管理所具有的特征：控制、压抑人们，使他们处于黑暗中，将他们的时间浪费在琐事和汇报上。管理者紧盯住他们，无法使他们产生自信。”他说：“领导人，像罗斯福、丘吉尔和里根等人，他们有办法激励一些有才干的人，使他们把事情做得更好；而管理者呢，总是在复杂事务的细节上打转，这些人往往把‘进行管理’和‘把事业弄得复杂’视为同义。他们往往试图去控制和压抑，把大量的时间和精力浪费在琐碎的细节上。”把重心由管理转移到领导上，这种方法常常会引起人们的疑虑，认为这样会导致失控，让企业陷入困境。对此，韦尔奇充满自信，他说：“人们常常问我，‘难道你不怕失控吗？你将无法衡量事情的好坏!’我想，对于这样的环境，我们是不可能失去控制的。100 多年来，通用电气已经具有许多衡量事务的准则，这些准则早已融入了我们每个人的血液。你说我们会失控吗？”

6.1.3 领导的作用

领导活动影响着管理的水平和经济的效益，领导者在指挥、引导、鼓励和影响组织成员为实现组织的目标而努力的过程中，主要发挥了以下 4 个方面的作用。

1. 指挥引导作用

指挥引导是领导的一项最基本的功能。一个组织的正常运转，离不开领导者的正确指导，领导者应该帮助组织成员认清所处的环境和形势，指明活动的目标和实现目标的途径。这就需要领导者一方面保持头脑清醒，胸怀全局，做到高瞻远瞩，运筹帷幄；另一方面还须身先士卒，亲身实践，用自身行动带动成员为实现组织目标而努力。

2. 沟通协调作用

在组织活动中，即使大家有了共同的目标，但由于每一位成员的能力、态度、性格、地位等各不相同，加上各种外部因素的干扰，组织成员在思想上会发生分歧，进而行动上偏离目标。因此，就需要领导者来沟通协调组织成员之间的关系，把大家团结起来，朝着共同目标前进。

3. 激励鼓舞作用

当一个人的生活、学习和工作遇到困难、挫折或不幸，或者组织遭遇各种困境，或者个人目标与组织目标不一致时，就必然会影响到他的工作积极性。这时就需要通情达理、关心员工的领导者去激发和鼓舞组织成员的工作热情，使他们能够保持高昂的积极性为组织工作。

4. 创新作用

组织长久发展的动力源于创新，组织的发展在很大程度上取决于领导者独特的创新精神。他们同时也是组织创新精神的培育者和组织者，领导者的创新意识会极大程度地影响和激发员工在工作中的创新，在组织中形成创新的良好氛围。

研讨与质疑

"兵熊熊一个，将熊熊一窝"，这句话说明了什么道理？

6.1.4 领导的手段

领导作为一种影响力，其施加作用的方式或手段主要有指挥、激励、沟通，见表 6-1。

表 6-1　领导手段

手段	含义	具体形式	特点	作用
指挥	是指管理者凭借权威，直接命令或指导下属行事的行为	部署、命令、指示、要求、指导、帮助	强制性、直接性、时效性	是管理者最经常使用的领导手段
激励	是指管理者通过作用于下属心理来激发其动机、推动其行为的过程	能够满足人的需要，特别是心理需要的种种手段	自觉自愿性、间接性和作用持久性	是管理者调动下属积极性，增强群体凝聚力的基本途径
沟通	是指管理者为有效推进工作而交换信息，交流情感，协调关系的过程	信息的传输、交换与反馈，人际交往与关系融通，说服与促进态度(行为)的改变等	双向性、理解性	是管理者保证管理系统有效运行，提高整体效应的经常性职能

6.2 领导理论

管理情景

3 个领导，3 种风格

刚刚大学毕业的林晓君通过学校推荐来到电力集团总公司下属的第一分公司，给张总经理当秘书。张总经理可谓日理万机，凡是公司大小事情都必须要向他汇报，得到他的指示才能行事。尽管如此林晓君感到工作还是比较轻松。因为任何事情她只需交给总经理，再把总经理的答复转给相关负责人，就算完成任务了。可是好景不长，张总经理每日太过奔波劳碌，终于病倒了。

新上任了李总经理开始对林晓君每日无论大小事宜都要请示提出了批评，让她慢慢学会分清轻重缓急，有些事情可以直接转给其他副总处理。这样，李总经理每日有更多的时间去考虑公司的长远目标，确立公司发展方向，然后在高层领导者之间召开会议，进行研讨。自李总经理上任以来，公司出台了新的发展战略、市场定位及公司内部的规章制度。公司业绩也在短期内有了很大的提高。同时，林晓君也很忙碌，有时需要跑很多的部门去协调每一件工作，让她觉得学到了很多东西，也充实了不少。因为业绩突出，一年后，李总经理就被调到总公司去了。

之后又来了吴总经理。相对于张总经理的事必躬亲以及李总经理的有张有弛，吴总经理就要随意得多了。他到任之后，先是了解了公司的总体情况，感到非常满意，就对下面的经理说："公司目前的运营一切顺利。我看大家都做得比较到位，总经理嘛，关键时刻把把关就行了，不是很重要的事情你们就自己处理。"这样一来，林晓君享受到了工作以来从没有过的轻松，因为一周也没有几件事情要找总经理。

林晓君现在有时间了，她对比这 3 个领导，真是各有各的特点。

【讨论】

1. 你认为 3 个领导各自有着怎样的风格？

2. 你认为哪个领导的领导风格更可取？

理论研习

领导理论就是关于领导的有效性的理论。为了有效解决领导的问题，必须研究领导理论。西方许多管理学家和心理学家进行了长期的调查和研究，已经形成了一个完善的、成熟的理论体系。本模块主要介绍领导素质理论、领导行为理论、领导权变理论和现代最新领导理论。

6.2.1 领导素质理论

领导素质理论主要研究的是领导者的个人素质对领导成败的影响，也称为领导特质理论，是指从领导者的性格、生理、智力及社会因素等方面寻找领导者特有的品质或应有的品质的理论。领导素质理论具有代表性的观点主要有以下几点。

1. 拉尔夫·斯托格迪尔的观点

拉尔夫·斯托格迪尔(Ralph Stogdill)等人将领导者素质分成了 6 个方面共 42 项。

(1) 5 种体质特征。包括精力、外貌、身高、年龄、体重。

(2) 4 种智力特征。包括判断分析能力、运用语言的能力、果断性、知识渊博。

(3) 16 种个性特征。包括适应性、进取心、热情、自信、独立性、外向、机警、支配力、决断力、急性、慢性、见解独到、情绪稳定、作风民主、不随波逐流、智慧。

(4) 6 种与工作有关的特征。包括责任感、事业心、毅力、首创性、坚持、对人的关心。

(5) 9 种社交特征。包括能力、合作、声誉、人际关系、老练程度、正直、诚实、权力的需要、与人共事的技巧。

(6) 2 种社会性特征。包括社会经济地位、学历。

2. 鲍莫尔的观点

美国普林斯顿大学的鲍莫尔(W.L.Baumol)从满足实际工作的需要和胜任领导工作的要求方面研究领导者应具有的能力，提出了作为一位领导者应具备的 10 个条件：合作精神、决策能力、组织能力、精于授权、善于应变、敢于求新、勇于负责、敢担风险、尊重他人和品德高尚。

3. 吉塞利的观点

美国心理学家吉塞利(E.Ghiselli)在其《管理才能探索》一书中提出了领导者的8种个性特征和5种激励特征，具体包括以下2点。

(1) 个性特征——才智、主动性、督察能力、自信、为员工所亲近、决断能力、性别、成熟程度。

(2) 激励特征——对工作稳定、对金钱奖励、对指挥权利、对自我实现和对职业成就的需求。

4. 美国管理学会的观点

美国管理学会对4 000名成功的管理人员中的1 800名进行了专项研究，提出了成功的领导者应该具备以下特征。

(1) 企业家的特征。工作高效，积极进取。

(2) 才智方面的特征。逻辑思维能力强，较强的分析和判断能力。

(3) 人事关系方面的特征。有自信心，善于调动别人的积极性，善于关心并积极影响别人，能实行集体领导等。

(4) 心理成熟的个性特征。能客观地听取意见，能独立做出决策，并能依靠他人弥补自身不足。

(5) 知识智力方面的特征。具备与自身管理层次相适应的各项知识技能。

管理小故事

优秀领导素质造就成功领导者

华裔计算机名人王安博士声称，影响他一生的最大教训是发生在他6岁的时候。

儿时的一天，王安外出玩耍，经过一棵大树的时候，一个鸟巢突然掉在他的旁边，从里面滚出一个嗷嗷待哺的小鸟。王安决定将它带回去喂养，于是连同鸟巢一起带回了家。快到家门时，他忽然想到妈妈不允许在家中养小动物。他只好轻轻地将小鸟放在门口，跑进屋内请求妈妈的允许。

在几番哀求下，妈妈最后答应了儿子的请求。王安兴奋地跑到了门口，不料，鸟巢已经打翻在地，小鸟也不知去向。一只黑猫正在意犹未尽地舔着嘴巴。王安为此伤心了很久。

管理启示：只要是自己认为对的事情，就应该充满信心，毫不犹豫地付诸行动。没有自信心的人，固然没有做错事的机会，但同时也错失了获得成功的机遇。

领导素质理论研究表明，领导者的才智、广泛的社会兴趣、强烈的成就欲以及对员工的关心和尊重等，确实与领导者的有效性有很大关系。但它在解释领导行为方面却有很大的局限性。主要原因是：第一，它忽视了下属的需要；第二，它没有指明各种素质之间的相对重要性；第三，它没有对因与果进行区分(例如，到底是领导者的自信导致了成功，还是领导者的成功建立了自信)；第四，忽视了情景因素。这些方面的欠缺使得研究者的注意力转向了领导理论的其他方面。

6.2.2　领导行为理论

领导行为理论着重研究和分析领导者在工作过程中的行为表现及其对下属的影响，以期寻求最佳的领导行为。其中影响较大的是领导行为四分图理论、勒温理论、领导行为连续统一体理论和管理方格理论。

1. 领导行为四分图理论

研究领导行为的早期学者是美国俄亥俄州立大学的斯托格迪尔(Stogdill)教授和他的同事。他们对大型组织的领导行为做了大量的深入研究，最终将领导行为的内容归纳为两个方面：关心人和关心组织。由于每一方面都有高低之分，因而两方面联系起来便构成 4 种情况，即领导行为四分图理论，如图 6.2 所示。

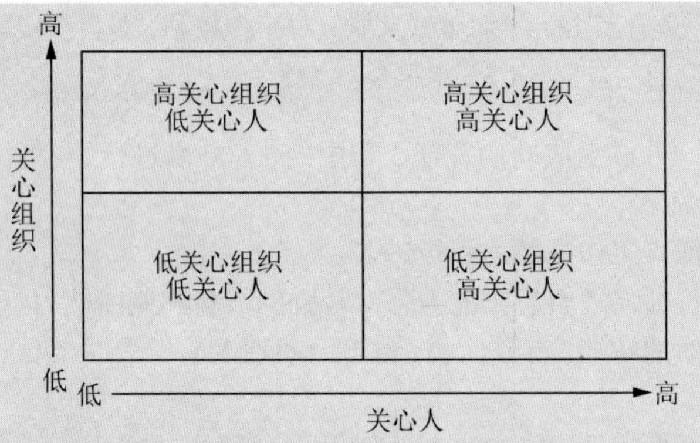

图 6.2　领导行为四分图理论

根据这样的分类，可以把领导行为分为 4 种方式。

(1) 高关心组织—低关心人。

(2) 高关心组织—高关心人。

(3) 低关心组织—低关心人。

(4) 低关心组织—高关心人。

【管理漫画】

◎只要处处以情为先，员工自然会回报以真情。情之所至，便无难事。

四分图理论尝试从两个角度考察领导者的行为方式，为研究领导行为指出了一个新途径。从图中可以看出，关心组织与关心人这两种领导方式不应该是相互矛盾、相互排斥的，而应该是相互联系的。一个领导者只有把两者相互结合起来，才能进行有效的领导。

2. 勒温理论

心理学家勒温(P.Lewin)经过长期的研究，提出了领导作风理论。他以权力定位为基本变量，通过试验研究，把领导者在领导工作中表现出来的极端行为分为 3 种基本类型：专制型领导、民主型领导和放任型领导。

1) 专制型领导

专制型的领导作风是权力完全集中在领导者个人手中，以权力服人，凭借权力和强制命令让人服从的领导作风。

【管理漫画】

◎凶猛的“鲨鱼式”管理，让人觉得不寒而栗，自然不会受员工欢迎。

2) 民主型领导

这种领导作风是把权力定位于群体，以理服人、以身作则的领导作风。

【管理漫画】

◎海豚式的领导者，总会给人留下和善、虚心、积极、热情、温文尔雅的印象，真是太酷了。

3) 放任型领导

这种领导作风的特点是权力定位于组织每个成员手中，工作事先无布置，事后也无检查，一切悉听尊便，毫无规章制度。

比较 3 种领导方式的优劣，大部分人会认同民主型领导，但从实际情况来看，无论哪种领导方式，在不同的环境条件下都有过成功的案例。例如，遇到危急情况，处事方法、原则和程序不能有违；或发生内部矛盾，用民主方法不能解决时，采用专制型领导也许更有成效。因此，不能简单地说哪种领导作风更有效。问题在于如何根据具体情况，选择合适的领导方式。

拓展知识

关于 3 种领导作风的实验

关于 3 种领导作风哪种优越，美国学者做了这样一项实验。他们将一群儿童分成 3 组从事堆雪人活动，各组组长被事先分别训练成了专制型、民主型和放任型领导。实验结果表明，放任型领导所在的第一小组工作效果最差，雪人的数量和质量都不如另外两组。专制型领导所在的第二小组堆的雪人数量最多，工作效率最高，但质量不如民主型领导那组。民主型领导所在的第三小组，由于儿童们都能积极主动发表意见，显示出了很高的工作热情和创造性思维，加上组长的引导、协助和激励，结果堆出的雪人质量最高，但工作效率却不及第二组，因为小组成员在讨论如何堆出最好看的雪人时，花了大量的时间才达到一致意见。学者们从这个实验中得出结论，认为专制型领导和民主型领导是利弊并存的，而放任型领导在通常情况下往往是弊多利少的，要慎重采用。

(资料来源：三峡大学政法学院《管理学》精品课程)

3. 领导行为连续统一体理论

该理论是美国组织行为学家坦南鲍姆(Robert Tannenbaum)和施密特(Warren H.Schmidt)于 1958 年在《怎样选择领导方式》一文中提出来的。他们认为，领导行为是多种多样的，从专制型到放任型，存在着多种过渡形式，如图 6.3 所示。

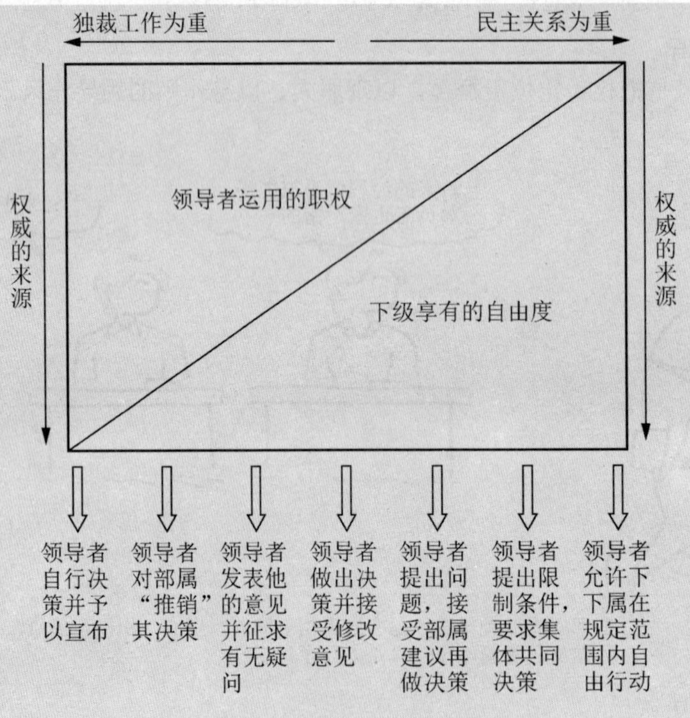

图 6.3 领导行为连续统一体

图 6.3 的两端分别是民主和独裁的领导行为。从左到右，领导者运用职权逐渐减少，而下级的自由度却逐渐加大，从以工作为主逐渐转变为以关系为主。随着领导者授权度及决策方式的不同，就形成了一系列的领导方式，构成了一个连续模型。

坦南鲍姆和施密特认为，不能说哪种领导方式是正确的，哪种领导方式是错误的，应该综合考虑领导者、被领导者和环境 3 个方面的因素，有针对性地选择适当的领导方式。

4. 管理方格理论

管理方格理论是由美国德克萨斯大学的行为科学家罗伯特·布莱克(Robert R.Blake)和简·莫顿(Jane S.Mouton)在1964年出版的《管理方格》一书中提出来的。他们根据关心工作和关心人两个维度构建了关于领导行为类型的管理方格，由于每一维度都分成9个等级，理论上就形成了81种领导方式，如图6.4所示。

但是，布莱克和莫顿认为管理方格中只存在5种典型的领导风格。

(1) 1-1式：贫乏型领导。领导者既不关心工作，也不关心人，是一种放任式管理。

(2) 9-1式：任务型领导。领导者只关心工作，注重工作效率，而不关心人的因素。

(3) 1-9式：乡村俱乐部型领导。领导者只关心人而不关心工作。

(4) 9-9式：团队型领导。领导者既高度关心人，也高度关心工作，是一种最理想的状态。

(5) 5-5式：中间型领导。领导者对工作和人都同样程度的关心，努力保持两者的和谐与平衡。

从上述不同风格的分析中，显然可以得出这样的结论：作为领导者，既要发扬民主，又要善于集中；既要关心企业生产，还要关心员工的正当利益。只有这样，才能使领导工作卓有成效。

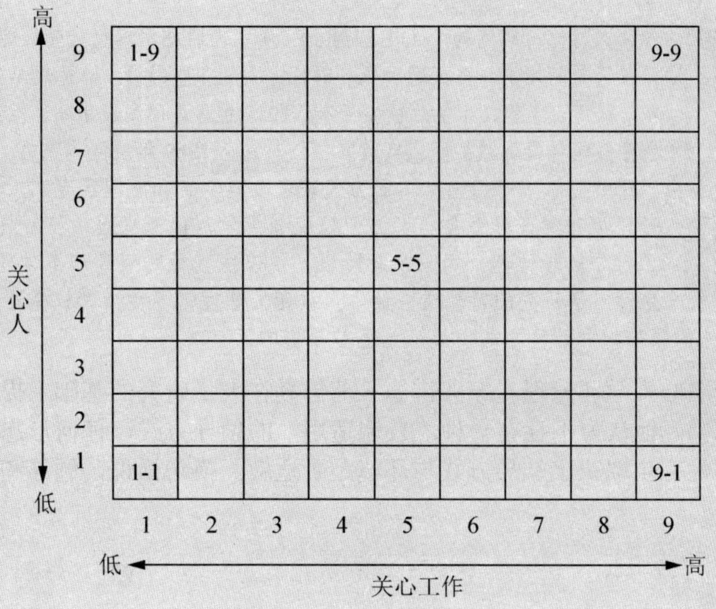

图6.4 管理方格图

研讨与质疑

某公司总经理老王行伍出身，注重强化规章制度和完善组织结构。尽管有些技术人员反映老王的做法过于生硬，但几年下来，企业还是得到了快速的发展。根据管理方格理论，你认为老王的作风最接近哪种类型？

6.2.3 领导权变理论

领导权变理论是在领导素质理论与行为领导理论的基础上发展起来的，它关注的是领导者和被领导者、环境因素之间的关系。权变理论认为，领导是在一定的环境条件下通过与被领导者的相互作用来实现组织目标的动态过程。领导行为的有效性随着被领导者的特点和环境的变化而变化，为此，也被称为情境理论。其基本关系可以用下式表示。

$$E=f(L、F、S)$$

式中：E——领导的有效性；

L——领导者特征；

F——被领导者特征；

S——环境，f表示函数关系。

比较有代表性的权变理论如下。

1. 菲德勒的权变理论

拓展知识

弗雷德·菲德勒简介

弗雷德·菲德勒(Fred E.Fiedler)，美国西雅图华盛顿大学心理学与管理学教授，兼任荷兰阿姆斯特丹大学和比利时卢万大学客座教授。菲德勒早年就读于芝加哥大学，获博士学位；毕业后留校任教。1951年移居伊利诺伊州，担任伊利诺伊大学心理学教授和群体效能研究实验室主任，直至1969年前往华盛顿。

弗雷德·菲德勒是美国当代著名心理学家和管理学专家。他于1951年起从管理学和实证环境分析两方面研究领导学，他所提出的“权变领导理论”开创了西方领导学理论的一个新阶段，使以往盛行的领导形态学理论研究转向了领导动态学研究的新轨道。他本人被西方管理学界称为“权变管理的创始人”。菲德勒的理论对后来的领导学和管理学的发展产生了重要影响。

美国当代著名心理学和管理专家弗雷德·菲德勒在大量研究的基础上提出了有效领导的权变理论(1951年)。他认为不存在一种“普遍适用”的领导方式，任何形态的领导方式都可能有效，其有效性完全取决于领导方式与环境是否适应。换句话说，领导和领导者是某种既定环境的产物。

1) 权变理论的主要内容

(1) 领导者类型。

菲德勒通过一种被称为“最不喜欢的同事”(LPC，Least Preffered Co-worker)的问卷来把领导方式分为：任务导向型和关系导向型。

拓展知识

菲德勒的LPC问卷

弗雷德·菲德勒为了测定一个人的领导方式设计了一种叫做“最不喜欢同事评价问卷”(Least Preferred Co-worker Questionnaire)。这一问卷由16组对应形容词构成。接受调查者在填表前，先回想一下与自己共过事的所有同事，并找出一个你最不喜欢的同事(这个同事的姓名不必告诉调查人)，然后在16组形容词中，每个词汇都要按从1(最消极)到8(最积极)的等级，对这个你最不喜欢的同事进行评估，给出1～8分的分值。如果偏向于积极评价，被调查人显然乐于与同事形成良好的人际关系，属于关系取向型的领导风格；相反，如果偏向于消极评价，则被调查人可能更关注生产，属于任务取向型的领导风格。

快乐	——	8 7 6 5 4 3 2 1	——	不快乐
友善	——	8 7 6 5 4 3 2 1	——	不友善
拒绝	——	1 2 3 4 5 6 7 8	——	接纳
有益	——	8 7 6 5 4 3 2 1	——	无益
不热情	——	1 2 3 4 5 6 7 8	——	热情
紧张	——	1 2 3 4 5 6 7 8	——	轻松
疏远	——	1 2 3 4 5 6 7 8	——	亲密
冷漠	——	1 2 3 4 5 6 7 8	——	热心
合作	——	8 7 6 5 4 3 2 1	——	不合作
助人	——	8 7 6 5 4 3 2 1	——	敌意
无聊	——	1 2 3 4 5 6 7 8	——	有趣
好争	——	1 2 3 4 5 6 7 8	——	融洽
自信	——	8 7 6 5 4 3 2 1	——	犹豫
高效	——	8 7 6 5 4 3 2 1	——	低效
郁闷	——	1 2 3 4 5 6 7 8	——	开朗
开放	——	8 7 6 5 4 3 2 1	——	防备

按照LPC问卷的调查，16个问题的得分相加取平均值，如果得分在1.2～2.2之间，领导人为任务导向型；如果得分在4.1～5.7之间，领导人为关系导向型(因为所评价的对象是最不喜欢的同事，所以在实际操作中没有出现5.7以上的高分)；如果得分在2.3～4.0，领导人处于中间状态。

(2) 环境因素。

菲德勒认为，影响领导有效性的环境因素主要有以下3个。

① 上下级关系。是指领导者受到下级支持、尊敬和信任的程度，程度越高，领导者的权力和影响力越大。

② 任务结构。是指下级所从事的工作或任务的明确程度。当工作或任务结构严谨时，领导情景最为有利。

③ 职位权力。它指领导者所处的职位具有的权威和权力的强弱。职位权力越高的领导者比职位权力越低的领导者更容易得到下级的遵从。

(3) 菲德勒将3种环境因素组合成8种情况，见表6-2。他认为领导者的行为方式应与环境类型相适应才能获得满意的效果。一般来说，在对领导者最有利和最不利的情况下采用任务导向效果更好，而在领导者中等有利的情况下采用关系导向效果较好。

表6-2　菲德勒模型

情景类型	1	2	3	4	5	6	7	8
上下级关系	好				不好			
任务结构	明确		不明确		明确		不明确	
职位权力	强	弱	强	弱	强	弱	强	弱
环境	有利			中等有利		不利		
有效的领导方式	任务导向			关系导向		任务导向		

2) 对菲德勒模型的评价

(1) 该理论将复杂的环境因素集中概括为上下级关系、任务结构和职位权力 3 项，从而为领导者指明了改善环境条件的明确方向。

(2) 该理论具体分析了这 3 种因素组合的多种环境条件，为领导者指明了不同情况下应采用的领导方式。

(3) 该理论为选拔领导人提供了有益的参考。

2. 赫塞与布兰查德的情境领导理论

情境领导理论又称为领导生命周期理论。它是由美国行为学大师保罗·赫塞(Paul Hersey)和肯尼斯·布兰查德(Kenneth Blanchard)提出来的。赫塞和布兰查德认为，领导的有效性取决于工作行为(指领导者和下属为完成任务而形成的交往形式，代表领导者对下属完成任务的关注程度)、关系行为(指领导者给下属以帮助和支持的程度)和下属的成熟程度(指人们对自己的行为承担责任的能力和意愿的大小。包括工作成熟度和心理成熟度)，如图 6.5 所示。

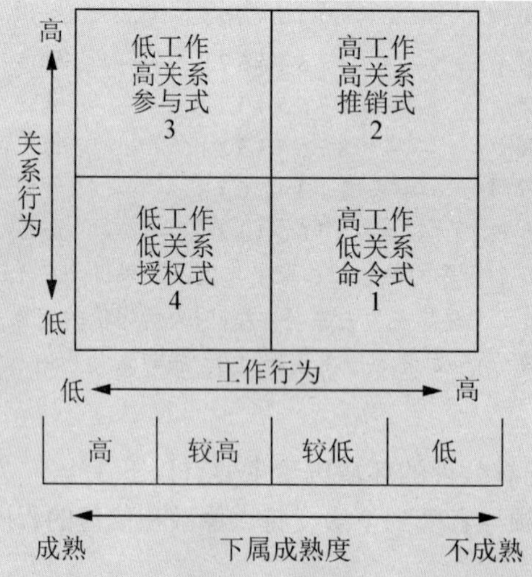

图 6.5　情境领导模型

情境领导模型横坐标代表工作行为，纵坐标代表关系行为，下方再加上一个成熟度坐标，从而把管理方格理论的人—工作两维发展成为由关系行为、工作行为和成熟度结合的三维领导理论。

1) 4 种领导方式

(1) 命令式(高工作—低关系)。

领导者对下属进行分工并具体指点应该干什么、如何干、何时干等。

(2) 推销式(高工作—高关系)。

领导者既给下属一定的指导，又注意保护和鼓励下属的积极性。

(3) 参与式(低工作—高关系)。

领导者与下属共同参与决策，领导者着重给下属以支持及其内部的协调和沟通。

(4) 授权式(低工作—低关系)。

领导者几乎不加指点，由下属独立地开展工作、完成任务。

2) 下属的成熟度

(1) 不成熟。下属缺乏接受和承担工作的能力和愿望，既不能胜任，又缺乏自觉性。

(2) 初步成熟。下属愿意去承担任务但缺乏足够的能力。

(3) 较成熟。下属具有完成任务的能力，但是缺乏足够的积极性。

(4) 成熟。下属既有能力，又愿意去承担任务。

3) 具体情境下领导方式的确定

图 6.5 概括了情境领导模型的各项要素。情境领导理论是一个重视下属的权变领导理论。赫塞和布兰查德认为，成功的领导是通过选择恰当的领导方式而实现的，选择的过程主要是根据下属的成熟度水平而定的。随着下属成熟度的不断提高，领导者可以减少对其活动的控制，还可以减少关系行为。在不成熟阶段，下属需要得到明确而具体的指导。在初步成熟阶段，领导者需要采取高工作—高关系行为。在比较成熟阶段，领导者运用支持性、非指导性的参与风格能够给下属提供强大的内在激励。在成熟阶段，领导者无须做太多的事情，因为这时的下属既愿意又有能力完成工作。

3. 路径-目标理论

加拿大多伦多大学教授罗伯特·豪斯(Robert J.House)把激发动机的期望理论和领导行为理论结合起来，提出了路径-目标理论(图 6.6)。按照该理论，领导者的工作是帮助下属达到他们的目标，并提供必要的指导和支持以确保各自的目标与群体或组织的总体目标相一致。“路径-目标”的概念来自于这种信念，即有效的领导者通过明确指明实现工作目标的途径来帮助下属，并为下属清理各项障碍和危险，从而促使目标的实现。

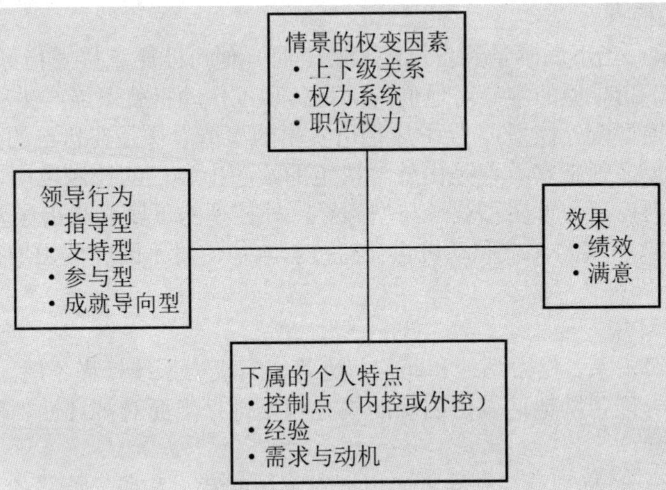

图 6.6 路径-目标理论

该理论认为，最有效的领导方式不一定是领导四分图中高关心组织和高关心人的组合，而必须考虑到环境的因素。为了达到组织目标，领导者必须采取不同类型的领导行为以适应特殊环境的客观需要。为此，路径-目标理论归纳了以下 4 种领导方式。

1) 指导型领导

领导者下达指示，明确组织成员的工作目标和方法，对下属如何完成任务给予具体的指导。

2) 支持型领导

领导者很亲切友善，关心下属的个人需求和员工福利，从各方面给予支持，但却不太关心工作环境的好坏，不太注意通过完成工作使员工产生满意感。

3) 参与型领导

领导者在做出决策时，注意与下属讨论协商，征求下属的意见和建议，并能认真对待，并尽量让下属参与决策和管理。

管理小故事

东方饭店的领导者

泰国曼谷的东方饭店曾先后 4 次被美国《国际投资者》杂志评为“世界最佳饭店”，它的巨大成功与总经理库特·瓦赫特法伊特尔是分不开的。

库特先生管理东方饭店的原则就是“大家办饭店”。他除了有一套行之有效的管理措施之外，个人的人格魅力也使他在管理这个世界级著名饭店时得心应手。虽然他是主宰东方饭店一切的最高负责人，但从不摆架子，对一般员工也显得格外和蔼可亲。任何员工有了困难或者疑难，都可以直接找他面谈解决。为了使员工为饭店效力，库特先生经常为员工开展各类活动，如生日舞会、运动会、佛教仪式等。这样一来，不仅提高了员工的积极性，也融洽了饭店内部的关系，全体员工都有了一个办好饭店的荣誉感。在东方饭店，员工除了可以享受丰厚的工资外，还能享受许多其他福利，如免费就餐、年终“红包”、医疗费用、年终休假、职业保险等，这些对于员工来说无疑是促使他们积极为饭店效力极其重要的措施。

4) 成就导向型领导

领导者通过为下属设置富有挑战性的目标和鼓励下属完成这些任务来管理他们。只要下属能完成目标，他们就有权自主决定怎么做。这种领导者强调出色的工作表现，不断制定新的工作目标，使下属经常处于被激励的状态。

从图 6.6 还可以看出，豪斯指出的权变因素有以下两个方面。

1) 下属的个人特点

(1) 下属的经验。当下属感觉到自己经验匮乏时，他可能愿意接受指导型的领导；相反，当下属经验很强时，指导型的领导对他们的满足感和工作动机就不能产生积极的影响。

(2) 控制点(内控型或外控型)。当下属把所发生的事情看作是在自己的控制之下时，则该下属是内控型的，反之他把它看作是由外界决定的，超出自己的控制范围，则该下属是外控型的。不难理解，内控型的下属喜欢参与型领导，外控型的下属喜欢指导型领导。

(3) 需求与动机。下属的需求和动机也会直接影响他们对不同类型领导行为的接受和满意程度。

2) 情景即工作环境

情景包括上下级关系、权力系统和职位权力等。当权力系统模糊不清，下属不知所措时，他们希望指导型领导能帮助他们做出明确的规定和安排；当面对常规性、例行性工作时，他们就喜欢支持型领导。

因此，按照路径-目标理论，领导者应根据对下属的特点和所处情景的分析，有针对性地选择恰当的领导方式，这样才能有效地实现组织目标。

6.2.4 现代最新领导理论

随着领导理论研究的不断深入，人们对领导的认识也在不断发展。近年来，许多学者对领导理论提出了一些新的观点和看法。

1. 魅力型领导理论

魅力型领导理论强调用个人能力的力量来影响下属的行为。魅力型领导者能够清晰地描述宏伟前景，从而有能力让下属明白他们的愿景，并愿意去效仿领导者的行为。

研究发现，魅力型领导者能表现出极大的感召力，它能促进下属的心理成长和组织的发展，尤其是在遇到危机或困境的时候，能够集聚人心，帮助组织渡过困难。同时还需要注意的是，魅力型领导者也可能降低下属的能动性，甚至缺乏道德的魅力型领导者还会给组织带来巨大的破坏，如第二次世界大战中德国纳粹的领导人希特勒。

拓展知识

乔布斯的魅力与领导力

史蒂夫·乔布斯(StevePaul Jobs)，在他20岁和沃兹(Steve Wozniak)创造苹果(Apple)电脑公司时，可能不会想到有一天苹果会成为世界上市值最高的高新科技公司，他会获得总统授予的国家级技术勋章，会登上《时代周刊》成为封面人物，会被《财富杂志》评为“全美最佳CEO”，但这一切皆成事实。不仅如此，国际青年成就组织进行的调查表明，他因“以与众不同的方式提升了人们的生活质量，使世界变得更加美好”，而成为最受青少年尊敬的企业家。无疑，乔布斯是当之无愧的魅力型领导，他巨大的个人魅力让苹果的员工甚至消费者，对他建立了极高的崇拜和忠诚。魅力归因理论认为，诸如坚毅、刚强、自信、执著、强势、果敢、精力充沛、激情四射、强烈的使命感、卓越的演说能力等领导品质和才能，都能增加归因魅力的可能性。透过乔布斯的早期生活和职业生涯不难看出，他似乎符合所有这些要素。

2. 变革型领导理论

1) 变革型领导的提出

20世纪80年代美国政治社会学家詹姆斯·麦格雷戈·伯恩斯在他的经典著作《领袖论》中提出了一种新的领导类型，称之为变革型领导。他认为变革型领导是一种领导者向员工灌输思想和价值观，并以此激励员工的过程。领导者通过让员工意识到所承担任务的重要性和责任，激发下属的高层次需要或增强下属的需要和愿望，使其超越个人利益而为组织服务。

2) 变革型领导行为的主要因素

伯纳德·巴思等人将变革型领导行为的方式概括为4个因素。

(1) 理想化影响力。是指能使他人产生信任、崇拜和跟随的一些行为。

(2) 鼓舞性激励。是指领导者向下属表达他们的高期望值，激励他们加入团队，并成为团队中共享梦想的一份子。

(3) 智力激发。指鼓励下属创新，挑战自我。

(4) 个性化关怀。是指关心每个下属，重视个人需要、能力和愿望，耐心细致地倾，以及根据每个下属的不同情况和需要区别性地培养和指导他们。

【管理漫画】

◎有时一点小小的关怀都能让下属感恩戴德，何乐而不为？

具备这些因素的领导者能够成功地激励员工超越个人利益，为了团队的伟大目标而相互合作、共同奋斗。

3. 交易型领导理论

交易型领导理论是贺兰德(Hollander)在 1978 年提出的。这种理论认为，领导行为是发生在特定情境之下，领导者和被领导者相互满足的交易过程，即领导者凭借明确的任务及角色的需求来引导和鼓励下属完成组织目标。

交易型领导的特征是强调交换，在领导者与下属之间存在着一种契约式的交易。在交换过程中，领导给下属提供报酬、实物奖励、晋升机会、荣誉等，以满足他们的需求和愿望；而下属则以服从领导的命令和指挥，完成领导交给的任务作为回报。

在管理实践中，大多数管理者都会不同程度上存在交易型的领导行为，因为这样会有助于提高工作绩效。但是，过于依赖交易型领导来影响他人可能会导致一些弊端：交易型领导可能成为谋取私利的操纵工具；它可能让下属在过分的奖励下，堕入不道德和非理性的误区；甚至更为严重的是，交易型领导可能只会用有形或无形的条件与下属进行交换而取得领导，而不能真正赋予下属工作的意义，从而无法调动下属的积极性和开发下属的创造性。

6.3 领导权力

管理情景

校长该怎么做？

罗哲勋是个让全校领导头疼的人物，领导们对他真是宠不得又横不得。罗老师的教学业务水平高，工作能力极强，在地区、市里，甚至省里都有名气。学校交给他的工作都能按质按量地完成，学生信任，家长放心，但他那股直冲冲的傲气总让领导感到不舒服。学校该实习了，林校长按惯例担任领导小组组长、副校长、教务主任等依次排列，最后考虑到需要有个能力较强的组员，于是请到了罗老师。罗老师爽快地答应了，并讲到了自己对实习的设计，听得林校长一个劲地点头。最后罗老师提出条件：要我干，我一定干好，但是要给我一定的权力。

【讨论】

1. 领导者的权力有哪些？
2. 如果你是校长会如何做？分析其原因？

理论研习

6.3.1 领导权力的来源

1959 年，社会心理学家约翰·弗伦奇(John French)和伯特伦·雷文(Bertram Raven)提出了 5 种权力类别的模型，确认了领导权力的 5 种来源或基础。可以简单地将其归类于职位权力和个人权力两大类，如图 6.7 所示。

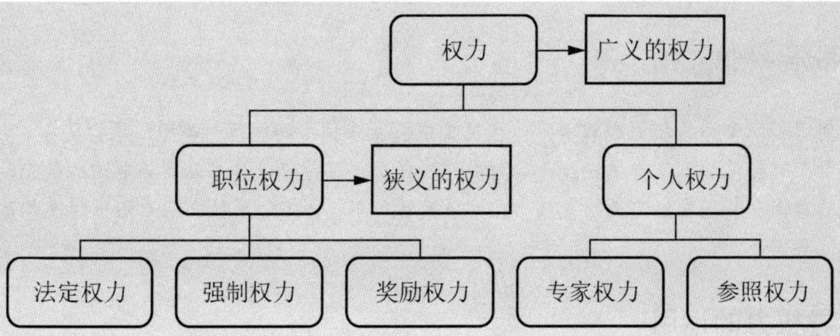

图 6.7　权力的类型

1. 职位权力

是指由于在组织中担任一定的职务而获得的权力，包括法定权力、强制权力和奖励权力3种。

1) 法定权力

法定权力是指组织内各领导职位所固有的、合法的、正式的权力。这种权力可以通过领导者利用职权向直属人员发布命令、下达指示来直接体现，也可以借助组织内的政策、程序和规划等得到间接体现。这种权力是组织等级指挥链所固有的，具有非人格性、制度性特征。

2) 强制权力

也称为惩罚权，是一种对下属物质和精神进行威胁强迫的权力。例如，给予扣发下属工资或奖金、批评、降职乃至开除等惩罚性措施的权力。

3) 奖励权力

这是指提供奖金、提薪、升职、理想的工作安排等任何有价值资源的权力。在任何组织中，领导者对奖励的控制力越大，则这些奖励对下属越显得重要，那么他拥有的影响力就越大。

研讨与质疑

一些领导退休了，有时候会发出感叹："人一走，茶就凉。"为什么会出现人走茶凉的现象呢？

2. 个人权力

也称非职位权力，是指由于领导者自身具备某些特殊条件而享有的权力，包括专家权力和参照权力。

1) 专家权力

也称专长权力，指由于个人的特殊技能或某些专业知识而产生的权力。专长权的大小取决于领导者的受教育程度、掌握运用知识的能力以及实践经验的丰富程度。领导者拥有的专长权力越丰富，越容易赢得下属的尊敬和主动服从。

2) 参照权力

参照权力是指对拥有理想的资源或者个人特质的人或组织的认同而形成的权力。参照权力的形成是由于对他人或组织的崇拜以及希望自己成为那样的人而产生的。如果崇拜一个人到了要模仿他的行为和态度的地步，那么这个人对你就拥有了参照权力。

拓展知识

领导者使用不同类型的权力或权势，能在员工中引发3种不同的行为类型：承担义务、顺从和反抗。承担义务的员工有热情达到领导的期望，尽力去完成任务；那些仅仅是顺从领导要求的员工，则仅仅做那些必须完成的事情——通常没有多少热情；在大多数情况下，员工的反抗会通过阳奉阴违甚至是有意拖延或破坏计划体现出来。

6.3.2 领导权力的运用

1. 权力的自主与制衡

在权力运用过程中，既要保证领导者在自己的权力范围内独立自主地行使必需的权力，同时又要对权力进行必要的制约，以保证正确行使权力。

(1) 确保领导者独立地行使权力。首先，要根据组织目标的要求，科学合理地配置权力。其次，上级不要越级指挥，不要干预下级职权范围内的工作。再次，要建立科学、明确的制度规范体系来确保权限明晰。

(2) 建立必要的权力制衡制度。权力如果失去约束，就会导致权力的滥用，这是十分危险的。为此，在强调权力自主的同时，还必须有必要的权力制衡制度。要进行必要的权力分解，将决策权、执行权和监督权适当地分离。

在管理实践中，要通过合理的权力配置、清晰的权力界定和严密的制度体系来实现独立用权和权力制衡的有机结合。

研讨与质疑

假如你是一个学生会干部，你将怎样科学地使用你手中的权力。

2. 授权

授权是指由领导者将自己所拥有的一部分权力下授给下级，以使其更有效地完成任务并有利于激励下属的一种管理方式。领导者授权过程是一种科学化与艺术化的过程。

1) 授权的意义

(1) 授权有利于组织目标的实现。通过科学的授权，使基层拥有实现组织目标所必需的权力，可以更好地促进组织目标的实现。

(2) 授权有利于领导者从日常事务中超脱出来，集中力量处理重要决策问题。

(3) 授权有利于激励下级，满足其自我实现的需要。下级若拥有完成任务的权力，能按照自己的意愿进行工作，就会获得一种满意感和信任感。这样有利于调动他们的工作积极性和主动性。

(4) 授权有利于培养、锻炼下级。下级在自主运用权力、独立处理问题的过程中，会不断地提高自身的管理能力。

管理小故事

子贱放权

孔子的学生子贱有一次奉命担任某地方的官吏。当他到任以后，却时常弹琴自娱，不管政事，可是他所管辖的地方却治理得井井有条，民兴业旺。这使那位卸任的官吏百思不得其解，因为他每天即使起早摸黑，从早忙到晚，也没有把地方治好。于是他请教子贱："为什么你能治理得这么好？"子贱回答说："你只靠自己的力量去进行，所以十分辛苦；而我却是借助别人的力量来完成任务。"

管理启示： 科学的授权给下级，可以得到下级的拥护，可以促进下级的工作热情，更可以超托自己，轻松完成工作。

2) 授权的类型

授权的类型见表6-3。

表6-3　授权的类型

标准	类型	特点
传达形式	口头授权与书面授权	一般书面授权比口头授权更正规、更规范
主体	个人授权与集体授权	可以由管理者个人决定将其所拥有的一部分权力授予下级，也可以由领导班子集体研究，将该层次拥有的一部分权力授予其下级
时机	随机授权与计划授权	有时是按照预定的计划安排将某些权力授予下级，而有时是由于某些特殊需要而临时将权力授予下级
期限	长期授权与短期授权	有时为完成特定任务需要而进行短期授权，完成任务即结束授权。而那些为完成长期任务需要而进行的授权就要较长时期地将权力授予下级
双方的关系	逐级授权与越级授权	来自直属上级的授权就属于逐级授权，而来自更高层次的领导者的授权就是越级授权

3) 授权的原则

(1) 依目标需要授权原则。授权是为了更为有效地实现组织目标，所以，必须根据实现目标和工作任务的需要，将相应类型与限度的权力授给下级，以保证其有效地开展工作。

(2) 适度授权原则。授权的程度要根据实际情况决定，要考虑到工作任务及下级的情况灵活决定。

(3) 职、责、权、利相当原则。在授权中要注意职务、权力、职责与利益四者之间的对等与平衡，要真正使被授权者有职、有权、有责、有利。要注意授权成功后合理报酬的激励作用。

(4) 职责绝对性原则。领导者将权力授予下级，但必须仍承担实现组织目标的责任。这种职责对于领导者而言，并不随授权而推给下级。

(5) 有效监控原则。授权是为了更有效地实现组织目标，所以，在授权之后，领导者必须保有必要的监督控制手段，使所授之权不失控，确保组织目标的实现。

4) 授权的方法

领导者授权都只能是把自己职权范围内的部分权力授予下级，谁都无法把自己没有的权力授予下级，授权的过程如图6.8所示。

为了有效地授权，还必须注意以下几个问题。

(1) 授权不等于放弃权力。领导者既不能为了避免出现权力的放弃而把授权降低到最低程度，也不能放弃权力。

(2) 授权要明确。授权可以是具体的也可以是一般的，可以是书面的也可以是口头的。但无论哪种方式，都必须做到明确授权。

(3) 通知其他人授权已发生。应把授权告知与授权权限有关的其他组织内外的人员。

(4) 建立反馈控制机制。仅有授权而不实施反馈控制会招致麻烦，最常见的是下级滥用权力。建立控制机制，不仅增加了及早发现重大问题的可能性，而且能保证任务的顺利完成。

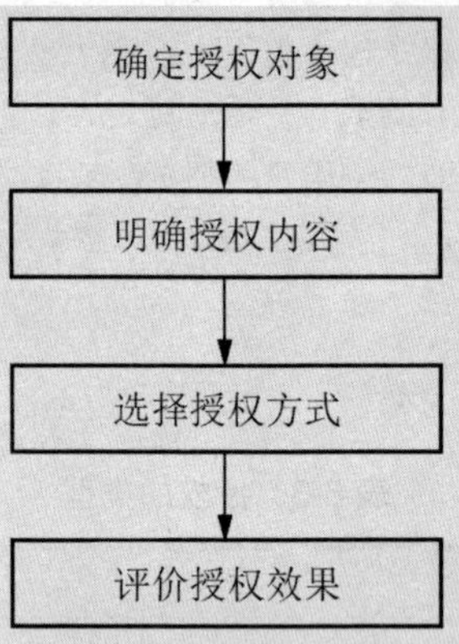

图 6.8　授权的过程

拓展知识

你属于何种领导者

指导语：下面各项目描述了领导行为的各个方面。假设你是某一工作群体的领导者，按照你最可能采取的行为方式，对下列每一项做出反应。A 表示总是如此；F 表示常常如此；O 表示有时如此；S 表示很少如此；N 表示从不如此。

如果我是某一工作群体的领导

A　F　O　S　N　1. 我很有可能作为群体的代言人而工作
A　F　O　S　N　2. 我鼓励人们加班加点工作
A　F　O　S　N　3. 我允许下属有充分的自由从事他们的工作
A　F　O　S　N　4. 我鼓励使用统一的规范和程序
A　F　O　S　N　5. 我允许下属根据自己的独立判断解决问题
A　F　O　S　N　6. 我强调要超过竞争对手
A　F　O　S　N　7. 我要作为本群体的代表说话
A　F　O　S　N　8. 我要鞭策各成员加倍努力工作
A　F　O　S　N　9. 我要在群体中试行我的想法
A　F　O　S　N　10. 我让下属按照他们认为最佳的方式从事工作
A　F　O　S　N　11. 我为了晋升而努力工作
A　F　O　S　N　12. 我容忍拖延和情况捉摸不定
A　F　O　S　N　13. 我在来访者面前为本群体说话
A　F　O　S　N　14. 我要保持工作的快节奏
A　F　O　S　N　15. 我让下属无拘束地工作，他们想怎样做就怎样做
A　F　O　S　N　16. 我要解决好本群体内发生的冲突

A F O S N 17. 我被一大堆琐事所烦扰
A F O S N 18. 在外开会时，我代表着本群体
A F O S N 19. 我不愿意让下属自己采取行动
A F O S N 20. 我决定该做什么和怎样去做
A F O S N 21. 我力求提高产量
A F O S N 22. 我要让某些员工拥有我能保持的权力
A F O S N 23. 事情的发生常常如我所料
A F O S N 24. 我让本群体拥有高度的主动权
A F O S N 25. 我给群体成员安排具体工作
A F O S N 26. 我很愿意进行变革
A F O S N 27. 我要让员工工作得更加努力
A F O S N 28. 我相信群体成员能做出良好判断
A F O S N 29. 我具体安排该做的工作
A F O S N 30. 我对我的活动不做任何解释
A F O S N 31. 我要说服别人我的想法对他们最有利
A F O S N 32. 我允许群体以自己的步调工作
A F O S N 33. 我要鞭策群体打破他们过去的记录
A F O S N 34. 我不必与群体磋商就采取行动
A F O S N 35. 我要求群体成员遵守既定的规章制度

为了发现你的领导风格，请按下面的方法去做。

(1) 在项目 8、12、17、18、19、30、34、35 的项目数字上画圈。

(2) 在画圈项目中你回答 S 或 N 的项目前写上“1”。

(3) 在没画圈项目中你回答 A 或 F 的项目前写上“1”。

(4) 圈起你在下列项目前写下的“1”：3、5、8、10、15、18、19、22、24、26、28、30、32、34、35。

(5) 统计画了圈的“1”的数量，它就是你对人的关心程度的得分。记下此得分。

(6) 统计未画圈的“1”的数量，它就是你对任务关心程度的得分。记下此得分。

(7) 在下面的图 6.9 中左边箭头线上标出对任务关心程度的得分，在右边箭头线上标出对人关心程度的得分。画一条直线连接这两个得分点，此直线与混合领导方式箭头线上的交点表示你在此种领导方式维度上的得分。

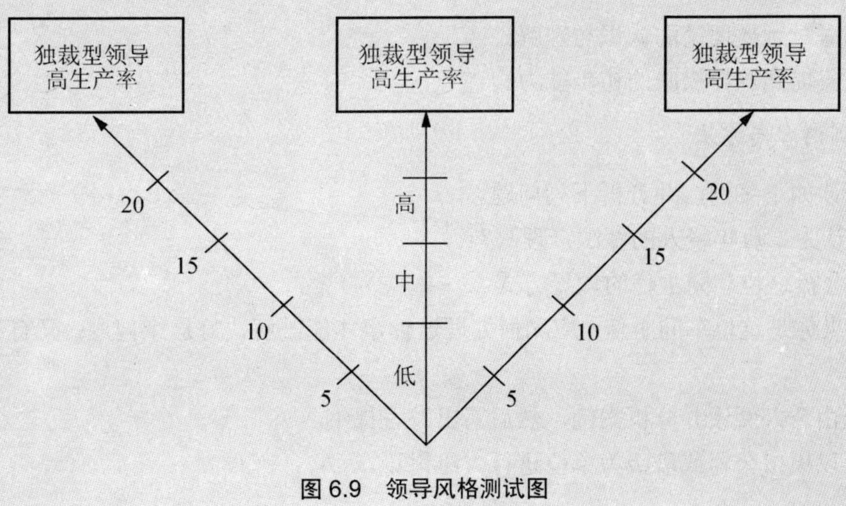

图 6.9 领导风格测试图

职业能力训练

知识测试

1. 领导的含义是什么？
2. 领导与管理的联系和区别是什么？
3. 领导的作用有哪些？
4. 勒温的领导作风理论中有几种类型？
5. 管理方格图划分出的 5 种典型的领导方式是什么？
6. 菲德勒权变理论的主要内容是什么？对我们有什么启示？
7. 在情景领导理论中，下属的成熟度对领导方式的选择有什么影响？
8. 比较变革型领导和交易型领导的特征。
9. 试述领导的权力基础。
10. 什么是授权？授权的意义有哪些？
11. 授权的类型和原则有哪些？

学生小论坛

1. 领导素质理论对领导素质的描述是否全面？你认为领导者应该具备哪些基本特质？

2. 一经理这样说：“走得正，行得端，领导才有威信，说话才有影响，群众才能信服，才能给我行使权力颁发通行证。”这句话在这里强调了领导的权力来源于什么方面？

技能训练

实训项目　看球赛引发的管理思考

1. 实训目标

(1) 加深对领导理论的认识与理解。

(2) 培养提高领导权威的初步能力。

2. 实训内容与方法

(1) 阅读如下案例，并分析下列问题。

① 你认为二班年轻人的做法合理吗？

② 试分析这位车间主任的领导方式。

③ 如果你是这位车间主任，应如何处理这件事才能既解决好这个问题，又有利于提高管理的权威？

(2) 先由个人阅读并分析案例，然后写出发言提纲。

(3) 再以模拟公司或班级为单位进行大组讨论。

看球赛引起的风波

惠达车间是某厂唯一进行倒班的车间。一个星期六晚上，车间主任去查岗。发现上二班的年轻人几乎都不在岗位。一打听，他们都去看电视现场直播的足球比赛去了。车间主任气坏了，在星期一的车间员工大会上，他一口气点了十几个人的名字。没想到他的话音刚落，人群中不约而同地站起几个被点名的青年，他们不服气地异口同声地说："主任，你调查清楚没有，我们并没有影响生产任务啊，而且……"主任没等几个青年把话说完，严厉地警告说："我不管你们有什么理由，如果下次再发现谁脱岗去看电视，扣发当月的奖金。"

谁知，就在宣布"禁令"的那个周末晚上，车间主任去查岗时又发现，上二班的年轻人竟有5名不在岗。主任气得直跺脚，质问班长是怎么回事，班长无可奈何地掏出3张病假条和两张调休条，说："昨天都好好的，今天一上班都送来了"。说着，凑到主任身边劝道："主任，跟您说句实话，其实我也是身在曹营心在汉，那球赛太精彩了，您只要灵活处理一下，看完了电视大家再补上时间，不是两全其美的事情吗？上个星期的二班，为了看电视，星期五就把活提前干完了，您也不……"车间主任没等班长把话说完，扔掉还燃着的半截香烟，一声不吭地向车间对面还亮着灯的厂长办公室走去……

3. 标准与评估

1) 标准

能运用管理方格理论分析车间主任的领导方式，并能提出该车间主任增强权威的途径。

2) 评估

① 每个人的发言提纲可作为一次作业，评定成绩。

② 根据班级讨论中的表现评定成绩(可由主持讨论的教师负责评定)。

第7章 领导职能(下)

学习目标

知识目标

(1) 明确沟通的含义及其重要性。
(2) 明确沟通的过程、要素、原则和障碍。
(3) 了解沟通的各种分类以及沟通网络的几种形式。
(4) 明确协调的含义、原则和方法等。
(5) 掌握协调的艺术。
(6) 明确激励的含义、过程和作用等。
(7) 掌握几种主要的激励理论。
(8) 明确激励的原则和基本方法。

技能目标

(1) 掌握克服沟通障碍的方法。
(2) 掌握将激励理论应用到管理实践中的方法。

本章知识结构图

- 领导职能（下）
  - 沟通
    - 沟通的含义及重要性 — 含义及重要性
    - **沟通的过程和要素** — **过程和要素**
    - 沟通的分类 — 5种分类方式
    - 沟通的网络 — 5种形态
    - **有效沟通的障碍及克服** — **障碍及克服**
    - 有效沟通的原则 — 3项原则
  - 协调
    - 协调的含义 — 含义
    - 协调的原则 — 4大原则
    - 协调的类型 — 两种分类方式
    - **协调的方法** — **6种方法**
    - **协调的艺术** — **3种关系的协调艺术**
  - 激励
    - 激励和人性假设
      - 激励的含义、过程、类型和作用
      - 4种人性假设
    - **激励理论** — **内容型激励理论、过程型激励理论和行为修正型理论**
    - **激励的原则和方法**
      - 激励的原则
      - **激励的方法**

注：加粗字体表示本章的重点内容。

阅读小品

麦当劳的沟通管理

麦当劳公司是享誉全球的知名大企业，公司领导层认为好的沟通决定着公司的经济利益，所以他们很重视上下沟通。它注重公司上下沟通的最大成果就是：赢得了公司员工对公司的忠诚和对快餐事业的使命感。麦当劳的领导层通过频繁的走动管理，既获得了丰富的管理资料，又可通过与数百人以私人朋友的身份交际，达到很好的沟通效果。

麦当劳公司在上下沟通管理的道路上并不是一帆风顺的，他们也曾经走过弯路。在克罗克退休以后，由于麦当劳的事业迅速壮大，属下员工也越来越多，企业高层忙于决策管理，一定程度上忽视了上下的沟通，致使美国麦当劳公司内部的劳资关系越来越紧张，以致爆发了劳工游行示威，抗议工资太低。示威活动对麦当劳公司的高级经理们构成了巨大的冲击，令他们重新认识到加强上下沟通，提高员工使命感和积极性的重要性。

针对员工中不断增长的不满情绪，麦当劳公司经过研讨形成了一整套缓解压力的“沟通”和“鼓舞士气”的制度。麦当劳公司认为与服务员的沟通是极其重要的，它可以缓和管理者与被管理者之间的冲突，提高工作人员的积极性。而如果忽视了与员工的沟通，会阻碍企业命脉的畅通，使企业在不知不觉中陷入麻痹而失去许多机能。

开展临时座谈会是实施上下级沟通的最常用的方式，也起到了增强与员工感情联络的纽带作用。会议不拘形式，以自由讨论为主要形式，虽以业务项目为主要讨论内容，但也鼓励员工畅所欲言甚至倾吐心中不快。实践证明，这种沟通方法比一对一的交流更加有效。因为，此时的计时工作人员可以利用这个机会指责他们的任何上司，把心中的不满、意见和希望表达出来。所以所有服务员都抱着很高的积极性参加座谈会。

为了加强员工之间的交流，麦当劳公司还推行一种“传字条”的方法。麦当劳餐馆备有各式各样的联络簿，如服务员联络簿、接待员联络簿、训练员联络簿等，让员工随时在上面记载重要的事情，以便相互提醒注意。

麦当劳公司的做法成功地缓和了劳资冲突和对立。他们从中悟出了一个道理：使用警察不是解决劳资冲突的好办法，这不但会损害麦当劳的形象，而且会使矛盾愈加激化，甚至动摇麦当劳快餐事业的根基。

通过开临时座谈会、传字条的方法，麦当劳把他们的内部矛盾缓解了。其实，无论是开临时座谈会，还是传字条，都只是一种形式，更为重要的是上下级之间的沟通。沟通这座桥梁搭好了，企业的发展也就无忧了。

沟通是管理的基础，也是激励员工热情的法宝，尤其是上下级的沟通，可使员工感到自己是公司的一员，可以提高员工士气，激励工作热情，提高工作技能及实现组织目标。一个有竞争力的企业管理者，一个善于激励员工的管理者，一定是一位优秀的沟通者。对于管理者来说，进行有效的沟通、协调和激励是其实现有效领导不容忽视的 3 项重要工作，这是因为管理者所做的每件事情中都包含着沟通、协调和激励。

7.1 沟　　通

管理情景

航班惨剧

1990 年，哥伦比亚国家航空公司的一架飞机由于恶劣天气在机场上空盘旋待命，飞行员向交通管制员报告说，他们就在纽约肯尼迪机场附近，而且他们的波音 707“燃料供给不足”。管制员因为总是听到类似的理由，所以他们并未采取特别行动。尽管飞行员清楚地知道问题的严重性，但他仍未使用关键术语“燃料告急”——这句话可以让管制员把他们的飞机排在所有飞机之前降落。肯尼迪机场的人员根本没有理解飞行员所面对的真正问题。最终，耗尽燃料的飞机坠毁于距肯尼迪机场 26 千米处，73 人丧生。

【讨论】

1. 当调查人员考察了飞机座舱中的黑匣子并与当事的管制员讨论之后，他们发现导致这场悲剧的原因主要是沟通的障碍。你认为是这样吗？
2. 就以上资料具体分析空难产生的原因。
3. 你觉得此案例中反映出的有效沟通值得注意的是哪些因素？

理论研习

7.1.1 沟通的含义及其重要性

1. 沟通的含义

简单地说，沟通就是指信息从发送者到接收者的传递和理解的过程。

首先，沟通包含着意义的传递。如果信息或想法没有被发送和接收，那么就意味着沟通没有发生。也就是说，说话者没有听众或写作者没有读者都无法构成沟通。

其次，沟通还强调了对信息的理解。要想使沟通成功，就必须对信息加以理解。如对一个不懂英文的人讲英文，那么这种语言沟通可谓是沟而不通了。对牛弹琴是中国的一个典故，它生动地告诉了我们什么是沟通。

管理小故事

对牛弹琴

古时候有个叫公明义的琴家，其古琴演奏技艺高超，很受人赞颂。有一天，他携琴出门访友，经过一个山清水秀、花草遍野的地方，不禁心旷神怡，正巧看到不远处有头牛在吃草，心想音乐乃天地之神音，能通宇宙之灵，何不为牛奏一曲呢？于是，他端坐牛前，抚弦弄琴，倾心演奏了一首清旷之曲。可惜的是，牛只顾着埋头大啃青草，曲毕，牛仍然没一点反应。公明义大为扫兴，转念一想，牛不解音，大概是自己选错了曲子吧。于是，他又接着弹起来，这时的琴声一会儿像蚊子嗡嗡，一会儿像牛犊哞哞，只见牛停止了吃草，抬起来专注地望着公明义。

管理启示： 这个典故常比喻对蠢人谈论高深的道理，白费口舌。也用以讥笑说话的人不看对象。很好地诠释了沟通手段和沟通双方对等的重要性。

2. 沟通的重要性

沟通不仅与人们的日常生活密切相关，它在管理的各个方面也有着重要意义。具体表现在以下两个方面。

(1) 对于组织内部来说，沟通促进了各项管理职能的行使。首先，由于组织内外存在大量的、模糊的、不确定的信息，因此，有效的沟通可以降低管理的模糊性，提高管理决策的效能。其次，沟通是组织内的凝聚剂、催化剂和润滑剂。它可以改善、融洽组织内的工作关系，进而激励员工。

(2) 对于组织与外部环境而言，沟通是两者联系的桥梁，从而促使组织得以与时俱进。组织的生存和发展必然要与政府、社会、顾客、供应商等发生各种各样的联系。任何一个组织只有通过有效的信息沟通才能成为一个与外部环境发生相互作用的开放系统，也才能使自己在激烈的市场竞争中处于优势地位。

7.1.2 沟通的过程和要素

1. 沟通的过程

沟通是信息传递和理解的过程。在沟通的过程中，发送者首先通过某种方式将信息进行编码，然后通过一定的通道传递给接收者，接收者将接收到的信息进行解码，变成自己的理解和观念，然后做出行动，反馈给发送者，这样就完成了一个完整的沟通过程，如图 7.1 所示。

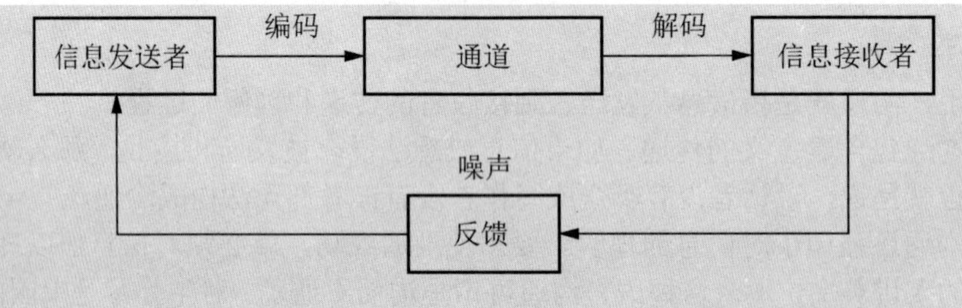

图 7.1 沟通过程

这一过程具体可以分解为以下 5 个步骤。

第一步：发送者明确沟通的信息内容。信息发送者发送信息是由于某种原因希望接收者采取某种行动，因此首先要明确信息内容。

第二步：编码。发送者将这些信息译成接收者能够理解的符号，如语言、文字、图表和手势等。要发送的信息只有通过编码才能传递。

第三步：传递信息。信息发送者通过信息传递通道将信息传递给接收者，如口头交谈、书面文件、电话等。

第四步：解码。接收者把收到的信息翻译成自己能够理解的形式。这个过程关系到接收者能否正确理解信息，弄不好，信息就会被误解。

第五步：反馈。接收者将其理解的信息再返回给发送者，供发送者核查。反馈是信息沟通的逆过程，它构成了信息的双向沟通。

2. 沟通的要素

每个完整的沟通过程都包括：发送者、接收者、信息、通道、噪声和反馈等要素。在选择沟通策略时，就必须对这些要素一一加以考虑。

1) 发送者

发送者即发送信息的个人或组织，又称信息源。在沟通的过程中，发送者是沟通的初始者，决定了沟通的内容、沟通何时开始、信息传递的对象等。

2) 接收者

接收者又称为沟通的客体或对象，是接收信息的个人、群体或组织。

3) 信息

在发送信息的时候，必须考虑发送信息的目的和信息的内容。信息内容的重要程度，信息是积极的还是负面的，都会影响沟通的方式和策略。

4) 通道

这是由发送者选择的、用来传递信息的渠道。一般的渠道可分为口头的、书面的、口头加书面、视觉手段。表 7.1 列出了管理活动中常用的一些沟通渠道。

表 7.1　沟通渠道

	非正式	正式
口头	个人联系 会见和咨询 长途电话 带领新员工参观工厂	全体工作人员会议 广播系统 协商会 发出并说明指令 简报
书面	公告板 每日消息文摘 电子邮件	企业政策手册 企业内部网 企业报告 企业网站
口头加书面	事先已交换书面信息的上司与下属之间的面对面交流	已准备好书面报告和资料的会议
视觉手段	有声音效果的演示 闭路电视 卫星连线	电影、短片 幻灯片放映 图标讨论

(资料来源：杰拉尔丁·海因斯. 管理沟通：策略与应用[M]. 3 版. 贾佳等译. 北京：北京大学出版社. 2006)

5) 噪声

指的是一切影响沟通的消极、负面等阻碍因素。噪声存在于沟通的各个环节，给沟通造成失误或失败，比如紧张的气氛、不同的文化背景、复杂的表述等。

6) 反馈

一个完整的沟通过程必然包括了信息的传送和反馈两大过程。反馈是指接收者把收到的并理解了的信息返回给发送者，以便发送者对接收者是否正确理解了信息进行核查。因此，对于管理沟通来说，反馈是不可或缺的。管理沟通的信息发送者必须在信息发出后，立即采取适当的方式进行跟进，并明确要求接收者进行清晰而准备的反馈。只有这样，管理信息才能正确发挥其应有的效用。

7.1.3　沟通的分类

沟通贯穿于领导的各个环节，按照不同的标准主要可以做如下划分。

1. 按照沟通的媒介划分

按沟通的媒介可划分为口头沟通、书面沟通、非语言沟通和电子媒介沟通。这些是组织中使用最普遍的沟通方式。

1) 口头沟通

这是人们之间最常见的交流方式，是以口头语言为媒介的信息传递，主要包括讲座、讨论会、面对面交谈、电话交谈等。

2) 书面沟通

书面沟通是以书面文字为媒介的信息传递，包括文件、报告、通知、信件和组织内发行的刊物等。

3) 非语言沟通

非语言沟通是指通过某些媒介而不是讲话或文字来传递信息，包括声音、光信号、身体姿势、空间距离等多种形式。

拓展知识

各种身体姿势的含义

头部：朝一边点头是催促某人紧跟着；上下点头是赞许、同意或默认；摇头是不同意；头朝对方略微侧转表示注意；单手或双手抱头是沉思、沮丧或懊恼。

手臂：双臂展开表示热情和友好；双手插裤袋表示冷淡或孤傲自居；双臂交叉抱在胸前表示戒备、敌意或无兴趣；双手合十表示诚意等。

手指：十指相触表示自信或耐心；指点某人/物表示教训或威胁；握拳表示愤怒或激动；搓手表示急切期待或心情紧张。

腿和双脚：脚和脚尖点地表示轻松或无拘束；坐着时腿来回摆动表示轻松或悠闲；跺脚表示气愤或兴奋。

4) 电子媒介沟通

它是以电子符号的形式通过电子媒介而进行的沟通，如利用传真、可视电话、计算机网络、电子邮件等有效地传递或处理信息。随着现代信息和通信技术的发展，特别是计算机互联网的迅速发展，电子媒介在信息沟通的过程中扮演着越来越重要的角色。

2. 按照沟通的渠道划分

按沟通的渠道可划分为正式沟通和非正式沟通。

1) 正式沟通

这是通过组织明文规定的渠道所进行的信息传递与交流的沟通方式，也是组织内沟通的主要方式。正式沟通的主要类型包括会议、书面沟通等，例如，组织间的信函往来，组织内部的汇报、请示、文件传达等。正式沟通的优点是正规、权威性强、沟通效果好、信息不易失真；缺点是对组织机构依赖性较强从而造成速度迟缓，沟通形式刻板。

2) 非正式沟通

非正式沟通是指通过组织正式沟通途径以外的渠道进行的信息传递与交流它是正式沟通的有机补充。比如组织中员工私下交流、议论某人某事、传播小道消息等。非正式沟通是以社会关系为基础，它与组织内部的规章制度无关。优点是不拘形式、传递速度快、容易及时了解正式沟通难以提供的信息等。缺点主要是难以控制、传递的信息不确切，可能导致小集体的产生。对于这种沟通方式，管理人员既不能完全依赖它获取必需的信息，也能完全忽视它。

【管理漫画】

◎非正式沟通往往比正式沟通有效

管理小故事

小道消息

L 公司是美国北部的一个发展迅速的航空公司。然而受金融危机影响，公司发展面临困境，这已经成为公司公开的秘密。为此，总经理麦克制订了两个战略方案：一是把航空公司的附属单位卖掉；另一个是利用现有基础振兴发展。他对这两个方案做了认真的利弊分析并形成文件，交由秘书玛丽打印，准备择期与公司高层人员研讨。玛丽打印完之后即到员工咖啡厅去，在那里遇到了副总经理约翰，并把这一消息告诉了他。

“我得知了一个轰动的消息，他们正准备成立另外一个航空公司。虽说不会裁员，但我们还是应该联合起来，有所准备呀。”玛丽这样对约翰说。恰好这一对话又被公司人事部助理乔听到，她立即将此消息告诉负责人事的副总马丁：“我真不敢相信公司要把我们卖给联合航空公司了，而且还要大量裁员。”为此，马丁私下迅速加强了自己的防御阵线。

这则消息在公司传来传去，3 天后又传回到麦克的耳朵里。麦克也接到许多极不友好，甚至带有敌意的电话、信件等。员工纷纷指责他企图裁减人员，出售公司，也有人为与别的公司联合而感到高兴，而麦克却被弄得迷惑不解。

管理启示：非正式沟通也可以带来负面效果，管理者要及时有效地转为正式沟通。

3. 按照沟通的方向划分

按沟通的方向可划分为上行沟通、下行沟通和平行沟通。

1) 上行沟通

上行沟通即自下而上的沟通，是指组织内部较低层次人员向较高层次人员的沟通，如请示、汇报、提出意见和要求等。

2) 下行沟通

下行沟通即自上而下的沟通，是指组织内部较高层次人员向较低层次人员的沟通，如上级想下级发布各种命令、指令、指导性文件和规定等。

3) 平行沟通

平行沟通即横向沟通，是指组织内部同一层次人员之间的沟通，如组织内部各职能部门之间、员工之间的信息交流。

管理中 3 种沟通缺一不可。纵向的上行、下行沟通应尽量缩短沟通渠道，以保证信息传递的快速与准确；横向的平行沟通应尽量做到广泛和及时，以保证协调一致和人际和谐。

4. 按照是否进行反馈和在沟通中的位置是否变换划分

按是否进行反馈和在沟通中的位置是否变换可划分为单向沟通和双向沟通。

1) 单向沟通

单向沟通是指没有反馈信息传递的沟通方式，信息发送者和接收者之间的位置不发生变化。比如作报告、演讲、指示和命令等。它的特点是信息传递速度快，能保持信息发送者的尊严。单向沟通适合于任务紧急、工作简单、无须反馈的情景，但准确性差。另外，它还缺乏民主性，容易使接收者产生抵触情绪，沟通效果较差。

2) 双向沟通

双向沟通是指有反馈的信息传递的沟通方式，是信息的发送者和接收者的位置不断变化的沟通。交谈、协商、会议、谈判等就是典型的双向沟通的例子。双向沟通能使信息得到及时反馈，具有传递准确性高、参与感强等优点，但速度慢，参与者的心理压力大，容易受干扰。

7.1.4 沟通的网络

沟通的网络是指组织的沟通信息纵横流动所形成的各种状态，它实际上是对各种沟通形式的概括。常见的沟通网络一般有 5 种结构形式，即链式、轮式、环式、Y 式和全通道式，如图 7.2 所示。

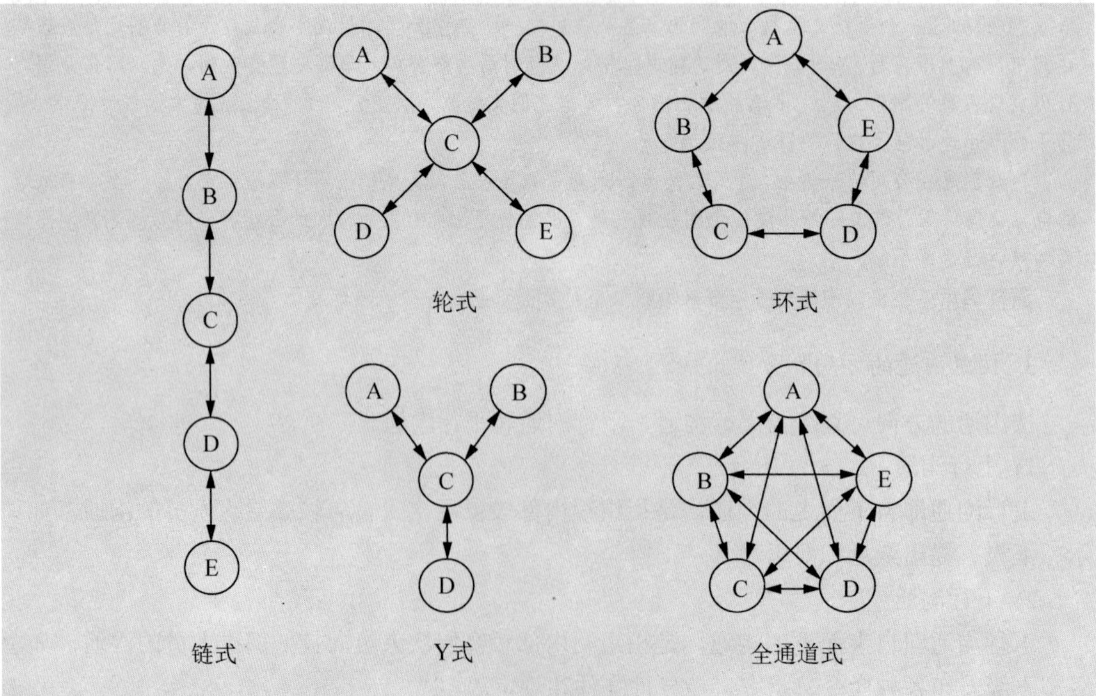

图 7.2　5 种沟通网络

1. 链式

这是一个纵向沟通网络，信息逐级传递，只有上行沟通和下行沟通。在这个网络中，它的组织系统的工作执行能力最强，但下属的工作积极性、主动性较差。另外，信息层层传递、筛选，容易失真，各个信息传递者所接收的信息差异很大，平均满意程度有较大差距。

2. 轮式

信息沟通网络呈现车轮的形状，领导者与下属之间形成双向沟通，但下属之间没有互相沟通现象。这种信息沟通方式的距离短，信息传递速度快，下属满意程度较低。

3. 环式

这种方式可以看成是链式沟通的一个封闭结构，每个人都能与两侧的人沟通信息。在这个网络中，组织的集中化程度较低，下属具有比较一致的满意度。

4. Y 式

这也是一种纵向沟通网络，其中只有一个成员位于沟通的中心，成为沟通的媒介。这种网络集中化程度高，解决问题速度快，下属的满意程度较低。

5. 全通道式

这是一种开放式的沟通网络，每个成员之间都能互相沟通信息。由于沟通渠道多，下属的平均满意程度高而且差异小，但容易造成混乱，而且费时。

研讨与质疑

列举一些你所了解的沟通，指出其属于何种类型的沟通。

7.1.5　沟通障碍及其克服

由于沟通在整个组织活动中起着非常重要的作用，因此，要明确影响沟通的障碍，并在此基础上采取措施克服障碍，最终实现有效的沟通。

【管理漫画】

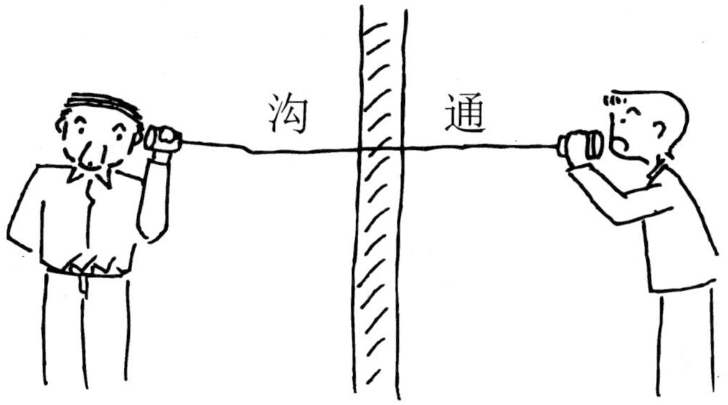

否泰原理

◎否泰如何转化，完全取决于沟通。沟通顺畅，自然能促进融和，也就“否极泰来”，否则，纵是近在咫尺也如远隔天涯

1. 沟通的障碍

在现实的管理情景中，时常会有沟通无法进行或者无法达到预期效果的现象，称之为沟通障碍。总的来说，沟通障碍主要表现在以下几个方面。

1) 语言障碍

语言不通是人们相互之间难以沟通的原因之一。当双方听不懂对方的语言时，有时尽管可以通过手势或者其他动作来表达信息，但沟通效果却大大下降。即使双方使用的是同种语言，但由于一词多义或双方理解力不同，也会造成沟通的困难。

管理小故事

秀才买柴

有一个秀才去街上买柴，他对卖柴的人说："荷薪者过来!"卖柴人听不懂"荷薪者"(挑柴的人)3个字，但是，听得懂"过来"两字，于是，把柴挑到那位秀才面前。

秀才问他："其价如何？"同样的，卖柴人听不懂这句话，但是听得懂"价"这个字，于是把价钱告诉了秀才。

秀才接着问："外实而内湿，烟多而焰少，请损之(你的柴外表是干的，里头是湿的，燃烧起来，会有很多浓烟而火焰小，请减些价钱吧)。"卖柴人这回听不懂秀才的意思了，于是，挑着柴就走了。

2) 情绪障碍

沟通情绪也会影响沟通效果。这是因为不同的情绪会使得个体对同一信息的解释截然不同。尤其是在狂喜、悲痛或者抑郁等一些极端情绪状态下，常常使人不能客观、理智地思考问题，阻碍有效的沟通。因此，管理者在情绪激动的情况下最好不要做出决断，以免造成失误。

3) 信息过滤

信息过滤是指人们故意操纵信息，使信息接收者接收不到全面的、真实的信息。过滤的程度与组织结构的层级和组织文化等有很大关系，组织纵向的层级越多，信息过滤的机会也越多。另外，组织的奖励制度对信息过滤行为也会有很大影响，只要奖励越注重外表和形式，人们会更有意识地按照上级的偏好来操纵信息。

4) 选择性知觉

选择性知觉是指信息的接收者有选择性地去看或者听信息。在沟通过程中，接收者会根据自己的需要、动机和背景等其他因素，去选择性地看或听传递过来的信息。"你听到的并不是对方说的话，而是你想听到的话"，这说的就是选择性知觉。

5) 知识经验差距

在信息沟通过程中，如果双方经验和知识水平差距过大，就产生了沟通障碍。经验、知识方面的差距可能会使接收者不能完全了解甚至曲解发送者的意图，或发送者不能以最易被理解的方式表达自己的意图从而降低了沟通的效果。比如人们常说的代沟就是典型的例子。

6) 文化差异

文化差异会影响到信息的沟通过程，不同文化背景的人进行沟通时，无论是商务还是非商务，常因习俗不同产生沟通障碍。

2. 沟通障碍的克服

在管理活动中，有沟通就存在沟通障碍，它是客观存在的，会影响到沟通的效果。因此，如何克服这些障碍就成为管理的一项重要任务。

1) 运用反馈

运用反馈就是在沟通过程中注意反问对方是否明白信息内容并倾听对方的意见。实践证明，很多沟通问题都是由于误解或理解不准确造成的，如果管理者在沟通过程中运用反馈，则会有效改善这些问题。因此，管理者在沟通时不要唱独角戏，不要以为自己说的话别人就一定能听懂听全，要学会反问对方。反馈可以有效地促进沟通的准确性。

2) 简化语言

由于语言可能成为有效沟通的障碍，因此管理者应选择措辞并组织信息，以使信息清楚明确，易于被接收者理解。要努力用最简单的、对方能听得懂的话来表达自己想表达的意思。

3)抑制情绪

管理者通常都能以完全理性化的方式进行沟通的情况是不存在的。情绪会使信息传递严重受阻或失真，人们在过分激动或哀伤的时候，既不利于说话，也不利于倾听。所以在传递信息和接受信息时，要善于调节和控制情绪，力求使之保持在一种平和的状态。

4) 注意非语言提示

在沟通过程中，有时候行动比语言更明确，因此沟通双方一定要注意对方的行动，确保它们和语言相匹配并能起到强化理解的作用，这样能够大大提高沟通的有效性。

5) 积极倾听

所谓积极倾听，就是对信息进行积极主动的搜寻，并理解信息的真实含义。沟通通常是一个沟通双方互动的过程，在这一过程中，沟通双方或数方如果能够认真倾听双方所陈述的问题和意见，就能减少许多由于不认真倾听所致的误解，从而减少沟通过程中的障碍。

【管理漫画】

◎培养自己的聆听能力，多听，多思考，少怨尤。

关于倾听，有以下几个方面的技巧。

(1) 别说话。如果你嘴巴一直不停，那你就无法听别人说话。

(2) 耐心。适当以点头或应声之类的举动来表示你的注意和兴趣，虽然不必表示你对别人说的都赞同。

(3) 安排较充分而完整的谈话时间，不要因其他事而打断，除去干扰。

(4) 避免在情绪上过于激动，要能把握住自己。

(5) 提问题。要对讲话者的信息进行思考，要弄明白。

(6) 在谈话中尽量避免直接的反驳或批评，让对方畅所欲言，重在获得对方的真实想法。

(7) 如果对方确实想知道你的观点，不妨诚实告知。

(8) 注意你的体态语言。

(9) 注意对方避而不谈的内容，这些方面的内容可能正是问题的症结所在。

管理小故事

小男孩的眼泪

一天，美国知名主持人林克莱特访问一名小男孩，问他说："你长大后想要当什么呀？"

小男孩天真地回答："嗯……我要当飞机的驾驶员！"

林克莱特接着问："如果有一天，你的飞机飞到太平洋上空所有引擎都熄火了，你会怎么办？"

小男孩想了想："我会先告诉坐在飞机上的人绑好安全带，然后我挂上我的降落伞跳出去。"

当在现场的观众笑得东倒西歪时，林克莱特继续着注视这孩子，想看他是不是自作聪明的家伙。没想到，接着孩子的两行热泪夺眶而出，这才使得林克莱特发觉这孩子的悲悯之情远非笔墨所能形容。于是林克莱特问他说："为什么要这么做？"小男孩的答案透露出一个孩子真挚的想法："我要去拿燃料，我还要回来！"

林克莱特如果在没有问完之前就按自己设想的那样来判断，那么，他可能就认为这个孩子是个自以为是、没有责任感的家伙。但孩子的眼泪使他继续问了下去，也才使人们看到了这是一个勇敢的、有责任心的、有悲悯之情的小男孩。

管理启示：在一个简单的电视节目中就这么容易发生误解，可见在一个复杂的组织体系中，要避免误解的发生是一件多么不容易的事情。

你在听下属说话时，真的听懂了他说的意思吗？你是不是也习惯性地用自己的权力来打断下属的发言？我们的管理者经常犯这样的错误：在手下还没有来得及讲完自己的事情前，就按照我们的经验大加评论和指挥。反过头来想一下，如果你不是领导，你还会这么做吗？打断下属的发言，一方面容易做出片面的决策，另一方面使员工缺乏被尊重的感觉。时间久了，下属将再也没有兴趣向上级反馈真实的信息。反馈信息系统被切断，领导就成了"孤家寡人"，在决策上就成了"睁眼瞎"。所以与下属能够进行有效的沟通，使交流渠道畅通，信息反馈迅速，将会使你能够及时纠正管理中的错误，制订切实可行的方案和制度。

7.1.6 有效沟通的原则

1. 准确

信息沟通的目的是确保信息的准确传达，因此信息沟通必须遵循准确性原则。只有当沟通所用的语言和传递方式能被接收者理解时，这才是准确的信息，这个沟通才有价值。

2. 完整

在管理活动中，沟通只是手段而不是目的。因此，在沟通过程中，应当注意传递信息的完整性，即在沟通时将完整、全部的信息传递给接收者，以免影响信息传递的质量，影响组织任务的完成。

3. 及时

在沟通过程中，沟通既可以使组织新近制定的政策、目标、人员配备等情况得到下级人员的理解和支持，同时也可以使管理人员及时掌握其下属的思想、情感和态度等，从而提高管理水平。但在实际工作中，经常会出现因信息传递不及时而造成工作上的延误，应引起高度重视。

7.2　协　　调

管理情景

李某原在某省级机关工作，通过公选到了 H 市任教育局副局长。到任后，他轻车从简，深入基层了解情况，并且亲力亲为，很多事亲自过问。通过调研他了解部分学校的校长在用人、招生、基础建设方面权力过大，导致了班子不团结。他向相关科室反映该情况，科室领导欺生不理睬。他自己分管的科室的领导经常越级向局长回报工作，在受到局长的质问后他才知道具体情况。甚至在一次会议上，所管的科室领导竟然公开与他对抗，李某极其苦恼。

【讨论】

1. 分析出现上述问题的原因可能有哪些？
2. 假如你是李某，你将如何协调与分管科室领导和其他副职的关系？

理论研习

协调贯穿于管理活动的整个过程，在整个管理过程中占有极其重要的地位。同时，管理者行使管理的一系列职能，其目的就是协调一切内外环境因素，达到资源配置最优，从而使组织目标得以顺利实现。

7.2.1　协调的含义

法国管理学家法约尔在《工业管理与一般管理》一书中指出，管理职能包括计划、组织、指挥、协调和控制五大要素，并指出："协调就是指企业的一切工作都要协作配合，以便于企业经营的顺利进行并且有利于企业取得成功"。"协调就是在工作中做到先主要后次要"。"协调的意思就是让事情和行动都有合适的比例，就是方法适应于目的"。"对于计划执行的各个部分或环节，总会多少出现一些矛盾和冲突，管理活动就是要对此加以协调，保证计划的顺利实施"。法约尔的理论告诉我们，管理离不开协调，整个管理过程实际就是协调的过程。

从管理学角度看，协调是指管理者从组织整体利益出发，运用各种手段，正确妥善地处理组织之间、人们之间的各种关系，为实现组织目标而共同奋斗的一种管理职能。

7.2.2　协调的原则

在实际的管理过程中，管理者进行有效的协调工作须把握好以下几点原则。

1. 整体性原则

即从全局出发、从整体着想。组织协调的目的在于促进组织总体目标的实现，因此必须首先形成全局的、系统的观念，遵循整体性原则。管理者在进行协调活动和工作时，要围绕着总目标进行，要注重局部服从全局，部分服从整体。

2. 协商性原则

即各方应以平等的地位，主动沟通情况、交流思想。这样做，一方面有利于矛盾各方在感情上的联系，为协调创造一个和谐的氛围；另一方面，各方在协商中畅所欲言，有利于管理者的解决方法。

3. 及时性原则

矛盾和问题一旦出现，若不及时协调，会积少成多、积小变大，甚至无法正常解决，积重难返。在管理过程中，管理者应对可能发生的问题保持警觉，一旦发现就以适当的方式迅速处理，不要等积累成山再采取行动。

4. 有效沟通的原则。

沟通是进行协调的基本手段。有效沟通，一是指要有效能，即能够达到所要达到的目标；二是指有效率，即能够迅速实现协调的目的。组织内部以及组织与外界环境之间的信息沟通越有效，彼此间理解、协调、支持工作的氛围就越容易形成，组织的协调能力也就越强。

7.2.3 协调的类型

依据不同的标准，协调可以划分为以下不同的类型。

1. 按照协调的对象分类

按照协调的对象可以分为对工作的协调和对人的协调。

1) 对工作的协调

工作协调就是通过各种管理和沟通手段，解决组织运行中的各种矛盾或冲突，使经营管理活动平衡、有效运行和稳定发展的管理过程。

工作协调主要包括横向协调和纵向协调两种基本类型。横向协调是指在组织横向结构的同一管理层次之间的协调。由于都是平级关系，不存在权威的干涉，，因此横向协调一般较为困难。纵向协调是指组织纵向结构各管理层次之间的协调。工作的纵向协调，由于存在领导隶属关系，可以靠领导权威与权力进行干预，因此协调较为容易。

2) 对人的协调

对人的协调是指人际协调，是谋求人和人之间的心理沟通，追求统一行为的过程。协调工作的重点实际上就是对人的协调，其核心是处理好领导集体内部之间的关系，同时协调领导者与被领导者之间的关系以及组织内其他成员的关系。

2. 按照协调的范围分类

按照协调的范围可以分为内部协调和外部协调。

1) 内部协调

内部协调，这是同一组织机构中部门与部门之间各种关系的协调，即同一系统内子系统之间关系的协调。

2) 外部协调

外部协调，就是同级组织或不相隶属组织等之间各种关系的协调。这类协调具有较强的开放性和动态性，在秘书协调中日趋重要。

7.2.4　协调的方法

在管理实践中，管理者常用的协调方法有以下6种。

1. 互相适应，自行调整

在具有协作关系的两个部门或者个人之间，可以通过平等式的协商来达成工作上意见的一致，不需要上级的干预。

2. 上级或指定专门人员进行协调

当下属的两个有工作协作关系的单位不能协调时，或是下级遇到涉及其他部门的、超出他的职权范围的无法解决的问题时，必须由上级或指定专人进行协调。

3. 召开会议协调

这是管理者常用的方法。参与会议的各方开会前要对所要解决的问题做好充分的准备；要让与会者有充分表达意见的机会；会议主持者要把握好会议的方向，在适当的时候及时做出明确、可操作性的决定，或是对需要再次召开会议协调的工作提出要求。

4. 委员会协调

委员会是进行跨部门协调的最佳的机构。委员会既可以是长期的，也可以是临时的。委员会由相关部门的代表组成，定期或不定期地就成员单位的有关问题进行沟通和做出决议。

5. 制度协调

通过制定规章制度或程序标准的办法，可以用来进行日常性工作的协调，可以减轻上级管理者大量的工作量。

6. 调整组织机构或人员

由于组织机构协调不合理而导致协作过程中互相扯皮、“踢球”的现象司空见惯，调整的办法是将机构进行精简合并，也可以通过增设个别机构以消除由于缺少某一机构而导致有关成员不能有效协作的现象；由于某些人员工作上的不适应造成组织活动运转不协调时，可以对这些人员进行调整，或者对他们进行教育培训。

7.2.5　协调的艺术

在日常的管理活动中，协调不仅要讲究方法，还要讲技巧，也就是要有协调的艺术。协调的艺术是指在矛盾或冲突中，坚持原则性和灵活性的统一处理、协调矛盾的技巧和策略。在这里主要介绍对上级关系的协调、对下级关系的协调和平行关系的协调。

1. 对上级关系的协调

(1) 最根本的是要出色地做好本职工作，并具备很强的工作能力。出于公心的上级，会把下级是否很好地完成本职工作看成是决定上下级关系最首要的因素。这一点反映了上下级关系的本质。

(2) 摆正位置，尊重职权。“干工作而不越位”，这是许多管理者在实践中的经验之谈。尊重领导的职权，不但是对领导者个人的尊重，更重要的是对组织及管理工作秩序的尊重与服从。下级不尊重上级的职权，是引发上下级关系最敏感的因素。因此，管理者要努力做到：尊重与敬畏上级权威，服从与积极落实上级指示、命令等，不越位干预上级职权范围之内的工作，遵从必要的上下级礼仪规范。

(3) 与上级主动沟通。下级应该要做到：重要的工作要请示，重大的问题要汇报，并注意保持必要的经常性联系。使领导感到重要而成功的工作是领导决策的，重大但失误的工作是领导知道的，重大问题均在领导掌控之中。你既有出色的工作表现，又是领导放心和信任的。

(4) 与上级保持适当的距离。当然，每个下级都愿意与其上级保持亲密的关系，但这种关系也要适度，理想的应该是一种默契的工作关系加亲密的同志友谊。过分亲密或疏远的关系都是不正常的。同时，还要注意与各相关领导的“等距外交”。

值得注意的是，在与领导共事的过程中，由于工作或个性等原因也可能出现上下级之间的矛盾或冲突。需要把握的原则主要有：①以事实为根据，分清是非与责任。②下级服从上级，要以尊重的态度，认真查找自己的责任和存在的问题。③主动与上级沟通，修好关系。

2. 对下级关系的协调

管理者对下级关系的协调更是极为重要的，“水能载舟，亦能覆舟”，与下级的关系，是中基层管理者实施管理的立足之本。在协调对下级的关系时，要注意以下一些技巧。

(1) 坚持“以人为本”的现代理念，尊重和关心下属。领导者对待下级的理念是协调下级关系的思想基础。管理者必须以下级为本，尊重他们，关心他们的生活和成长。努力为下级营造一种愉悦的、高质量的社会生活，以促进他们的全面发展。

(2) 充分信任，放手使用。上级的信任就是对下级最大的激励。俗话说“疑人不用，用人不疑”，对下级充分信任，授以实权，让他们放开手脚干，变监督为平等协商，下级就会积极主动地工作，能够显著地提高组织的绩效。

(3) 多沟通，多联络。管理者在做决策、下指示时，尽可能让下级参与。下级参与决策，不但可以提高决策的可行性，还使下级受到领导信任的激励，特别是作为决策参与者，他们会在实施过程中加倍努力。同时，开展合理化建议活动，虚心征求下级的意见，重大事件及时向下级通报，与他们保持经常性的联系，都能够激励下级，满足他们的社会心理需求。

(4) 坚持一视同仁。管理者切忌在下级之间区分远近亲疏，对待下级要坚持一视同仁的原则。“亲近者”可能感情更近，但却不利于其教育管理；“疏远者”则可能在心理上受到伤害，极不利于组织的团结和稳定。

(5)“严”“爱”结合，宽猛相济。在尊重、关爱下级的同时，也必须从严要求。首先，管理者要塑造“严”“爱”结合的自身形象，使下级对你既敬爱，又敬畏。管理者要树立自身的权威，这对维护组织团结和统一是至关重要的。其次，管理者要注重赏罚分明。

同样，在与下级出现冲突的时候，管理者应高姿态处理。

(1) 宽容对待下级。管理者必须要明白：一般情况下，任何一位下级都不愿意得罪自己的上级。管理者应该放下架子，主动找下级沟通，这不但可以让下级心服，还可以令他们敬服。

(2) 要以平等的，毫无偏见的态度对下级的不当之处提出批评，同时也要进行自我批评，共同总结经验教训，共同提高。

(3) 要和好如初，照样信任，在工作实践中不但要彻底消除隔阂，而且“不打不成交”，建立更稳固的合作关系。

研讨与质疑

如果你是班级学习委员，在班级活动与课程时间相冲突时，你如何与老师和同学进行沟通协调？

3. 平行关系的协调

除了协调好上下级关系之外，管理者还需协调好同级之间的关系。总的来说，同级之间的关系协调可遵循以下几点原则。

(1) 互相尊重，平等对待。

(2) 相互信任，坦诚相待。

(3) 为人正直，光明正大。

(4) 相互学习，彼此宽容。

7.3 激　　励

管理情景

猎人与猎狗

一条猎狗将兔子赶出了窝。一直追赶他，追了很久也没追到。牧羊看到了此情景，讥笑猎狗说：“小小的一只兔子你都跑不过。”猎狗回答说：“你不知道，我们两个跑的意义是完全不同的！我仅仅为了一顿饭而跑，他却是为了性命而跑啊!”

目标

这话被猎人听到了，猎人想：猎狗说得对啊，如果我想得到更多的猎物，得像个好法子。于是，猎人又买来了几条猎狗，凡是能在打猎中捉到兔子的，就可以得到几根骨头，捉不到的就没得吃。这一招果然有用，猎狗们纷纷去努力，因为谁都不想看着别人有骨头吃，而自己没得吃。

就这样过了一段时间，问题出现了。大兔子非常难捉，而小兔子正相反，而捕猎的奖赏是一样的。猎狗们善于观察，发现了这个窍门，专门去捉小兔子。慢慢的大家都发现了这个窍门，猎人们对猎狗说：“最近你们捉的兔子越来越小，为什么？”猎狗们说：“反正没有什么区别，为什么费这么大劲去捉大的呢？”

动力

猎人经过思考后，决定不将分骨头的数量与是否捉到兔子挂钩，而是采用每过一段时间，就统计一次猎狗捉到兔子的总数量，按照重量来评价猎狗，而决定一段时间内的待遇。于是猎狗们捉到的兔子数量和质量都大大提高了。一段时间过去了，数量又开始下降，而且有经验的猎狗下降得最利害。猎人又去问猎狗，猎狗说：“我们把自己最好的时间都奉献给您了，但是随着时间的推移我们都老了，当我们捉不到兔子的时候，您还会给我们骨头吗？”

长期的骨头

猎人决定论功行赏，分析汇总了所有猎狗捉到兔子的数量和重量，规定如果捉到的兔子超过了一定的数量之后，即使捉不到，每顿饭也可以分到一定数量的骨头。猎狗们都很高兴，努力去达到指定的数量。一段时间后，有一些猎狗达到了猎人规定的数量。这是其中一只猎狗说：“我们这么努力，只得到几根骨头，而我们捉到的猎物远远超过了这几根骨头，我们为什么不能为自己捉兔子呢？”于是，有些猎狗纷纷离开了猎人，自己捉兔子去了。

【讨论】

1. 说明案例中的猎人对猎狗采取了几种不同的激励方式？

2. 该案例对有效激励员工有哪些启示？

理论研习

任何组织要想取得成功，都必须要使组织成员的行为符合组织的目标要求，如何引导员工围绕组织的目标，努力做好自己的工作，充分发挥他们的潜能，这就有赖于领导者的激励。激励是管理的重要手段，特别是现代管理强调以人为中心，如何充分开发与利用人力资源，如何调动组织成员的工作积极性和主动性，是至关重要的问题。激励的功能就是以一定的行为规范、激发引导成员的行为，调动其积极性，以有效地实现组织及其成员个人的目标。

7.3.1 激励和人性假设

1. 激励概述

1) 激励的含义

从心理学角度讲，激励就是指激发人的动机，鼓励人们充分发挥内在的动力，朝着所期望的目标前进的动态过程。在管理学中，激励是指通过一定的手段使员工的需要和愿望得到满足，以调动他们的工作积极性，使其充分发挥出个人潜能，从而保证实现组织目标的过程。

可以从以下 3 个方面来理解激励的这一概念。

(1) 激励的目的性。无论采取何种激励行为都是为一个现实的、明确的目的服务的，从这个意义上讲，虽然激励是每一位管理人员的工作，但任何希望达到某个目的的人都可以将激励作为一种手段。

(2) 激励通过人们的需要或动机来强化、引导或改变人们的行为。人的行为来自动机，而动机源于人的需求。各种管理措施，应与被激励者的需要、理想、价值观和责任感等因素相吻合，才能产生较强的合力，激发和强化工作动机，否则不能产生激励作用。

(3) 激励是一个持续反复的过程。激励是一个复杂的过程，将会受到多种内在因素、外在因素的交织影响，而且这种影响作用并非是即时的。

拓展知识

员工被激励的程度与其工作绩效密切相关。实践证明，经过激励的工作行为与未经激励的行为，其工作效果大不相同，激励能够使员工充分发挥其能力，实现工作的高质量和高效率。美国哈佛大学心理学家威廉·詹姆士通过对员工激励的研究发现，在计时工资制下，一个人若没有受到激励，仅能发挥其能力的20%～30%；如果受到正确而充分的激励，其能力就能发挥到 80%～90%，甚至更高。由此他得出一个公式：工作绩效 = 能力×动机激发。也就是说，在个体能力不变的条件下，工作成绩的大小取决于激励程度的高低。激励程度越高，工作绩效越大；反之，激励程度越低，工作绩效就越小。

2) 激励的过程

激励是一个复杂的过程，一般说来主要包括 4 部分的要素，即需要、动机、行为和目标。

人的需要产生动机，动机驱使人们采取行动，行为的结果达到预定的目标，从而使需要得到满足，进一步强化原有需要或促使新的需要产生，新的需要导致新的激励过程的开始。激励的过程就是人的需要、动机、行为和目标相互作用、不断升华的一个过程，如图 7.3 所示。

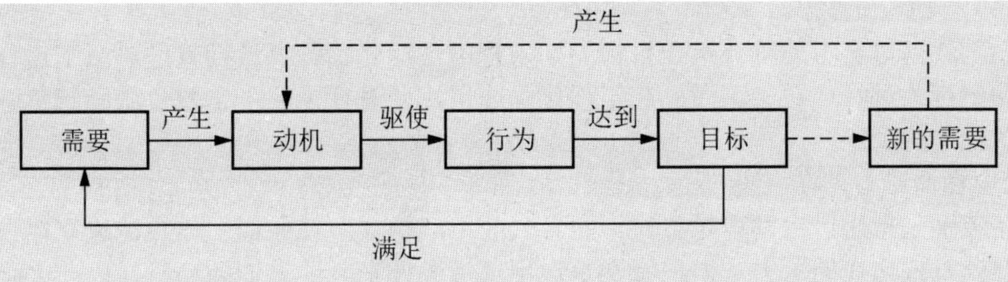

图 7.3 激励的连锁过程

(1) 需要。需要是激励的起点与基础，人的一切行为都是由需要引起的。需要是人们在社会生活中对某种目标的渴求和欲望，是人们积极行为的源泉。人的需要主要有 3 方面：一是生理状态的变化引起的需要，如饥饿引起的对食物的需求；二是外部因素影响诱发的需要，如对某种商品的需要；三是心理活动引起的需要，如对事业的追求，自尊心等。

(2) 动机。当人们有了某种需要而未能满足时，心理就会产生一种紧张或不安，这种紧张或不安就成为一种内在的驱动力。心理学上把这种驱动力称作动机。激励的关键环节就在于使被激励者产生所希望的动机，以引起有助于组织目标实现的行为。

【管理漫画】

◎人的行为都带有一定的目的性，这种内在的驱动力造成了不同的工作状态。

(3) 行为与目标。人的动机产生行为，行为指向目标。一般说来，在目标没有实现之前，行为不会终止。目标在行为过程中既表现为行为的结果，又表现为行为的诱因。在管理实践中利用目标对行为的诱导作用，通过合理选择和设置目标，可以有效地激励员工的行为。

3) 激励的类型

不同的激励类型对行为过程会产生程度不同的影响，所以激励类型的选择是做好激励工作的一项先决条件。

(1) 物质激励与精神激励。

物质激励着眼于人的生理方面，是对人的物质需要的满足；精神激励着眼于人的心理方面，是对人精神需要的满足。随着人们物质生活水平的不断提高，人们对精神与情感的需求越来越迫切。

(2) 正激励与负激励。

正激励就是对员工的符合组织目标的期望行为进行奖励。负激励就是对员工违背组织目标的非期望行为进行惩罚。正激励起正强化的作用，是对行为的肯定；负激励起负强化的作用，是对行为的否定。

(3) 内在激励与外在激励。

内在激励是指通过启发诱导方式，激发人的主动精神，使他们工作热情建立在自觉的基础上，充分发挥内在的潜力。外在激励是运用环境条件来制约人们的动机，以此来强化或削弱有关行为，提高员工的工作积极性。

4) 激励的作用

激励是调动人的积极性的有效手段，在整个组织发展中起着十分重要的作用。

(1) 激励可以提高员工工作的积极性，提高组织的工作效率。一个组织工作效率的高低，在很大程度上取决于员工的工作积极性和能力的发挥程度。激励的作用在于通过一系列有效的手段来刺激员工的积极性和创造性，从而提高工作效率。

(2) 激励有利于吸引人才。有效的激励可以在组织内部营造尊重知识、尊重人才的氛围，给人才提供良好的物质和生活条件，特别是给人才创造自我发展、发挥能力的机会等，从而把组织所需的优秀人才吸引过来。

(3) 造就良性的竞争环境。科学有效的激励制度包含有一种竞争精神，它的运行能够创造出一种良性的竞争环境，进而形成良性的竞争机制。在具有竞争性的环境中，组织成员就会受到环境的压力，这种压力将转变为员工努力工作的动力。

管理小故事

2011 年，《中国经营报》获得了对来华演讲的杰克·韦尔奇先生的独家专访机会。在记者的独家专访过程中，韦尔奇一直保持微笑，除了偶尔的思索之外，即使是问题复杂到需要翻译帮忙的时候，他也一直保持微笑，而在这种微笑的眼神中，你能读到一个词——激励。

事实上，在韦尔奇的字典里，除了公开、透明之外，激励也是出现频率非常高的一个词，为什么激励会是如此重要呢？

在韦尔奇看来，这与他童年的经历有关。童年时期的韦尔奇有一点口吃，讲话讲得不好，演讲的时候经常结结巴巴的，韦尔奇的母亲就告诉他说，"Jack，你之所以会口吃，是因为你脑子转得太快了，舌头跟不上脑子的节奏。"

听到这些，童年的韦尔奇开始觉得口吃并不是很大的问题，反而充满了自信。

也正是从这种经历中，韦尔奇告诉后来者，"对于一个经理来讲，母亲、父亲或者是家中其他的成员，要做的很重要的事情就是让人充满自信，让他们觉得自己是很不错的，让他们为自己感到自豪。"

所以，韦尔奇身边的人总是能感受到他的激励，并由此充满热情。

管理启示：韦尔奇甚至用以下的比喻来强调激励的重要性："公司的员工就像你的种子一样，你给他们的鼓励就像灌溉和浇水，他们会不断地成长，你在花园中，公司里的花园会长杂草，将他们拔掉，将绩效不好的员工赶出去，你的工作不是吓别人，而是帮助员工不断地发展，就像美丽的植物和花朵一样，能够长得非常漂亮。"

2. 关于人性的几种假设

激励的对象是人，领导者要实施激励手段之前必须正确地认识和对待激励对象。所有领导者都必须清楚的是：人性的本质是什么？这就是所谓的“人性的假设”。关于人性假设的理论很多，主要有经济人假设、社会人假设、自我实现人假设和复杂人假设。

1) 经济人假设

“经济人”又称“理性—经济人”、“实利人”或“唯利人”。这种假设最早由英国经济学家亚当·斯密(Adam Smith)提出。此假设认为，人的一切行为都是为了最大限度地满足自己的利益，工作是为了获得经济报酬。

美国管理学家道格拉斯 • 麦格雷戈(Douglas M • Mc Gregor)提出的 X 理论就是对经济人假设的概括。

(1) 多数人十分懒惰，他们总想方设法逃避工作。

(2) 多数人不愿负任何责任，而甘心情愿受别人指导。

(3) 多数人的个人目标都是与组织目标相矛盾的，必须用强制、惩罚的方法，才能迫使他们为达到组织的目标而工作。

(4) 多数人工作都是为了满足基本的需要，只有金钱和地位才能激励他们工作。

与之相适应，激励的主要手段就是采取“胡萝卜加大棒”的政策来激发员工，即一方面用金钱刺激员工的积极性；另一方面对消极怠工采取严厉的惩罚措施。

2) 社会人假设

社会人假设的理论基础是人际关系学说，“社会人”又称为“社交人”。人是有思想、有感情、有人格的活生生的“社会人”，人不是机器和动物。对人的积极性起决定因素的不是物质报酬，而是人们在工作中发展起来的人际关系。与之相适应，领导者应该关心和体贴员工，重视员工之间的人际关心，通过培养和形成员工的归属感来调动其积极性，以此来提高生产率。

3) 自我实现人假设

自我实现人也叫“自动人”，这一概念是马斯洛(Abraham Maslow)提出来的，但他并未把他的理论应用于管理研究。后来，道格拉斯 • 麦格雷戈(Douglas M • Mc Gregor)借用这个名词并把它作为人性的特质，从而提出了著名的 Y 理论。

(1) 一般人都是勤奋的，如果给予适当机会，人们喜欢工作，并渴望发挥其才能。

(2) 多数人愿意对工作负责，而且主动寻求责任。

(3) 想象力和创造力是人类广泛具有的。

(4) 控制和惩罚不是实现组织目标的唯一方法。

(5) 现代工业条件下，一般人的潜力只发挥了一小部分。

与之相适应，领导者应该创造一种适宜的工作环境、工作条件，使人们能在这种条件下充分挖掘自己的潜力，发挥自己的才能，也就是充分实现自我。

4) 复杂人假设

复杂人假设是在 20 世纪 60 年代末提出的人性理论。这种理论认为，人是复杂的，既不是纯粹的“经济人”，也不是纯粹的“社会人”或“自动人”，而是“复杂的人”；人的需要随着年龄、知识、地位以及人与人之间关系的变化而变化，因而领导者的激励措施也应该多种多样，只有在特定情景中满足不同的人的不同需要才能充分调动劳动者的积极性。

研讨与质疑

以复杂人假设为基础的管理原则是什么？

7.3.2 激励理论

对激励理论可以从不同角度进行不同的分类，比较常见的是按其所研究的激励侧重面的不同及其与行为的关系不同，将激励理论划分为三大类，即内容型激励理论、过程型激励理论和行为修正型理论。

1. 内容型激励理论

内容型激励理论重点研究激发动机的诱因。其中，最具代表性的是马斯洛的需要层次理论、赫兹伯格的双因素理论和麦克利兰的成就需要理论。

1) 需要层次理论

需要层次理论是由美国心理学家亚伯拉罕·马斯洛(Abraham Harold Maslow)于 1943 年在《人类激励理论》一书中提出来的。该理论认为人类的需要可以从低到高划分为 5 个层次，如图 7.4 所示。

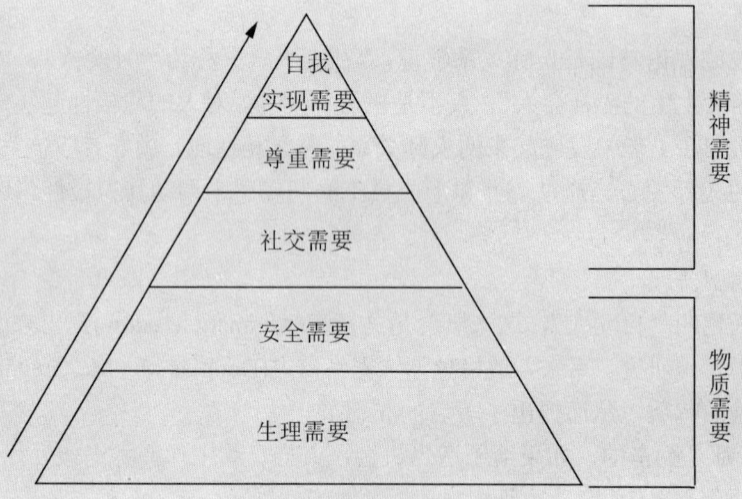

图 7.4 需要层次理论

(1) 生理需要——维持人的生存最基本的需要，包括食物、水、衣着、住所、睡眠及其他生理需要。

(2) 安全需要——确保人的身体及其职业、财产、食物、住所等安全的需要。

(3) 社交需要——包括感情、归属、被接纳、友谊等需要。

(4) 尊重需要——包括自尊、自主和成就感等方面的需要，以及由此而产生的权力、地位、威望等方面的需要。

(5) 自我实现需要——包括个人成长、发挥自身潜能、实现个人理想的需要。

在这 5 个层次的需要中，前两个层次的需要属于物质需要，后三个层次的需要属于精神需要。马斯洛认为人的 5 个层次的需要是由低向高排列的。一般说来，只有在低层次的需要得到满足之后，人才会进一步追求较高层次的需要，任何一种满足了的低层次的需要并不因为高层次需要的发展而消失，只是不再成为主要的激励因素。

在管理实践中，管理者必须做到三点：一是要正确认识被管理者需求的层次性，对多层次的需求应科学分析，区别对待；二是要努力将管理手段和条件与被管理者的不同层次需求联系起来，最大限度地满足不同人员的需求；三是要分析个人的优势需求，有针对地进行激励。

2) 双因素理论

在马斯洛需要层次理论的基础上，美国心理学家弗雷德里克·赫茨伯格(Fredrick Herzberg)于 20 世纪 50 年代后期提出了激励-保健双因素理论。

他提出影响人们行为的因素主要有两类：保健因素和激励因素。

保健因素就是使人们能够维持现状工作起保健作用的因素。它主要是指属于工作环境或工作关系方面的因素，如组织的政策、人际关系、工作条件、工资和福利等。激励因素就是对员工积极性起调动作用的因素。它主要是指属于工作本身或工作内容方面的因素。如工作上的成就感、自己的工作获得承认、增加工作责任、获得成长和发展的机会等。

在双因素理论中，主要有以下 3 个观点。

(1) 使员工对工作感到满意的因素和不满意的因素是不同的。当员工对工作感到满意时，往往归于激励因素；反之，他们则常常抱怨保健因素。

(2) 与传统观念不同的是，满意的对立面不是不满意，而是没有满意；不满意的对立面也不是满意，而是没有不满意。

(3) 改善保健因素只能起到安抚员工的作用，结果是“没有不满意”，而不一定起到激励作用。因此，要想真正激励员工努力工作，就必须改善那些与工作本身紧密相连的“激励因素”，这样才会增加员工的工作满意度，调动员工的工作积极性。

研讨与质疑

按照双因素理论观点，你认为激励员工工作积极性最重要的激励因素有哪些？这一原理是否也可以应用于学习领域？用你或你的同学的实例加以说明。

3) 成就需要理论

成就需要理论又称“三种需要理论”，是由美国哈佛大学教授戴维·麦克利兰通过对人的需求和动机进行研究，于 20 世纪 50 年代在一系列文章中提出的。麦克利兰把人的高层次需求归纳为 3 种。

(1) 成就需要——追求优越感的驱动力，或者在某种标准下追求成就感、寻求成功的欲望。

(2) 权力需要——促使别人顺从自己意志的欲望。

(3) 亲和需要——寻求与别人建立友善且亲近的人际关系的欲望。

麦克利兰认为在生存需要基本得到满足的前提下，人的最主要的需要有成就需要、亲和需要、权力需要 3 种。在管理实践中，要针对以上 3 种需要分别施以不同的激励措施。

(1) 对需要高度成就的现实主义者，及时给予其工作绩效的明确反馈信息，使其了解自己是否有所进步；为其设立具有适度挑战性的目标，避免为其设置特别容易或特别难的任务。

(2) 为权力需要者设立具有竞争性和体现较高地位的工作场合和情境。

(3) 为亲和需要者设立合作而不是竞争的工作环境。

2. 过程型激励理论

过程型激励理论着重研究从动机的产生到采取行动的心理过程，最典型的是弗鲁姆的期望理论和亚当斯的公平理论。

1) 期望理论

美国著名心理学家维克托·弗鲁姆于1964年在《工作与激励》一书中提出了期望理论。他认为，当人们有了某种强烈的需要，就会促使自己以实际行动去实现某一目标，当目标还没实现时，这种需要就会转化成为一种期望，即激励力量。这种激励力量取决于人们对行动结果的价值评价和预期达成该结果可能性的估计。用公式可以表示为

$$M = V \times E$$

式中：M——激励力量，是推动人们采取某一行动的内驱力，这是调动一个人的积极性，激发人的内部潜力的强度；

V——目标效价，指达成目标后对于满足个人需要的价值的大小；

E——期望值，指人们对自己能够顺利实现某一目标的可能性的估计，即实现目标的概率。

这个公式说明：如果一个人把某种目标的价值看得很大，估计能实现的概率也很高，那么这个目标对人的激励力量就强烈。为此，弗鲁姆提出了人的期望模式，如图7.5所示。

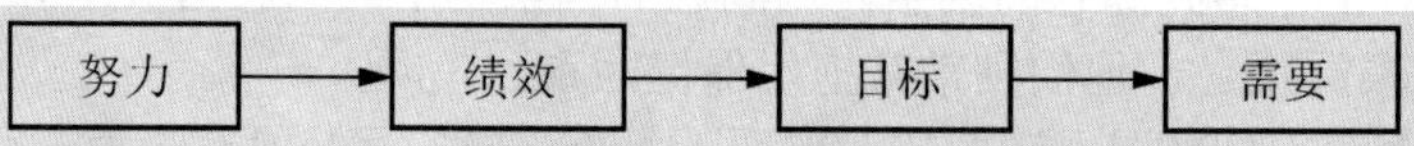

图7.5　简化的期望模式

在这个模式中，提出了在激励时需要处理好三方面的关系。

(1) 努力和绩效的关系。人们总是希望通过一定的努力达到预期的目标。如果个人主观认为通过努力达到目标的概率很高，就会有信心，并产生很强的激励力量；反之就失去了内在的动力，导致工作不积极。

(2) 绩效和奖励的关系。人们总是希望实现目标后能够得到奖励，这个奖励包括物质和精神上的。如果他认为实现目标后能得到合理的奖励，就可能产生工作积极性。

(3) 奖励和个人需要的关系。人们总是希望自己得到的奖励能满足自己某方面的需要。但是由于人们在年龄、性别、资历、社会地位和经济条件等方面都存在差异，他们对各种需要得到满足的程度就不同。因此，对于不同的人，采用同一种方法进行奖励能满足需要的程度不同，能激发出的工作积极性也就不同。

管理小故事

效价、期望值与激励力之间的关系——一个简单的例子

一位公司销售经理对他的一位销售员说：如果你今年完成1 000万元的销售额，公司将奖励你一套住房。这时组织的目标是1 000万的销售额，个人的目标是一套住房，效价和期望值可能会这样影响这个销售员的激励力。

效价——销售员可能的反应如下。

(1)“天哪！一套住房！哈哈，这正是我梦寐以求的，我一定要努力争取!”

(2)“住房？我现在住得已经够好的了，没有必要再来一套，况且如果我一人拿了一套住房，同事们肯定会不满的，呃，这对我来说没什么吸引力!”

期望值——他可能的反应如下。

(1)“1 000万元的销售额，照今年的行情，如果我比去年再努力一点，是能做到的。”

(2)“‘1 000 万元’？简直是天方夜谭，经理要么疯了，要么就是压根儿不想把住房给我，我才不会白花力气呢!”

激励力——他可能的反映如下。

(1) “只要销售到1 000万元就能得到一套住房，我一定好好努力!”

(2) “经理向来说话不算数，我打赌经理到时一定能找出10条理由说：‘我也不想说话不算数，但我实在是无能为力’。”

管理启示：效价和期望值越高(在所有A的情况下)，则对人的激励力越强；而反之(在所有B的情况下)，则对人的激励力越弱。从中至少可以得到以下两点启示：一是要有效地进行激励就必须提高活动结果的效价，要提高效价就必须使活动结果能满足个人最迫切的需要。二是要注意目标实现的期望值，即组织目标实现的概率不宜过低，以免让个人失去信心，当然也不宜过高，过高则会影响激励工作本身的意义。

2) 公平理论

公平理论又称社会比较理论，由美国心理学家约翰·斯塔希·亚当斯(John Stacey Adams)于1965年提出。亚当斯通过大量的研究发现：员工对自己是否受到公平合理的待遇十分敏感。员工首先思考自己的收入与付出的比率，然后将自己的收入—付出比与其他人的收入—付出比进行比较。如果员工感觉到自己的比率与他人的相同，则为处于公平状态；如果感到二者的比率不相同，则产生不公平感，也就是说，他们会认为自己的收入过低或过高。

员工的工作积极性不仅受到其所得报酬的绝对值的影响，更受到相对值的影响。相对值来源于横向比较与纵向比较。横向比较是将自己所做的付出和所得的报酬，与一个和自己条件相当的人的付出和所得的报酬进行比较。纵向比较是指个人对工作的付出和所得与过去进行比较时的比值。

【管理漫画】

◎在企业管理中，员工之间的互相比较是时刻都在进行的。

公平理论表明公平与否源于个人的感觉。一般情况下，人们在心理上总是会低估他人的工作成绩，高估别人的得益，由于感觉上的错误，就会产生心理不平衡。这种心态对组织和个人都极为不利。所以管理人员应有敏锐的洞察力来体察职工的心情，如果确有不公，则应尽快解决，如果是个人主观上的认识偏差，也有必要进行说明解释，做好员工的思想工作。

拓展知识

企业薪酬管理中运用公平理论的建议

(1) 建立按劳分配的报酬体系，确保薪酬政策的内部一致性。

(2) 做到男女同工同酬。

(3) 保持本组织薪酬水平与其他组织相比较时的竞争力。

(4) 尽可能保证员工的薪酬逐年得到增长。

(5) 坚持公平原则，效率优先。

(6) 增加其他形式的报酬。

(7) 妥善运用发放薪酬的保密制度。

(8) 保证报酬的分配过程公平、公正。

(9) 依法治企，奖惩明确。

(10) 发现员工中产生不公平感的时候，要加以必要疏导。

3. 行为修正型理论

行为修正型理论重点研究激励的目的(即改造、修正行为)。主要包括强化理论、归因理论和挫折理论等。

1) 强化理论

强化理论是由美国心理学家斯金纳(Burrhus Frederic Skinner)首先提出的。所谓强化，从其最基本的形式来讲，指的是对一种行为的肯定或否定的结果(奖励或惩罚)，它至少在一定程度上会决定这种行为在今后是否会重复发生。该理论认为人的行为是其结果的函数。如果这种结果对他有利，则这种行为就会重复出现；反之，则会减弱直至消失。

根据强化的性质和目的可以把强化分为正强化和负强化。正强化就是奖励那些组织上需要的行为，从而加强这种行为。正强化的方法包括奖金、对成绩的认可、表扬、改善工作条件和人际关系、提升、安排担任挑战性的工作、给予学习和成长的机会等。负强化是惩罚那些不符合要求的行为，进而抑制或削弱那些行为。负强化的方法包括批评、处分、降级等，有时不给予奖励或少给奖励也是一种负强化。

管理小故事

“威士忌”效应

很久以前，一位渔夫在河边发现一条蛇咬住一只青蛙，青蛙眼看就要命丧蛇腹，眼中流出绝望的泪水。渔夫恻隐之心顿生，于是上前要求蛇放青蛙一命，蛇吞着蛙，无法快速逃离，见渔夫如是要求，万般无奈，只得放了青蛙。青蛙获救，千恩万谢之后，迅速离开了现场，而蛇眼看到嘴的食物失去，心中不免忿愤，渔夫观之，将怀中一瓶威士忌酒给了蛇。蛇从未饮过如此美酒，将酒一饮而尽，对渔夫谢过后离开。渔夫顷刻间将此事圆满处理，不免有些得意洋洋，在午后的阳光下昏沉沉入睡。不料过了一会儿，河里又有些声响，被吵醒后，渔夫见刚才离去的蛇又游了回来，嘴里咬着两只青蛙，而且为避免将青蛙咬死，蛇只是死死咬住青蛙的腿。蛇带着渴望的目光望着渔夫，好象在说这下我是不是可以得到两瓶威士忌酒，渔夫一时瞠目结舌。

管理启示：在管理实践中，需要注意的是：既要坚持奖惩相结合，也要坚持以奖为主，以罚为辅，同时还要及时而正确地进行强化。

2) 归因理论

归因理论是美国心理学家海德(Fritz Heider)首先提出来的，后来经过美国斯坦福大学教授罗斯(L.Ross)等人加以发展。

归因理论主要研究两个方面：一方面是把行为归结为外部原因还是内部原因；另一个方面是人们获得成功或遭受失败的归因倾向。人们获得成功还是遭受失败可以归因于4个因素：努力程度、能力程度、任务难度以及运气和机遇。

归因理论认为，人们把成功和失败归因于何种因素，对以后的工作态度和积极性有很大影响。例如，把成功归因于内部原因，会使人感到满意和自豪；归因于外部原因，会使人感到幸运和感激。把失败归因于稳定因素，会降低其工作积极性；归因于不稳定因素，可能提高其工作积极性。

3) 挫折理论

挫折理论专门研究人们遇到挫折后会有一些什么样的行为反应，管理人员应如何针对员工的挫折采取相应措施以及如何引导员工走出挫折的阴影，积极努力地对待工作。挫折是指人们从事有目的的活动，在环境中遇到障碍和干扰，使需要和动机不能获得满足时的情绪。挫折理论认为，一般情况下，挫折是客观存在的，任何挫折都是不利的，不但影响员工的积极性，而且常常给员工带来心理伤害，甚至心理疾患。所以，管理人员必须及时了解、分析员工的种种现实挫折。通过关心，通过提高员工的挫折承受力和有效地帮助员工实现目标等方式去消除挫折感，引导员工在遭受挫折后能坚持不懈地积极进取。

7.3.3 激励的原则与方法

1. 激励的原则

激励是一门学问，科学地运用上述激励理论，可以有效地激发员工的潜力和积极性，使组织目标和个人目标在实现中达到统一，促进组织目标的实现。总的来说，正确地激励应该要遵循以下一些原则。

1) 目标结合原则

在激励中设置目标是一个关键环节。只有将组织目标与个人目标结合好，才能收到良好的激励效果。

2) 物质激励与精神激励相结合的原则

员工存在物质需要和精神需要，相应的激励方式也应该是物质与精神激励相结合。物质激励是基础，精神激励是根本，在两者结合的基础上，逐步过渡到以精神激励为主。

3) 合理性原则

激励的合理性原则包括两层含义：其一，激励的措施要适度。要根据所实现目标本身的价值大小确定适当的激励量；其二，奖惩要公平。领导者在处理员工问题时，一定要有客观公正的心态，做到奖惩分明，不论亲疏，一视同仁。

4) 正强化与负强化相结合的原则

由于负强化具有一定的消极作用，容易让员工产生挫折心理和挫折行为，因此，领导者在激励时应把正强化和负强化巧妙地结合起来，以正强化为主，负强化为辅。

5) 时效性原则

要把握激励的时机，“雪中送炭”和“雨后送伞”的效果是不一样的。激励的越及时，越有利于将人们的激情推向高潮，使其创造力连续有效地发挥出来。

【管理漫画】

◎真实奖励可以是各种形式的，在柔性组织中，奖研机制也是柔性化的。

管理小故事

金香蕉故事与奖励时效性学问

在福克斯波罗公司早期，急需一项关系公司前景的技术改造。一天深夜，一位技术总监拿了一台能够解决问题的原型机，闯进总裁的办公室。总裁看到这个主意非常妙，简直难以置信，就琢磨着怎样给予奖励。他弯下腰把办公桌的大多数抽屉都翻遍了，总算找到了一样东西，于是躬身对那位技术总监说："这个送给你!"他手上拿的竟是一只香蕉，而这是他当时能拿得出的唯一奖酬了。而技术总监也很感动，因为这表示自己的成果得到了领导的承认工作更加努力，为公司发展作出了更多贡献。自此以后，香蕉演化成小小的"金香蕉"形别针，作为该公司对科学成就的最高奖赏。

管理启示：区区一只香蕉，竟然可以作为奖品，而且可以取得神奇的效果，真让人大开眼界，也让人从中领悟奖励时效性的重要。

6) 按需激励原则

激励的起点是满足员工的需要，但员工的需要因人而异、因时而异，并且只有满足最迫切需要的措施，其效价才高，其激励强度才大。因此，领导者必须用动态的眼光看问题，深入地进行调查研究，不断了解员工变化了的需要，有针对性地采取激励措施，才能收到实效。

【管理漫画】

◎激励的手段要合理选择，贴近员工需求。

7) 明确性原则

激励的明确性原则包括两层含义：其一，明确。激励的目的是需要做什么和必须怎么做；

其二，直观。实施物质奖励和精神奖励时都需要直观地表达它们的指标，总结和授予奖励和惩罚的方式。

2. 激励的方法

有效的激励必须通过适当的激励方式与手段来实现。按照激励中诱因的内容和性质，可将激励的方式与手段大致划分为3类：物质利益激励、社会心理激励和工作激励。

1) 物质利益激励

物质利益激励是指以物质利益为诱因，通过调节被管理者物质利益来刺激其物质需要，以激发其动机的方式与手段。主要包括以下具体形式。

(1) 奖酬激励。包括工资、奖金、各种形式的津贴、股权、福利及实物奖励等。

(2) 关怀照顾。管理者对下级给予关怀照顾，是激励的有效形式。

管理小故事

关怀激励

1980年1月，在美国旧金山一家医院里的一间隔离病房外面，一位身体硬朗、步履生风、声若洪钟的老人，正在与护士死磨硬缠地要探望一名因病疾住院治疗的女士。但是，护士却严守规章制度毫不退让。

这位衣着朴素的老者就是通用电气公司总裁，一位曾被公认为世界电气业权威杂志——美国《电信》月刊选为"世界最佳经营家"的世界企业巨子斯通先生。这位斯通先生要探望的女士，并非他的家人，而是加利福尼亚州销售员哈桑的妻子。

哈桑后来知道了这件事，感激不已，每天工作达16小时，为的是以此报答斯通的关怀，加州的销售业绩一度在全美各地区评比中名列前茅。

管理启示：领导对员工的关怀是激励的有效形式。它能使员工获得受尊重和归属感的满足。因此，可产生极大的激励作用。

(3) 处罚。在经济上对员工进行处罚是一种管理上的负强化，属于一种特殊形式的激励。

2) 社会心理激励

社会心理激励是指管理者以人的社会心理因素作为激励的诱因，运用各种社会心理学方法，刺激被管理者的社会心理需要，以激发其动机的方式与手段。

【管理漫画】

◎荣誉的激励，会使一个人爆发冲天干劲。

社会心理激励主要包括以下一些具体形式。

(1) 目标激励。即以目标为诱因，通过设置适当的目标，激发动机，调动积极性的方式。可用以激励的目标主要有 3 类：工作目标、个人成长目标和个人生活目标。管理者可以通过对这 3 类目标的恰当选择与合理设置有效地调动员工的积极性。

(2) 教育激励。这是指通过教育方式与手段激发动机、调动积极性的形式。具体包括政治教育和思想工作。

(3) 表扬与批评。这是管理者经常运用的激励手段。要讲究表扬与批评的艺术，因为它将直接关系到表扬与批评的效果。

(4) 感情激励。即以感情作为激励的诱因，调动人的积极性。现代人对社会交往和感情的需要是强烈的，感情激励已成为现代管理中极为重要的激励手段。主要包括以下几个内容：在上下级之间建立融洽和谐的关系；促进下级之间关系的协调与融合；营造健康、愉悦的团队氛围，满足组织成员的归属感。

(5) 尊重激励。随着人类文明的发展，人们越来越重视尊重的需要。管理者应利用各种机会信任、鼓励、支持下级，努力满足其尊重的需要，以激励其工作积极性。主要包括以下 3 方面内容：要尊重下级的人格；要尽力满足下级的成就感；支持下级进行自我管理，自我控制。

(6) 参与激励。即以让下级参与管理为诱因，调动下级的积极性和创造性。主要注意 3 点内容：增强民主管理意识，建立参与机制；真正授权于下级；利用多种参与形式鼓励全员参与。

(7) 榜样激励。“榜样的力量是无穷的”，管理者应该注意用先进典型来激发下级的积极性。一是先进典型的榜样激励，二是管理者自身的模范作用。榜样激励主要包括先进典型的榜样激励和管理者自身的模范作用两个方面。

(8) 竞赛(竞争)激励。管理者要结合任务，组织各种形式的竞赛，鼓励各种形式的竞争，就会极大地激发下级的热情、工作兴趣和克服困难的勇气和力量。在组织竞赛、鼓励竞争的过程中，必须确保竞赛有明确的目标和要求，竞赛是公平的，结果要有明确的评价和相应的奖励。

3) 工作激励

按照赫茨伯格的双因素论，对人最有效的激励因素来自于工作本身，因此，管理者必须善于调整和调动各种工作因素，搞好工作设计，千方百计地使下级满意于自己的工作，以实现最有效的激励。实践中，一般有以下几种途径。

(1) 工作适应性。即工作的性质和特点与从事工作的员工的条件和特长相吻合，能充分发挥其优势，引起其工作兴趣，从而使员工高度满意于工作。

(2) 工作的意义与工作的挑战性。员工怎样看待自己的工作，直接关系到其对工作的兴趣与热情，进而决定其工作积极性的高低。因此，激励员工的手段就是向他们说明工作的意义，并增加工作的挑战性，从而使其更加重视和热衷于自己的工作，以达到激励的目的。

(3) 工作的完整性。管理者应根据工作的性质与需要以及人员情况，尽可能将工作分成完整的单元分派给员工，使每个员工都能承担一份较为完整的工作，为他们创造获得完整工作成果的机会和条件。

(4) 工作的自主性。人们出于自尊和自我实现需要的心理，期望独立自主地完成工作，不愿意在别人的指挥或强制下被迫工作。这就要求管理者能尊重下级的这种心理，通过目标管理等方式，明确目标和任务，提出规范和标准，大胆放权，让下级独立运作、自我控制。

(5) 工作扩大化。工作扩大化是指工作范围的扩大或工作多样性，从而增加了工作种类和工作强度。其目的是通过增加员工的工作内容，要求员工掌握更多的知识和技能，从而提高他们的工作兴趣。具体形式有：兼职作业、工作延伸和工作轮换等。

(6) 工作丰富化。工作丰富化是指在工作中赋予员工更多的责任、自主权和控制权，即提高其工作的层次。工作丰富化与工作扩大化不同，它不是横向地增加员工工作的内容，而是纵向地增加工作内容。具体包括 4 种形式：将部分管理工作交给员工；吸收员工参与决策和计划；对员工进行业务培训；让员工承担一些较高技术的工作等。

(7) 及时获得工作成果反馈。人们对于那种工作周期长、长时间看不到或根本看不到工作成果的工作很难有兴趣，而对于只要有投入就立竿见影看到产出的工作兴趣较浓。因此，管理者在工作过程中，应注意及时测量并评定、公布员工的工作成果，尽可能早地使员工得到工作反馈，及时看到他们的工作成果，这会有效地激发起工作积极性。

管理小故事

给得好不如给得巧

(1) 中秋节到了，为了让员工们感受到公司的温暖，工会决定给每位员工发两盒月饼、两箱可乐。为了把这些物品发到每位员工手中，工会的老王和小张没少费心思，一个电话接一个电话地打，一份一份地发，有时候发到六点半都无法下班。没想到中秋节刚过完没几天，公司里流传着各种各样的议论。有人说：不知道哪个家伙出的馊主意，这月饼有啥吃头啊。有的说：月饼还好，那可乐我可不喜欢。有的说：都 21 世纪了，还发实物，发钱发购物卡又省事又实惠。有的更不好听了：肯定是工会那几个人想捞回扣，要是没点好处傻瓜才会干呢。听到这些老王和小张简直气炸了！真是好心不得好报。

(2) 公司的李工程师是一个有名的工作狂，脑瓜子有点木，可技术革新却是屡建奇功。他妻子小赵刚给他生了一个胖小子，广东的春天又值梅雨时节，小孩的衣服、尿布洗了很难晒干，小赵是又着急又没辙。这事让总经理办公室助理小英知道了，小英是一位学行政管理的大学毕业生，她给总经理建议到：李工一心扑在工作上，如果公司花几百元钱买一台衣服烘干机送去他家，效果肯定好极了。这一天，当李工又一次很晚才回到家时，一进门就听妻子说到：今天你们公司派人送来一台烘干机，这下可解决大问题了。李工听完心里顿时一热，吃过饭后又往实验室去了。

管理启示：真是给得多不如给得好，给得好不如给得巧。及明、合理、有效地激励手段可以很好的促进员工工作热情。

职业能力训练

知识测试

1. 什么是沟通？谈谈沟通在管理中的重要性？
2. 简述沟通的步骤和要素。
3. 简述沟通的类型。
4. 简述沟通网络的 5 种形式。
5. 有效沟通的原则有哪些？
6. 沟通的主要障碍有哪些？如何克服？
7. 协调的类型有哪些？
8. 简述协调的原则和方法。

9. 举例说明协调的艺术。
10. 简述激励的过程。
11. 简述激励的类型和作用。
12. 管理学上对人性有哪几种假设？各有什么特点？
13. 比较需要层次理论、双因素理论和成就需要理论。
14. 简述期望理论和公平理论的内容。
15. 强化理论对于激励员工有什么启示？
16. 简述激励的原则、方法。

学生小论坛

1. 在下列情况中，管理者如何与这些人员进行沟通：①向下属指派工作；②和另外一个部门的负责人进行工作上的协商；③向上级报告这个月销售情况不好的状况。

2. 你认为对学生采用惩罚手段进行激励是否妥当？为什么？

3. 在某个管理培训班的课间，有两位老总在进行交谈。

张总："刚才听教授讲激励，很受启发。"

罗总："是啊。我觉得教授说的通过给予富有挑战性的工作、满足兴趣的工作、经常树立榜样等这些方法都能对员工产生激励，确实会很有可行性。这样既能让他们多干活，又可以少花钱，何乐为不为呀。"

张总："不完全是吧。现在有几个人不跟你谈薪水呀，只要能产生激励，员工把工作做好，多给点钱也值得，省事呀。不需要成天和他们谈什么成长、价值、挑战之类的，忙都忙不过来了。"

你认为他们说得对吗？根据上述对话，谈谈自己的看法。

技能训练

实训项目一　管理中的沟通问题

1. 实训目标

(1) 培养分析所面对的有关沟通问题的能力。
(2) 培养针对管理中的实际情景进行沟通的能力。

2. 实训内容与方法

(1) 阅读如下案例，并分析下列问题。
① 分析美国老板和希腊员工对话，说明希腊员工提出辞职的原因？
② 就本案例而言你认为如何才能实现有效的沟通，你有什么建议？
(2) 先由个人阅读并分析案例，然后写出发言提纲。
(3) 再以模拟公司或班级为单位进行大组讨论。

美国老板和希腊员工对话

美国老板：完成这份报告要多长时间？
希腊员工：我不知道完成这份报告需要多长时间。
美国老板：你是最有资格提出时间期限的人。

希腊员工：10天吧。
美国老板：你同意在15天内完成这份报告吗？
希腊员工：没有做声。(认为是命令)
15天过后……
美国老板：你的报告呢？
希腊员工：明天完成。(实际上需要30天才能完成)
美国老板：你可是同意今天完成报告的。
第二天，希腊员工提交了辞职书。

3. 标准与评估

1) 标准

能正确从沟通障碍的角度对实际情况进行分析。

2) 评估

① 每个人的发言提纲可作为一次作业，评定成绩。

② 根据班级讨论中的表现评定成绩。

实训项目二　管理中的激励理论

1. 实训目标

(1) 加深对激励理论的感性认识。

(2) 提高有效激励，调动人的积极性的能力。

2. 实训内容与方法

(1) 阅读如下案例，并分析下列问题。

① 案例中所提到的激励理论，是指管理学中的哪个激励理论？按照这个理论，工资和奖金属于什么因素？能够起到什么作用？

② 谈谈林科长的话为什么没有起到好的作用？问题可能出现在什么地方？

③ 你认为林科长每年发奖金时都犯愁的根本原因是什么？

(2) 先由个人阅读并分析案例，然后写出发言提纲。

(3) 再以模拟公司或班级为单位进行大组讨论。

为发奖金发愁的林科长

林科长每年发奖金时都犯愁，科里有十几个人，工作积极性和工作成绩参差不齐，其中属小罗表现最好。他研究生毕业，聪明能干，工作积极，虽然来科里的时间是所有人中最晚的，但成绩在科里却是最突出的。去年给了他最高的奖金，但却引起了科里其他人的不满。这使李科长很犯愁，不知如何是好。恰巧公司办了一个中层干部培训班，请了学校的教授讲课，其中讲到了激励理论中的双因素理论，对林科长的启发很大，他逐渐有了主意。

这一天，他找小罗谈了话，首先肯定了他一年中的贡献，特别表扬了他的成绩，并细致地讨论了明年如何使他的工作更有效，责任更重，也更有挑战性。最后谈到了奖金的事，告诉他这次的奖金你同大伙是一样的。没想到小罗听了这话立刻就火了，他说："什么？到头来我就值这么点儿，你那些好听的话留给别人去听吧，我不稀罕，表扬又不能当饭吃。"听了这话，林科长真不知如何是好了。

3. 标准与评估

1) 标准

能正确运用双因素论和需求层次论的观点解释说明，并能联系实际情况进行分析。

2) 评估

① 每个人的发言提纲可作为一次作业，评定成绩。

② 根据班级讨论中的表现评定成绩。

第8章 控制职能

学习目标

知识目标

(1) 明确控制的概念，掌握控制的类型和过程。
(2) 掌握预算控制和非预算控制的方法。
(3) 掌握绩效考核的内容、程序与方法。
(4) 了解绩效考核中的错误倾向和绩效改进的重要性。

技能目标

(1) 能根据控制的一般原理，进行管理控制过程的分析。
(2) 能根据管理问题的性质和情况，选择适当的控制方法。
(3) 能运用控制的方法实施具体的管理控制。

本章知识结构图

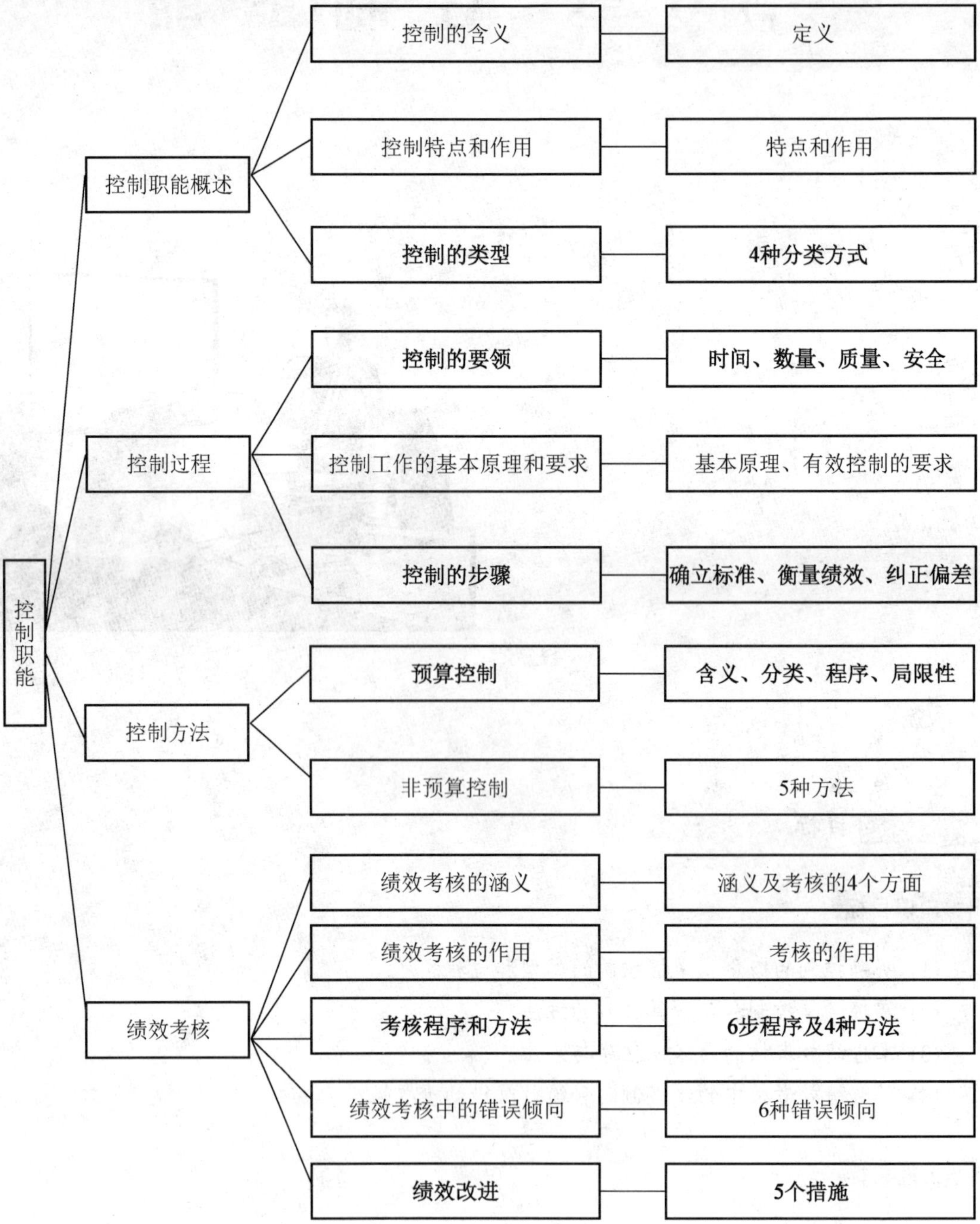

注：加粗字体表示本章的重点内容。

阅读小品

汉堡王快餐公司的经营起伏

1959年，佛罗里达的两家小食品店——麦克拉莫和埃德顿决定合并，并把它们原来的5家汉堡包餐店扩展到全国，形成了全国性连锁快餐店公司，它们的快餐店都取名为汉堡王。到1967年，在全国发展到274家汉堡王快餐店。但是就在同年，麦克拉莫和埃德顿两人又把所有的汉堡王快餐店卖给了皮尔斯伯里公司。

1982年，皮分斯伯里公司在全国迅速发展起2 700多家汉堡王快餐店。这些分店大多数都是利用皮尔斯伯里公司的土地或房子经营的。但是，皮尔斯伯里公司对汉堡王快餐店的管理与麦当劳公司的方法很不一样。麦当劳公司全国所有分店的土地和房子都属于公司所有，它对各分店也进行比较严格的控制。而皮尔斯伯里公司下属的汉堡王快餐店只有与公司的一些合同关系，它们具有很大的独立性，有的甚至不顾公司的宗旨自行发展。有一个地方性的汉堡王快餐店，自己一下子又发展了许多分店。皮尔斯伯里公司曾在1972年试图购买全国所有的汉堡王快餐店，但未能成功。

1977年，皮尔斯伯里公司用高薪聘请麦克唐纳公司的第三把手史密斯担任公司的董事长。史密斯上任不久后即采用麦克唐纳的经验进行经营：扩大汉堡王快餐店的经营范围，并确定以供应儿童食品为主；他运用排队理论，缩短顾客等候用餐时间，增加自动化餐具，同时改进了奖励办法，用现金对职工和分店经理进行奖励，这样就大大地提高了餐店的工作效率，扩大了营业额。

在此同时，他改善了同各汉堡王快餐店的关系，强调各分店之间的合作，并要求各分店每两周要向公司报告工作和职工的表现情况；他还不时地到各分店进行现场检查。

不幸的是，史密斯1980年即离开了该公司。因此，汉堡王快餐店的生产力又下降了，利润也随着下跌。

1982年新任的董事长也试图振兴汉堡王快餐店。他为此制订了具有挑战性的计划，具体地说，他要通过加强广告宣传、降低成本等策略来振兴汉堡王公司，他的计划在三五年内也有所成效。

控制是为了计划与实际作业动态相适应的管理职能，是管理过程不可分割的一部分，是各级管理人员的一项重要工作内容。任何一个组织，无论计划制订得多么完善，组织机构设置得多么合理，领导方式与激励手段采取得多么有效，都不可能保证所有活动都按照计划执行。如果没有令人满意的控制系统，在实施过程中仍会出现问题。一般来说，组织的控制系统越完善，管理者实现组织目标就越容易。因此，为保证有效地执行计划，就需要控制。

8.1 控制职能概述

案例情景

查克停车公司的两项业务

如果你在好莱坞或贝弗利山举办一个晚会，肯定会有这样一些名人来参加：尼科尔森、麦当娜、克鲁斯、切尔、查克·皮克。“查克·皮克？”“当然!”没有停车服务员你不可能开一个晚会，而南加州停车行业内响当当的名字就是查克·皮克。查克停车公司中的雇员有100多人，其中大部分是兼职的，每周他至少为几十个晚会办理停车业务。在一个最忙的周六晚上，可能要同时为6～7个晚会提供停车服务，每一个晚会可能需要3～15位服务员。

查克停车公司是一家小企业，但每年的营业额差不多有100万美元。其业务包括两项内容：一项是为晚会料理停车；另一项是不断地在一个乡村俱乐部办理停车经营特许权合同。这个乡村俱乐部要求有2～3个服务员，每周7天都是这样。但是查克的主要业务来自私人晚会。他每天的工作就是拜访那些富人或名人的家，评价道路和停车设施，并告诉他们需要多少个服务员来处理停车的问题。一个小型的晚会可能只要3～4个服务员，花费大约400美元。然而一个特别大型的晚会的停车费用可能高达2 000美元。

尽管私人晚会和乡村俱乐部的合同都涉及停车业务，但它们为查克提供的收费方式却很不相同。私人晚会是以当时出价的方式进行的。查克首先估计大约需要多少服务员为晚会服务，然后按每人每小时多少钱给出一个总价格。如果顾客愿意"买"他的服务，查克就会在晚会结束后寄出一份账单。在乡村俱乐部，查克根据合同规定，每月要付给俱乐部一定数量的租金来换取停车场的经营权。他收入的唯一来源是服务员为顾客服务所获得的小费。因此，在私人晚会服务时，他绝对禁止服务员收取小费，而在俱乐部服务时小费是他唯一的收入来源。

【讨论】

1. 查克的控制问题在两种场合下有什么不同？

2. 在前馈、反馈和同步控制3种类型中，查克应采取哪一种手段对乡村俱乐部业务进行控制？对私人晚会停车业务，又适宜采取何种控制手段？

理论研习

8.1.1 控制的含义

"控制"一词来源于希腊语"掌舵手"，意思是领航者通过发号施令将偏离航线的船拉回到正常的航线上来。"有效的管理者应该始终督促他人，以保证应采取的行动事实上已经在进行，保证他人应该达到的目的事实上已达到。"由此可见，控制的核心是维持正确的航向，或者说是维持实现目标的正确行动路线。从传统意义上来看，所谓控制，就是"纠偏"，例如，医生给患者量完血压后，告知血压正常、偏高或偏低，以及应采取的措施；汽车、飞机、轮船的驾驶和机械的操纵都是控制。

作为科学的概念，控制就是按照计划标准来衡量所取得的成果并纠正所发生的偏差，以确保计划目标实现的活动或过程。

从广义的角度看，控制工作还应该包括修改标准。这是因为，积极、有效的控制，不能仅限于对计划执行中的问题采取纠正措施，还应该能够促使管理者在适当的时候对原定的标准和目标做出适当的修改，以便把不符合客观需要的活动拉回到正确的轨道上来。

拓展知识

控制与其他管理职能的关系

控制是管理的一项重要的职能，它与计划、组织、领导等基本管理职能相辅相成，共同构成管理的4个主要环节。计划提出了管理者追求的目标，组织提供了完成这些目标的结构、人员配备和责任，领导提供了指挥和激励的环境，而控制则提供了有关偏差的信息以及确保与计划相符的纠偏措施。控制以计划、组织、领导等职能为基础，并对其有着积极的影响。

1. 控制与计划的关系

控制工作是指按计划、标准来衡量所取得的成果并纠正所发生的偏差，以保证计划目标的实现。如果说管理的计划工作是谋求一致、完整而又彼此衔接的计划方案，那么，管理的控制工作则是使一切管理活动都能按计划进行。

计划和控制是一个问题的两个方面。计划是基础，它是用来评定行动及其效果是否符合需要的标准。计划越明确、全面和完整，控制的效果也就越好。控制职能使管理工作成为一个闭路系统。在多数情况下，控制工作既是一个管理过程的终结，又是一个新的管理过程的开始，它使计划的执行结果与预定的计划目标相符合，并为计划提供信息。

2. 控制与组织的关系

组织职能是通过建立一种组织结构框架，为组织成员提供一种适合默契配合的工作环境。因此，组织职能的发挥不但为计划的贯彻执行提供了合适的组织结构框架，为控制职能的发挥提供了人员配备和组织机构，而且组织结构的确定实际上也就规定了组织中信息联系的渠道，为组织的控制提供了信息系统。如果目标的偏差产生源于组织上的问题，则控制的措施就要涉及组织结构的调整、组织中的权责关系和工作关系的重新确定等方面。

3. 控制与领导的关系

领导职能是通过领导者的影响力来引导组织成员为实现组织的目标而做出积极的努力。这意味着领导职能的发挥影响着组织控制系统的建立和控制工作的质量，反过来，控制职能的发挥又有利于改进领导者的领导工作，提高领导者的工作效率。

总而言之，控制工作中的纠偏措施可能涉及管理的各个方面，要把那些不符合要求的管理活动引回到正常的轨道上来。

(资料来源：清华大学．管理学电子版．北京：清华大学出版社，2004)

8.1.2　控制的特点与作用

1. 控制的特点

1) 控制具有整体性

控制的整体性包含3层含义：一是控制的对象是组织的各个环节，确保组织各部门和单位彼此在工作上的均衡与协调是管理工作的一项重要任务，为此需了解、掌握各部门和单位的工作情况并予以控制；二是管理控制是组织全体成员的职责，完成计划是组织全体成员共同的责任；三是控制必须是一个系统，不能分割，否则就达不到预期的控制效果或增加控制成本。

2) 控制具有动态性

管理工作中的控制不同于电冰箱的温度调控，后者的控制过程是高度程序化的，具有静态的特征。而组织不是静态的，其内部环境和外部环境都在不断地发生变化，因而控制标准和方法也就不同，管理控制也就应该具有动态的特征，这样不仅可以提高控制的适应性，也可以提高控制的有效性。

3) 控制的主体是人

管理控制是保证工作计划顺利实施并最终完成的条件。在这个过程中，人一直都是活动的主体，因此，管理控制首先是对人的控制；其次，管理控制者也是人，是由人来执行控制的。所以，人是控制的主体，控制要充分认识人的个性特点

4) 控制是提高职员工作能力的重要手段

控制不仅仅是监督，更重要的是指导和帮助。管理者可以制订偏差矫正计划，但这种计划要靠职工去实施，只有员工认识到矫正偏差必要性并具备矫正能力时，偏差才会真正被矫正。通过控制工作，管理者可帮助员工分析偏差产生原因，端正员工的工作态度，指导他们采取矫正措施。这样，既能达到控制目的，又能提高员工的工作质量和自我控制能力。

2. 控制的作用

控制在维持组织协调平衡运转、规范成员行为、开创组织发展新局面方面，有不可漠视的作用。

1) 贯彻计划意图

当计划者与执行者由于所负担的责任、所考虑的利益、所掌握的信息不一致时，对待计划目标就会有的不同的态度。为了防止和纠正计划执行中出现的各种偏差，督促有关人员严格按照计划办事，这时就必须借助控制，确保计划得到近乎“不折不扣”的执行。

2) 补充计划的不足

计划是事先根据主观预测及既有知识拟定的，既不可能十分准确，也不可能想得那么周到。一旦计划脱离实际，就必须立即停止，着手调整或修正计划，并确保修订后的计划得到严格执行。所以，控制的目的在于修正计划，使计划更加符合实际。

3) 建立秩序

许多组织失败不是因为计划不周或缺乏制度，而是控制不力，如有的组织财务方面失控，到处“跑冒滴漏”，结果严重亏损。控制过程就是通过检查、监督和纠正偏差活动，限定了实现组织计划目标的基本程序、行为准则，从而建立起组织生产经营必需的正常秩序。

8.1.3　控制的类型

1. 根据控制在管理过程中时间点不同

根据控制在管理过程中的时间点不同，可以将控制分为前馈控制、现场控制、反馈控制。

1) 前馈控制

前馈控制也称事前控制，是指在计划执行前，充分分析计划执行中可能发生的不利因素，采取必要的措施及时纠正，将可能发生的偏差消除在萌芽状态中。例如，企业管理中设备安全使用制度、原材料入库检验制度、职工培训上岗制度等。

前馈控制的重点是预先对组织的人、财、物、信息等合理配置，使它们符合既定的标准，从而保证计划的实现。

前馈控制最符合控制工作面向未来的要求，它强调的是“防范于未然”；前馈控制对事不对人，它是针对具体的问题设置的防范措施，避免了心理冲突。但是前馈控制的有效性依赖于管理者对客观事物的了解、把握程度，对信息的要求比较高，并且预防成本较高。

管理小故事

山猪磨牙

一只山猪在大树旁勤奋地磨獠牙。狐狸看到了，好奇地问：“又没有猎人来追你，也没有任何危险，为什么要这般用心地磨牙呢？”

山猪答道：“你想想看，一旦危险来临，就没时间磨牙了。现在把牙磨利，等到要用的时候就不会慌张了。”

管理启示：“书到用时方恨少”的情况你有过吗？从管理学的角度来说，今天的学习相对于明天的工作来说就是一种预先控制。没有丰富的学识和能力的准备，当机会到来时只能眼睁睁地看着它溜走。把握自己的人生，应当从各种各样的预先准备开始。

2) 现场控制

现场控制也称事中控制，是指计划执行过程中所实施的控制。现场控制是基层主管经常采用的控制方法。基层主管人员常常在现场对生产经营活动进行指挥、监督和纠正错误，及时地实施控制。

现场控制的突出特点是对正在进行的计划执行活动及时予以指导、监督。主要适用于程序化、标准化较高的工作、简单的劳动、可及时指导的技术性工作等。主要的控制方式是主管人员亲临第一线，给下级指示恰当的工作方法、工作程序，面对面地及时发现偏差，纠正偏差。现场控制对管理者和管理系统的工作人员提出了一系列要求，它要求履行管理职能时，管理者有朴实深入的作风，能及时发现问题，注重仪表，在行为上技术上做出示范、表率，有较高的管理能力和水平，能及时纠正偏差。尽管现场控制有控制及时、针对性强的优点，但也有一定的局限性，容易凭主观意志去办事，控制时间长，控制效果受主管的个人素质、工作作风、领导方式等方面的影响。

3) 反馈控制

反馈控制也称事后控制，是指分析计划执行后的结果，将它与控制标准相比较，发现偏差，提出纠正措施，以防止偏差进一步发展。可见，反馈控制的特点在于注重行动的结果，并以此作为改进下次行动的依据。其目的是通过总结过去的经验和教训，为未来计划的制订和行动安排提供借鉴。反馈控制是一种常用的控制方式，因为它是一种偏差发生以后的事后纠正，容易被人们所识别。但是只能是起“亡羊补牢”的作用。

以上 3 种控制方式的控制重点各不相同：前馈控制重在资源，包括对人、财、物、信息等的控制；现场控制重在进行的活动，多为生产过程的控制；反馈控制是对已结束工作的资源、过程进行评价，用于对下一次活动的开展进行控制。此外，3 种控制方式各有其优缺点，应根据组织的不同层次、工作进行的不同阶段穿插应用。

研讨与质疑

分析前馈控制、现场控制、反馈控制如何在组织的不同层次、工作进行的不同阶段穿插应用。

管理小故事

扁鹊的医术

魏文王问名医扁鹊说：“你们家兄弟三人，都精于医术，到底哪一位最好呢？”

扁鹊答：“长兄最好，中兄次之，我最差。”

文王再问：“那么为什么你最出名呢？”

扁鹊答：“长兄治病，是治病于病情发作之前。由于一般人不知道他事先能铲除病因，所以他的名气无法传出去；中兄治病，是治病于病情初起时。一般人以为他只能治轻微的小病，所以他的名气只及本乡里。而我，治病于病情严重之时。一般人都看到我在经脉上穿针管放血、在皮肤上敷药等大手术，所以以为我的医术高明，名气因此响遍全国。”

管理启示：事后控制不如事中控制，事中控制不如事前控制。把问题解决在萌芽状态，是最优的控制策略。

2. 根据组织控制所使用的手段不同

根据组织控制所使用的手段不同，可以将控制分为直接控制和间接控制。

1) 直接控制

直接控制也称预防性控制，是指管理者通过行政命令的手段对被控制对象直接进行控制的形式。它着眼于培养更好的管理人员，使他们能熟练地应用管理的概念、技术和原理，能以系统的观点来进行和改善他们的管理工作，从而防止出现因管理不善而造成的不良后果。

直接控制是建立在以下假设基础上的。

(1) 合格的管理人员所犯的错误最少。所谓“合格”就是指他们能熟练地运用相关的管理概念、原理和技术，能以系统的观点来进行管理工作。

(2) 管理工作的成效是可以计量的。

(3) 在计量管理工作成效时，管理的概念、原理、方法是一些有用的判断标准。

(4) 管理的基本原理的应用情况是可以评价的。

2) 间接控制

间接控制是相对于直接控制而言的，间接控制是控制者与被控制对象之间并不直接接触，而是通过中间手段进行控制的形式，如考评、升降职务、税收、奖励惩罚等措施。它着眼于发现工作偏差，分析产生的原因，并追究个人责任使之改进未来工作的一种控制。间接控制是基于以下一些事实。

(1) 人们常常会犯错误，或常常没有察觉到那些将要出现的问题，因而未能及时采取适当的纠正或预防措施。

(2) 在实际工作中，管理人员往往是根据计划和标准对比或考核实际的结果，研究造成偏差的原因和责任，然后才去纠正。

间接控制方法对于那些由于不可控因素所造成的工作上的失误不起作用，但对于由管理人员主观原因所造成的管理上的失误和工作上的偏差，运用间接控制方法可加以纠正。同时，间接控制可以帮助管理人员总结吸取经验教训，增加他们的经验、知识和判断力，提高他们的管理水平，减少管理工作中的失误。

3. 根据控制的方式不同

根据控制的方式不同，可将控制分成集中控制、分散控制和系统控制。

1) 集中控制

集中控制就是在组织中建立一个控制中心，由它来对所有的信息进行集中加工、处理，并由这一控制中心发出指令，操纵所有的管理活动。这种控制方式简单、指标统一，便于整体协调。如果组织的规模和信息量不大且控制中心对信息的取得、存储、加工效率都很高时，采用集中控制的方式有利于实现整体的最优控制。企业中的生产指挥部、中央调度室都是集中控制的例子。

当组织规模很大时，就难以在一个控制中心进行信息存储和处理。在这种情况下，集中控制会延长信息传递时间，造成反馈不及时，延误决策时机。同时，一旦中央控制发生故障或失误，整个组织就会陷于瘫痪，导致重大的损失。

2) 分散控制

分散控制就是有目的地将组织的控制权分派给某些管理者或部门，使其能够根据自己的情况分别进行控制。分散控制对信息存储和处理能力的要求相对较低，反馈环节少，处理问题反应快速及时，即使个别控制环节出现了失误或故障，也不会引起整个系统的瘫痪，因此控制效率一般较高。但是分散控制也可能带来一些严重的后果，如分散系统与总系统之间、各分散系统之间很难进行互相协调，严重时甚至可能导致失控。

3) 系统控制

系统控制是一种把集中控制和分散控制结合起来的控制方式。它有两个特点：一个是整个管理系统分为若干层次，上一层次的控制机构对下一层次各子系统的活动进行指导性、导向性的间接控制；另一个是各子系统都具有各自独立的控制能力和控制条件，从而有可能对子系统的管理实施相对独立的处理。因此，系统控制注重主系统与子系统之间，以及子系统与子系统之间的协调。系统控制是一种较好的控制方式，随着计算机网络技术和数据库技术的发展，这种控制方式将会得到更快的发展。

4. 根据整个组织控制活动的来源不同

根据整个组织控制活动的来源不同，可以将控制分成正式组织控制、群体控制和自我控制 3 种类型。

1) 正式组织控制

正式组织控制又称社群控制，是由管理人员设计和建立起来的一些机构或规定来进行控制。例如，组织可以通过规划来指导组织成员的活动，通过预算来控制消费，通过审计来检查各部门或各个成员是否按规定进行活动，对违反规定或操作规程者给予处分等，都属于正式组织控制。在多数组织中，普遍实行的正式组织控制有以下内容。

(1) 实施标准化，即制定统一的规章、制度，制定出标准的工作程序以及生产作业计划等。

(2) 保护组织的财产不受侵犯，如防止偷盗、浪费等，这包括设备使用的记录、审计作业程序以及责任的分派等。

(3) 质量标准化，包括产品质量及服务质量。主要采取的措施有职工培训、工作检查、质量控制以及激励政策。

(4) 防止滥用权力，这可以通过制定明确的权责制度、工作说明、指导性政策、规划以及严格的财务制度来完成。

(5) 对员工的工作进行指导和考核，这可通过评价系统、产品报告、直接观察和指导等方式来完成。

2) 群体控制

群体控制是基于非正式组织成员之间的不成文的价值观念和行为准则进行的控制。非正式组织尽管没有明文规定的行为规范，但组织中的成员都十分清楚这些规范的内容，都知道如果自己遵守这些规范，就会得到其他成员的认可，可能会强化自己在非正式组织中的地位；如果违反这些行为规范就会遭到惩罚，这种惩罚可能是遭受排挤、讽刺，甚至被驱逐出该组织。群体控制在某种程度上左右着职工的行为，处理得好有利于组织目标的实现，如果处理不好会给组织带来很大的危害。

3) 自我控制

自我控制即个人有意识地按某一行为规范进行活动。自我控制能力取决于个人本身的素质。据统计，需求层次较高的人比需求层次较低的人有更强的自我控制能力。自我控制得以实现有以下前提：首先，人们都是靠内部激励的，能够自我控制和自我监督；其次，人们在执行任务时，能为组织的利益而努力，能自动地把个人目标与组织目标统一起来；最后，组织的结构和领导作风最好采取参与式领导的方法，这样比较利于开展内部控制。

8.2 控制过程

管理情景

UPS 的管理风格

联合邮包服务公司(UPS)雇佣了 15 万员工，平均每天将 900 万个包裹发送到美国各地和 180 多个国家。为了实现他们的宗旨——“在邮运业中办理最快捷的运送”，UPS 的管理当局系统地培训他们的员工，使他们以尽可能高的效率从事工作。以送货司机的工作为例，了解一下他们的管理风格。

UPS 的工业工程师们对每一位司机的行驶路线进行了时间研究，并对每种送货、暂停和取货活动都设立了标准。这些工程师们记录了红灯、通行、按门铃、穿院子、上楼梯、中间休息喝咖啡的时间，甚至上厕所的时间，将这些数据输入计算机中，从而给出每一位司机每天工作的详细时间表。

为了完成每天取送 130 件包裹的目标，司机们必须严格遵循工程师设定的程序。当接近发送站时，他们松开安全带、按喇叭、关发动机、拉起紧急制动、把变速器推到 1 挡上，为送货完毕的启动离开做好准备，这一系列动作严丝合缝。然后，司机从驾驶室出来，右臂夹着文件夹，左手拿着包裹，右手拿着车钥匙。他们看一眼包裹上的地址并把它记在脑子里，然后以每秒 3 英尺的速度快步跑到顾客的门前，先敲一下门以免浪费时间找门铃。送完货后，他们在回到卡车上的路途中完成登录工作。

【讨论】

1. 这种时间表是否能带来高效率？
2. 从这个案例中你得到什么启示？

理论研习

8.2.1 控制的要领

(1) 控制时间：任何任务的完成都必须具有时限性，节省时间是提高工作效率的重要途径。

(2) 控制数量：心中有数，才能统观全局，全局上的很多指标是通过数量反映出来的。

(3) 控制质量：以质量求生存是重要的经营之道，没有质量就没有数量，没有质量就没有效益。

(4) 控制安全：人身安全、财产安全、资料安全。

8.2.2 控制工作的基本原理和要求

1. 控制工作的基本原理

(1) 反映计划要求原理。计划越是明确、全面、完整，所设计的控制系统越是能反映这样的计划，控制工作也就越能有效地为管理者的需要服务。

(2) 组织适宜性原理。组织机构越是明确、全面、完整，设计的控制技术越是能反映组织机构中的岗位职责，也就越有利于纠正偏离计划的误差。

(3) 控制关键点原理。只要能够保证这些关键环节实现，工作的大概方向和轮廓就可以保证。

(4) 控制趋势原理。对控制全局的行政领导者来讲，不仅要善于控制现状，更要控制现状所预示的发展趋势。

(5) 例外原理在组织处于复杂的环境条件下，管理者越是把注意力集中在例外的情况，控制工作就越有效。

(6) 直接控制原理。是指管理者通过行政命令的手段对被控制对象直接进行控制的形式。

2. 有效控制的要求

(1) 控制系统应与控制者的个体情况相一致。建立控制系统必须符合每个主管人员的情况及其个性，使他们能够理解它，进而能信任它并自觉运用它。

(2) 控制工作应确定客观标准。控制标准的水平必须是科学合理的，标准制定得太高或太低，对组织成员都将起不到激励的作用。

(3) 控制工作应具有灵活性。在遇到如环境突变、计划疏忽、计划变更、计划失败等情况时，控制工作应具有一定的灵活性。

(4) 控制工作应讲究经济效益。如果控制技术和方法能够以最小的费用或其他代价来探查和阐明偏离计划的实际原因或潜在原因，那么它就是有效的。

(5) 控制工作应有纠正措施。一个正确的、有效的控制系统，只有通过适当的计划工作、组织工作、人员配备、指导与领导工作等方法，来纠正那些已显示出的或所发生的偏离计划的情况，才能证明该控制系统是正确的。

(6) 控制工作应具有全局观念。有效控制不仅要考虑各个部门的局部利益，更应考虑全局的观念，在必要的时候要为全局利益而牺牲局部利益。

(7) 控制工作应面向未来。一个真正有效的控制系统应该能预测未来，及时发现可能出现的偏差，预先采取措施，调整计划，而不是等出现了问题再去解决。

8.2.3 控制的步骤

1. 确立标准

标准是人们检查和衡量工作及其结果(包括阶段结果与最终结果)的规范。制定标准是控制进行的基础，没有一套完整的标准，衡量绩效或纠正偏差就失去了客观依据。

1) 确定控制对象

管理者必须对影响组织目标成果实现的各种要素进行科学的分析和研究，从中选择出重点的要素作为控制对象。影响组织目标成果实现的主要因素有：关于环境特点及其发展趋势假设、资源投入、组织活动过程等。对于哪些因素应成为控制的重点，需要根据具体的情况来加以选择。在工作成果较难衡量而工作过程也难以标准化、程序化的高层管理和创新性活动中，工作者的素质和技能是主要的控制对象。而在工作方法或程序与预期工作成果之间有比较明确或固定关系的常规性活动中，工作过程本身就是主要的控制对象。

2) 选择关键控制点

在组织系统的运营过程中，最为关键的控制要点被称作“关键控制点”。 企业控制了关键点，也就控制了全局。对于关键控制点的选择，下面提出一些一般的指导原则：

(1) 关键点的建立是为了使主要的工作和事务得到正确的管理。

(2) 选择的关键点应能及时反映并发现问题。

(3) 关键控制点应能全面反映并说明绩效的水平。

(4) 选择关键控制点应考虑经济实用。

(5) 关键控制点的选择应注意平衡。

管理小故事

富翁的遗嘱

有一个富翁得了重病，已经无药可救，而唯一的独生子此刻又远在异乡。他知道自己死期将近，但又害怕贪婪的仆人侵占财产，便立下了一份令人不解的遗嘱："我的儿子仅可从财产中先选择一项，其余的皆送给我的仆人。"富翁死了，仆人便欢欢喜喜地拿着遗嘱去寻找主人的儿子。

富翁的儿子看完了遗嘱，想了一想，就对仆人说："我决定选择一样，就是你。"这聪明儿子立刻得到了父亲所有的财产。

管理启示："射人先射马，擒贼先擒王"，把握住得胜的关键则会收到事半功倍的效果，处理危机的关键在于破解病因的源头。在从事任何事情之前，先想一想事情的原委，就可以更加轻松地解决问题。

提了粽子的绳头可以拎起一长串的粽子，抓住了问题的关键点就等于控制了全局。

3) 制定控制标准

控制标准可分为定量标准和定性标准两大类。

(1) 定量标准主要分为实物标准(如产品数量、废品数量)、价值标准(如单位产品成本、销售收入、利润等)、时间标准(如工时定额、交货期)。

(2) 定性标准主要有关于产品和服务质量、组织形象等方面的衡量标准，如产品等级、合格率、顾客满意度等指标就是对产品质量的一种间接衡量。

定性标准时常被量化使用以提高组织的控制绩效。例如：奉行"质量优良、服务周到、清洁卫生、价格合理"宗旨的美国著名的麦当劳公司，为确保其经营宗旨得到贯彻，制定了可度量的如下几条工作标准：95%以上的顾客进餐馆后 3 分钟内，服务员必须迎上前去接待顾客；事先准备好的汉堡包必须在 5 分钟内热好并供应给顾客；服务员必须在就餐人离开后 5 分钟内把餐桌打扫干净。这是对定性标准予以量化处理的实例。

管理小故事

小和尚应该如何撞钟？

有一个小和尚担任撞钟一职，半年下来，觉得无聊之极，"做一天和尚撞一天钟"而已。有一天，主持宣布调他到后院劈柴挑水，原因是他不能胜任撞钟一职。小和尚很不服气地问："我撞的钟难道不准时、不响亮？"老主持耐心地告诉他："你撞的钟虽然很准时、也很响亮，但钟声空泛、疲软，没有感召力。钟声是要唤醒沉迷的众生，因此，撞出的钟声不仅要洪亮，而且要圆润、浑厚、深层、悠远。"

本故事中的主持犯了一个常识性管理错误，小和尚撞的钟不符合要求，是由于主持没有提前公布工作标准造成的。如果小和尚进入寺院的当天就明白撞钟的标准和重要性，他也不会被调离。

(资料来源：http://www.smtbbs.com/html/board25/topic13484.htm)

管理启示：工作标准是员工的行为指南和考核依据。缺乏工作标准，往往导致员工的努力方向与公司整体发展方向不统一，造成大量的人力和物力资源浪费。因为缺乏参照物，时间久了员工容易形成自满情绪，导致工作懈怠。工作标准的制定应尽量做到数字化，要与考核联系起来，注意可操作性。

2. 衡量绩效

确立了控制标准后，控制工作转入对照标准，衡量工作绩效为纠偏提供信息的阶段。此步骤常常也称为控制过程的反馈。

1) 明确衡量的手段和方法

设置监测机构，落实进行衡量和检查的人员。为了准确地测定执行情况，必须凭借切实可行的测定手段。例如，可以到现场观察，也可以根据会计或统计系统提供的数据，还可以组织专项考察等。测定方法的选择首先要考虑控制对象，对于诸如质量、成本、库存等控制，主要利用书面报告；生产进度控制除了根据统计报表外，还要召开生产例会了解情况；安全控制常要借助于仪表及工业电视，还需要作巡视检查；至于行为控制就必须到现场亲自观测。为了获取较全面、较准确的信息，应当将几种测定方法与手段结合使用，特别是应当积极开发管理信息系统。

拓展知识

使用资本的衡量——实施经济增加值变革方案

对使用资本的衡量一直有两种截然不同的观点，要使企业的决策制定专注于股东财富的创造，经济增加值(EVA)是最佳途径之一。

EVA(Economic Value Added，经济增加值)就是税后净营运利润减去投入资本的机会成本后的所得。注重资本费用是EVA的明显特征。管理人员在运用资本时，必须为资本付费，就像付工资一样。由于考虑到了包括权益资本在内的所有资本的成本，EVA体现了企业在某个时期创造或损坏了的财富价值量，真正成为了股东所定义的利润。

EVA的实质是4个M，即评价指标、管理体系、激励制度和理念体系。在计算EVA的过程中，首先要对传统的会计数字进行一系列的调整，以便消除会计扭曲，使业绩评价结果尽量与经济现状相吻合。从EVA的角度看，提升公司价值有3条途径：一是更有效地经营现有的业务和资本，提高经营收入；二是投资预期回报率超出资本成本的项目；三是出售对别人更有价值的资产，或者通过提高资金使用效率，加快资金流转速度，把资金沉淀从现存营运中解放出来。EVA还是一种很好的激励制度，EVA奖励计划能够让员工像股东一样得到报酬，可以实现员工对企业的真正所有。

2) 确定适宜的衡量频度

衡量频度是指对被控制对象多长时间进行测量和评定。对影响某种结果的要素或活动过于频繁的衡量，不仅会增加控制的费用，而且可能引起有关人员的不满，从而影响他们的工作态度；而检查和衡量的次数过少则可能使许多重大的偏差不能及时被发现，从而不能及时采取措施。因此，以什么样的频度、在什么时候对某种活动的绩效进行衡量，这取决于被控制活动的性质。例如，对产品的质量控制常常需要以小时或以日为单位进行；而对新产品开发的控制则可能只需要以月为单位进行就可以了。需要控制的对象可能发生重大变化的时间间隔是确定适宜的衡量频率所需要考虑的主要因素。

3) 建立信息反馈系统

负有控制责任的管理人员只有及时掌握了反映实际工作与预期工作绩效之间偏差的信息，才能迅速采取有效的纠正措施。然而，并不是所有衡量绩效的工作都是由主管直接进行的，有时需要借助于专职的检测人员。因此，应该建立有效的信息反馈网络，使反映实际工作情况的信息适时地传递给相关的管理人员，使之能与预定标准相比较，及时发现问题。这个网络还应能及时将偏差信息传递给与被控制活动有关的部门和个人，以使他们及时知道自己的工作情况、为什么错了，以及需要怎样做才能更有效地完成工作。建立这样的信息反馈系统，不仅更有利于保证预定计划的实施，而且能防止基层工作人员把衡量和控制视作上级检查工作、进行惩罚的手段，从而避免产生抵触情绪。

拓展知识

信息反馈系统

利用反馈信息系统进行控制，生产系统的实际工作表现由感应系统或量度系统进行测定，然后同所要求的标准进行比较，如存在差异，则由控制系统加以解释，并由控制系统给操纵装置下命令，操纵装置则提供控制行动，以便改正工作表现，消除差异。这是最简单的反馈制模式。反馈控制就是根据最终结果产生的偏差来指导将来的行动。反馈控制的基本过程为：以预期业绩为标准→衡量实际业绩→将实际业绩与标准相比较→确定偏差→分析造成偏差的原因→确定纠正方案→贯彻纠正措施。可见，反馈控制是保证计划不出偏差，得以顺利实施的必要环节。在管理系统中具有极其重要的地位。反馈信息是管理者对客观实际情况变化(结果)做出正确反应的重要依据。管理成功与否，关键就在于是否具有灵敏、准确、迅速的反馈。

管理信息系统的建立是信息资源可以统一收集、存储、分析、传送和利用。它在控制领域引发的变化是：计算机的控制作用部分取代了人的监督，而且控制范围更大，控制的标准化更易得到贯彻落实。表现在组织结构方面，就是使组织控制的层次减少，对辅助人员需求减少，集权程度减弱，分权倾向增强，组织因此充盈着前所未有的活力。

3. 纠正偏差

纠正偏差是控制工作的关键。它是在衡量成效的基础上，分析偏差产生的原因，制定并实施必要的纠正措施。通过纠偏，使企业计划得以遵循，使组织结构和人事安排得到调整。

1) 找出偏差原因

(1) 确定偏差的性质。并非所有的偏差都可能影响企业的最终成果。有些偏差可能反映了计划制订和执行工作中的严重问题，而另一些偏差则可能是一些偶然的、暂时的、局部性因素引起的，不一定会对组织活动的最终结果产生重要影响。因此，在采取纠正措施以前，必须首先对反映偏差的信息进行评估和分析，确定偏差的性质。

(2) 分析偏差原因。纠正措施的制定是以对偏差原因的分析为依据的。同一偏差则可能由不同的原因造成。比如，销售利润的下降既可能是因为销售量的降低，也可能是因为生产成本的提高。前者既可能是因为市场上出现了技术更加先进的新产品，也可能是由于竞争对手采取了某种竞争策略，或是企业产品质量下降；后者既可能是原材料、劳动力消耗和占用数量的增加，也可能是由于购买价格的提高。不同的原因要求采取不同的纠正措施。因此要通过评估反映偏差的信息，分析影响因素，透过表面现象找出造成偏差的深层原因，在众多的深层原因中找出最主要者，为纠偏措施的制定指导方向。

2) 确定纠偏对象

如果偏差是由于绩效的不足而产生的，管理人员就应该采取纠偏行动。他们可以调整企业的管理战略，也可改变组织结构，或通过更完善的选拔和培训计划，或更改领导方式。但是，在一些情况下，需要纠正的可能不是企业的实际活动，而是组织这些活动的计划或衡量这些活动的标准。

预定计划或标准的调整是由两种原因决定的：一是原先的计划或标准制定得不科学，在执行中发现了问题；二是原来正确的标准和计划，由于客观环境发生了预料不到的变化，不再适应新形势的需要。负有控制责任的管理者应该认识到，外界环境发生变化以后，如果不对预先制定的计划和行动准则进行及时地调整，那么，即使内部活动组织得非常完善，企业也不可能实现预定目标。比如消费者的需求偏好转移，这时，企业的产品质量再高，功能再完善，生产价格再低，依然不可能找到销路，不会给企业带来期望利润。

3) 采取纠偏措施

纠正偏差的措施一般包括：重新制订计划或修改目标；采取组织手段重新委派任务或明确职责；采取人事管理手段增加人员，选拔和培训主管人员或者撤换主管人员；改进指导和领导工作，给下属以具体的指导和实施跟有效的领导。纠正偏差的措施必须与其他管理职能结合在一起运用才能发挥其作用。

研讨与质疑

控制过程都包括上述 3 个阶段吗？请结合自己参与学校大型社团活动为例，分析控制的三大阶段。

8.3 控制方法

管理情景

某家公司办公室安装了电子监控系统，目的是管理者可以更好地、直接地进行管理和监控。电子监控系统安装之后，有一定的成效，但是并没有激发员工更多的热情，有些员工认为，系统固有的电子报告只是不必要的例行公事。因为最好的员工花费了很多时间了解顾客，这种被称为“电子警察”的系统感到很不高兴，管理者可以对他们所有的行动进行监视并通过“遥控”来威胁他们。得力的管理者通常是那些在员工和他们自己之间创造信任的人，但是电子监控系统破坏了信任关系。

【讨论】

电子监控这种方法是否可行？

理论研习

要对整个组织的活动进行全面的控制，必须借助于各种不同类型的控制方式，并根据控制的对象、内容和条件的不同，采用不同的控制方法。

8.3.1 预算控制

1. 预算控制的含义

预算作为一种传统的控制手段，是应用最广泛的控制方法之一。预算是某一个时期具体的、数字化的计划。预算把计划分解成一定的数字，使之与各部门、各单位的计划一致，既做了授权，又保证了计划在预算限度内得以实施。

预算控制是指通过编制预算并根据预算规定的收入或支出标准为基础，来检查、监督和控制组织各个部门的活动，在活动过程中比较预算和实际的差距及原因，以保证各种活动或各个部门在充分达成既定目标的过程中对资源的利用，从而使费用支出受到严格有效的约束。

2. 预算的分类

对于一个组织来说，预算的种类和层次较多。一般地，预算大致可以分为以下5类。

1) 收入预算

这是计划期内组织活动可带来的货币收入的预算。其中收入预算中最基本的是销售预算，它是销售预测的详细正式说明。由于企业的收入主要来源于产品的销售，因而企业收入预算的主要内容是销售预算。企业的收入预算还包括收入总预算、其他销售收入预算、营业外收入预算、对外投资收入预算等。

2) 支出预算

这是计划期内为组织活动发生的所支付的货币的预算，即编制各种支出预算。如工资预算、销售费用预算、外购材料支出预算、利息支出预算、管理费用预算等。为使支出预算成为组织对费用支出的有效控制手段，一般按费用支出的项目来编制支出预算。由于组织的支出项目往往要比收入项目多且复杂，在支出预算中，应当安排一笔适当的不可预见费用。

3) 投资预算

投资预算是指一般基本建设预算，包括组织为添置建筑物、机器、设备等固定资产方面的投资预算和其他方面的投资预算。这些费用一般较高，且回收期长，应当进行充分论证，并列出专项预算。当组织的收入超出支出时，超出部分就可以用来进行投资。对于投资方面的预算，一定要慎重考虑，单独列出，必须使这部分资金的使用同组织的长期计划和整个资金的分配使用计划紧密结合起来。对于数额大、回收期长的投资项目，还应有专项预算。

4) 负债预算

负债预算是指考虑一定时期的资产、债务和资本等账户的情况，设计筹资方式、途径和数量以及还款时间、方式和能力，防止出现“资不抵债”的情况，保持财务收支的平衡。另外，通过负债预算，管理者可判断组织的财务状况是否良好、是否可能会产生不利变化，从而指导事前控制。

5) 总预算与部门预算

总预算是指以组织整体为对象，涉及组织收入或者支出项目总额的预算。部门预算是指各部门在保证总预算的前提下，根据本部门的实际情况安排的预算。总预算与部门预算不是简单的整体与部门的关系，二者相互支持，相互补充。

3. 预算控制的程序

不同的组织，不同类型的预算控制方式，其预算控制的程序会有所不同。但大多数的预算控制具有共性，一般需要经过如下程序，如图8.1所示。

(1) 由组织的高层管理人员向主管预算编制的部门提出组织在一定时期内的发展战略、计划和目标。

(2) 主管预算编制的部门根据组织发展战略、计划与目标，向组织各部门的主管人员提出有关编制预算的建议和要求，并提供必要的资料。

(3) 各部门的主管人员依据组织计划与目标的要求，结合本部门的实际情况，编制本部门的预算，并与其他部门相互协调。在此基础上，将本部门预算上报主管部门。

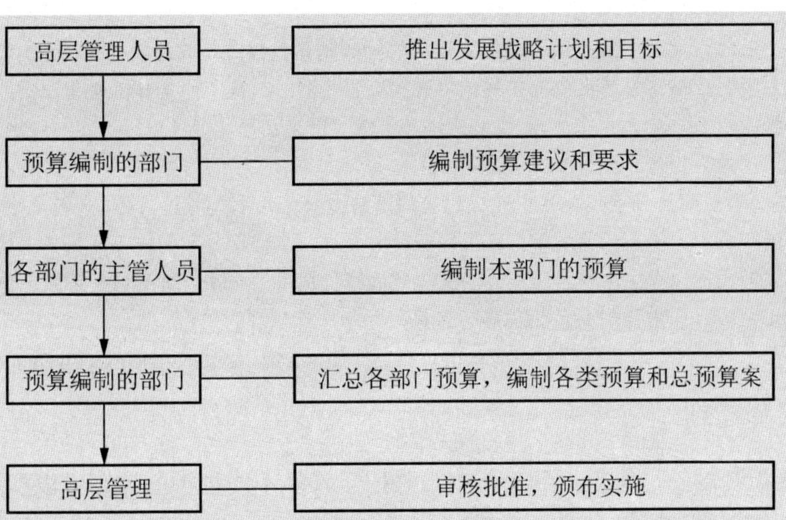

图 8.1　预算控制的程序

(4) 主管编制预算的部门将各部门上报的预算进行汇总，在认真协调的基础上，编制出组织的各类预算和总预算草案。

(5) 组织的各类预算和总预算草案上报组织的高层管理层进行审核批准，然后颁布实施。

4. 预算控制的局限性

作为控制方法，预算也有其不足，这是管理者必须了解的。预算控制的不足之处在于以下 4 方面。

(1) 往往会将预算目标代替企业目标，管理者极力将开支控制在预算限度之内，于是常常忽略了组织的主要目标。

(2) 过多的预算也有其危险性，因为过于详细地定出各种细小开支，会使管理者失去应有的自主权。

(3) 预算的最大问题是缺乏弹性，因为计划被简化成数字，会使人误会是确定不变的。由于组织的环境与内部条件会不断地变化，即使是新近完成的预算也会过时，如果管理者被这种缺乏弹性的预算所束缚，那么预算的实用性就会降低。

(4) 只能帮助企业控制那些可以用货币计量的活动，不能对那些不能计量的企业文化、企业形象的改善加以重视。

拓展知识

日本对产出控制的新关注

进入 21 世纪，日本公司面临不断增加的全球市场竞争问题，因为日元升值使他们的产品在国外变得昂贵。而且，全球竞争对手通过模仿一些节约成本的制造方法创新。日本曾经在降低产品成本这些方面领先。随着他们优势的削弱(因为外国竞争对手的成本变得和他们一样低，或是更低)，日本公司开始寻找新的降低成本、提高效率的方法。

首选的降低成本、提高效率的方法是使用具有激励作用的产出控制——目标和预算，以一种不破坏创新的方式进行。为了实现预算和利润目标，技术经理的选择将责任分散到基层主管和员工。例如，位于京都的麒麟啤酒公司的经理们互相竞争，报告最大利润率。有关成本的信息贴在墙上，以便所有员工都可以看到自己所在小组的每日工作业绩以及对实现组织目标和预算目标进展的影响程度。为了做到使员工更清楚自己的工作业绩对产品盈亏情况的直接影响，有些公司将员工分成更小的作业小组。例如，从事高科技的 kyocera 公司将员工分成 800 个小单元(公司将其成为“阿米巴”)，他们之间相互交换资源，努力使正在进行的工作产生最大价值。

此外，日本公司认识到占他们成本中较大比重的是诸如元器件之类的投入品，他们开始与供应商合作，以便帮助他们削减成本，提高产品质量。组织内研究与发展、工程设计和制造等职能部门的员工，现在是跨公司团队的临时成员。建立这种团队是为了发现新的降低成本的方法，而不仅仅是教会供应商如何使用预算和目标。大多数对产出控制的关注获得了回报。

(资料来源：http://125.71.228.222/wlxt/ncourse/glxyl/web/sjjx/alk/detail.asp)

8.3.2 非预算控制

除了预算控制以外，管理控制工作中还采用了许多不同种类的控制手段和方法，统称为非预算控制。其主要有以下 5 种。

1. 现场观察

观察是一种非常简便的控制方法。通过观察可以得到从书面报告中无法得到、但对控制却又非常有效的信息。因此，在认真探讨管理控制的各种方法时，管理人员从来都不会忽视通过个人观察进行控制的重要性。即使在进入现代化管理时代的今天，深入现场亲自观察仍然是管理者进行控制的必不可少的方法。

2. 专题报告和分析

专题报告是向计划负责人阐明计划执行进度及效果、存在问题及原因、采取的应对措施及结果等情况的一种形式。专题报告和分析对于具体问题的控制是非常有用的，这是因为专题报告和分析，具有非例行工作的特点，使人们能够高度重视非一般性的问题，这样可以揭示出对效率有重大意义的关键之处。在特定问题范围内，专题报告也是很有用的。日常的会计和统计报表虽然能提供大量必要的信息，但它们同时在许多方面并不一定适用。一位从事极其复杂的管理工作的、有成就的主管，往往聘请一些训练有素的分析人员，并由他们组织一个参谋小组，但不委派他们固定的任务，只是让他们在自己的控制下，从事研究和分析工作。经由这一分析小组的调查所揭示出来的可能存在的问题以及关于降低成本或更好地运用资本的可能性，是任何统计图表方法都做不到的。

3. 程序控制

程序是对操作或事务处理流程的一种描述、计划和规定。它通过文字说明、格式说明和流程图等方式，把每一项业务的处理方法规定得一清二楚，这也就是我们常说的标准化，从而既便于执行者遵守，也便于管理人员进行检查和控制。组织中常见的程序很多，例如决策程序、投资审批程序、主要管理活动的计划与控制程序、会计核算程序、操作程序、工作程序等。凡是连续进行的、由多道工序组成的管理活动或生产技术活动，只要它具有重复发生的性质，就都应当为其制定程序。

4. 制度规范

制度规范就是要有一套完整的制度准则，并且严格执行一些例行工作的运作程序、工作标准，一些人员的行为规范、责任制度等，靠制度体系进行控制。同时，对人员进行培训，使他们掌握组织规范，并全面提高其素质，这也是有效控制的一种根本性举措。此外，制度规范应该与奖励制度挂钩，对表现突出的人员进行奖励，这可以起到示范作用。

【管理漫画】

◎规范化的管理要体现在每个细节上面。

5. 资料统计

资料统计是反映受控系统历史活动状况的原始记录，也可以用来推断事物的变化趋势。它基本上用表格和图表两种形式，为管理者提供控制组织运行的依据。多数人都不容易从表格上看出数据的趋向和关系，而比较容易理解图表或曲线图形显示的统计数据的分析，因为图表具有形象直观性。统计资料要有针对性、有效地为管理控制服务，除了适应管理者的情况外，还应注意保证它的及时性和科学性。具体而言，就是要保证它定期地以某种规范形式呈报到管理层，这样可以排除由于季节性、财务调整等因素引起的变化，有助于管理者对变化趋势采取相应的控制手段。

拓展知识

简介行为控制手段

在实践中，管理者常常用以下行为控制的手段增大员工按期望的方式行事的可能性。

(1) 甄选。即识别和雇佣那些价值观、态度和个性符合管理当局期望的人。

(2) 目标。即使员工接受组织的具体目标，以目标指导和限制员工的行为。

(3) 职务设计。即通过职务设计，明确规定员工可从事的任务、工作的节奏，人们之间的相互作用，以及类似的活动。

(4) 定向。即向员工明确规定何种行为可接受和何种行为不可接受。

(5) 直接监督。即通过监督人员亲临现场的直接监督，限制员工的行为和迅速发现偏离标准的行为。

(6) 培训。即通过正式培训计划向员工传授期望的工作方式。

(7) 传授。即通过老员工以非正式和正式的传授活动向新员工传递“该知道和不该知道”的规则。

(8) 正规化。即以正式的规则、政策、职务说明书和其他规章制度规定可接受的行为和禁止的行为。

(9) 绩效评估。即采用各项评价指标考评绩效，使员工以正确的方式行事。

(10) 组织报酬。即以报酬手段来强化和鼓励期望行为和消除不期望行为。

(11) 组织文化。即通过组织文化的创建来引导和规范员工的行为。

(资料来源：清华大学. 管理学电子版. 北京：清华大学出版社，2004)

研讨与质疑

请以你了解的管理工作为例，解释说明上述控制方法的使用。在搜集资料与研讨的基础上，尝试提出其他的控制方法。

8.4 绩效考核

管理情景

有缺陷的绩效考核方案

某集团公司业务部派李湘萧到一个下属单位了解绩效情况。单位的负责人向李湘萧介绍了本单位业绩考核情况。可是，当李湘萧深入群众了解情况后，发现考核结果与实际出入很大，而且员工对部门领导的考核与评价很反感。李湘萧也感到现行的考核方案有明显的缺陷。他经过大量的调研，并广泛听取员工的意见，正在酝酿向这个单位负责人提出改善考核方案与控制的建议。

【讨论】

1. 你估计该单位的考核可能出现了哪些问题?
2. 你认为应该怎样进行绩效的考核、评价与改进?

理论研习

8.4.1 绩效考核的涵义

绩效考核是指组织按照员工所在岗位的绩效标准，定期对员工的工作行为、工作结果、工作能力、发展潜能及工作态度等进行考察、评估和测度的过程。对绩效进行科学的分析评价，是控制的关键性内容，具有极为重要的意义。

拓展知识

肯德基的考核

上海肯德基有限公司收到了3份总公司寄来的鉴定书，对他们下属的外滩快餐厅的工作质量分3次鉴定评分，分别为83分、85分、88分。公司中外方经理都为之瞠目结舌，不知道这3个分数是怎么评定出来的?

原来，肯德基国际公司雇佣、培训一批人，让他们佯装顾客到店内进行检查评分。每个顾客都可能是公司的“探子”，这使得快餐厅经理、雇员时时感到某种压力，丝毫不敢疏忽。肯德基国际公司就是这样管理控制它遍布全球60多个国家，9 900余个子公司的。

对员工进行绩效考核，需要依据一定的考核标准，遵循一定的考评程序，运用一定的考评方法来进行。有人说：德才兼备是贤臣、圣人，可遇不可求；有才无德是奸臣、小人，要控制使用；有德无才是忠臣、贤人，可交付事情而非事业；无德无才是庸臣、庸人，确无可用之处。因此，组织在进行员工考核时应该从以下 4 个方面加以考虑。

(1) 德，包括思想政治、工作作风、社会道德及职业道德水平等方面。古今中外，德的考核始终是首要因素，尤其对执掌权力的各级领导，更应重视对“德”的考评。

(2) 能，是指员工从事工作的能力，包括体能、学识、智能等内容。能力是考评的重点和难点。

(3) 勤，是指员工的积极性和工作中的表现，包括出勤、纪律性、干劲、责任心、主动性等。积极性决定着人的能力的发挥程度。只有将积极性和能力结合起来考评，才能发现员工的潜力。

(4) 绩，是指员工的工作效率及效果，包括员工完成工作的数量、质量、成本费用以及为组织做出的其他贡献。绩效是组织对员工的最终期望，当然要作为考评的基本内容。

8.4.2 绩效考核的作用

绩效考核的作用主要表现为以下 4 个方面。

(1) 为以出资人为中心的组织相关权益主体提供真实、准确的组织运营信息。

(2) 为出资人选择、监管、激励组织经营者提供重要依据。

(3) 有利于正确引导组织经营行为，把提高组织绩效作为决策的核心标准，促进组织的长远、健康发展。

(4) 有利于促使组织投入产出比率的最优化，强化科学管理，并有利于建立以高绩效为追求目标的现代组织管理制度。

拓展知识

绩效考核的起源

绩效考核起源于西方国家文官(公务员)制度。最早的考核起源于英国。在英国实行文官制度初期，文官晋职主要凭资历，于是造成了工作不分优劣，所有的人一起晋职加薪的局面，结果是冗员充斥，效率低下。1854—1870 年，英国文官制度改革，注重表现、看重才能的考核制度开始建立。根据这种考核制度，文官实行按年度逐人逐项进行考核的办法，根据考核结果的优劣，实施奖励与升降。考核制度的实行，充分地调动了英国文官的积极性，从而大大提高了政府行政管理的科学性，增强了政府的廉洁与效能。

8.4.3 绩效考核的程序与方法

1. 绩效考核的程序

绩效考核应当分为 6 个具体行动步骤进行组织实施。

第一步，确定考核周期。依据企业经营管理的实际情况(包括管理形态、市场周期、销售周期和生产周期)，确定合适的考核周期，工作考核一般以月度为考核周期。每个周期进行一次例行的重点工作绩效考核。对需要跨周期才可能完成的工作，也应列入工作计划，进行考核。

第二步，编制工作计划。按照考核周期，作为考核对象的职能部门、业务机构和工作责任人，于周期期初编制所在部门或岗位的工作计划，对纳入考核的重点工作内容进行简要描述。每一项重点工作都要明确设置工作完成的时间指标和质效指标。

第三步，校正量化指标。绩效考核强调要求重点工作的开展和完成必须设置量效化指标，量化指标是数据指标，效化指标是成效指标。重点工作的量效化指标，反映了重点工作的效率要求和价值预期。

第四步，调控考核过程。在管理运转中，存在并发生着不确定性因素，容易造成工作变数，考核也是如此。当工作的变化、进展和预置的计划发生冲突时，首先应该对变化的事物进行分析，准确识别变化的原因和走向，然后对工作计划和考核指标做出及时、适当的调整改进。

第五步，验收工作成效。每个周期期末，在设定的时间内，考核执行人依据预置或调整的周期工作计划，对考核对象的重点工作完成情况，进行成效验收。按照每项工作设置的量效化指标和考核分值，逐项核实工作成效，逐项进行评分记分，累计计算考核对象该考核周期重点工作完成情况的实际得分，并就工作的绩效改进做出点评。

第六步，考核结果运用。考核的目的是改进绩效、推进工作、提高效率。考核对象重点工作完成情况的实际得分即为考核结果。如何运用考核结果，会直接影响考核的激励作用。要切实结合企业管理资源的实际情况，充分考虑企业文化的负载能力，在这个基础上选择和确定考核结果的运用方式。

2. 绩效考核的方法

绩效考核可以有多种方法，下面主要介绍 4 种。

(1) 实测法。即通过各种项目实际测量进行考核的方法。例如，对员工进行生产技术技能的考评，常采用由员工现场作业，通过对其实际测量，测定、考评能力。

(2) 成绩记录法。即将取得的各项成绩记录下来，以最后累计的结果进行评价的方法。这是一种日常的、连续的、客观记录事实的方法。这种方法主要适用于能进行日常连续记录的生产经营活动或者其他职能工作，如记录生产的数量、质量和进度等。

(3) 配对比较法。这是一种相对考核的方法。其基本步骤为：第一步，确定考评的具体项目，如工作效率、工作数量、协调能力、规划能力等；第二步，将工作性质相同的、同一等级的管理人员编为一组；第三步，按规定的项目，将每位管理人员与同组的其他人员一一进行比较，评出其中的“优秀”和“劣者”；第四步，计算每个人的优胜次数，并按次数的多少排出名次。当被考评的人数较多时，使用这种方法就比较困难。

(4) 评分表法。这是一种古老也常用的绩效考核方法。首先，列出一系列与工作要求和绩效有关的因素，如职务知识、工作数量、工作质量、创造性等，并对这些因素按重要程度不同分配相应的权重。其次，确定考核标准，即针对每一个考核项目，划分不同的档次，并确定每个档次的具体考核标准。一般情况下，考核标准分为 5 档，如优秀、良好、满意、尚可及不满意。再次，根据被考核者的工作表现，逐一对表中的因素给出评分，评分尺度通常采用 5 分制。最后，将各项得分进行汇总，就得出某个管理人员的总分。该方法适合于对管理人员的综合考核。

研讨与质疑

分析和比较各种绩效考核方法的优缺点。试述绩效改进的重要性。

8.4.4 绩效考核中的错误倾向

1. 宽厚性错误

相对于员工所表现出来的实际绩效，给予不应该的超高标准的评分或给予不应该的超低标准的评分。前者被称为积极的宽厚错误；后者则为消极的宽厚错误。这些错误带来的问题是：员工误认为考评与实际工作绩效无关，而与其他因素有关。

2. 晕轮性错误

晕轮性错误也称晕轮效应、晕圈错误、光环效应。即在考评中，因某一个人格上的特征掩蔽了其他人格上的特征。例如，某考评者特别注重“交往能力”这一评价要素，因而他对“交往能力”很强的被考评者，在其他评定要素的判断上，也容易给出很高的评分。

这种效应在评定工作中的主要表现是：考评者往往带着某种成见来评定，或者凭着最初、最近的印象来评定员工。晕轮性错误会导致员工认为自己的业绩良好，不存在需要改进的地方。

3. 角错误

角错误的作用方向与晕轮性错误恰恰相反：被考评者绩效中的某一不利方面导致评价者将其绩效中的所有其他方面均评价过低。角错误会导致员工产生挫折感和抵触情绪。

4. 偏见性错误

偏见性错误既包括近因性错误也包括首因性错误。近因性错误是指考评者往往根据近期获得的被考评员工的信息或较易于记住的事件来做出总评定。首因性错误是指考评者往往根据自己最初获得的被考评员工的信息为依据来评价该员工的工作表现。偏见性错误会导致“以偏概全”、“以近代远”的考评偏差。

5. 暗箱作业

组织考评工作应着眼于员工能力的提高及潜能的发挥，在执行过程中应该是透明公开的。但我国大部分企业由于长期的封闭式管理制度的影响，不愿意和员工面对面地就考评的结果进行客观的探讨，因而员工不知道企业对他的评语是什么，更不晓得应如何改进工作。

6. 对人不对事

企业对员工的考评应该是对事不对人，但很多主管人员却是对人不对事，往往以对人的好恶作为考评该员工工作业绩的依据。这样，对于那些工作努力、成绩较好，但不会营造人际关系的员工就很难得到公平的待遇。

8.4.5 绩效改进

绩效改进是指确认工作绩效的不足和差距，查明产生的原因，制定并实施有针对性的改进计划和策略，不断提高竞争优势的过程。即指采取一系列行动提高员工的能力和绩效。绩效改进是绩效考核的后续应用阶段，是链接绩效考核和下一循环计划目标制定的关键环节。

1. 制订确实可行的绩效改进计划

在正确绩效评价的基础上，要制订科学可行的绩效改进计划，用以指导和推进下一阶段的工作。首先，应找出影响绩效的主要障碍及形成原因；其次，有针对性地提出解决这些问题的有效措施，寻找提高绩效的可行途径；最后，确定改进的目标，制订改进的方案，并将改进计划付诸实施。

2. 指导与建议

当出现偏差时，管理者可及时进行指导，或提出解决问题、改进工作的建议，帮助控制对象(员工或下级)纠正偏差。管理者应充分尊重员工的意见，以平等协商的态度，与员工共同分析解决问题；对出现的问题要进行深入分析，较系统地思考，提出有创意的、可行的解决问题的思路或方案。并尽可能与员工共同分析研究，还要使员工尽可能多地感受到他对于形成该方案的贡献；要以员工为主解决问题，由他们自主运作，自我控制，管理者决不可越俎代庖，只能是指导和帮助；问题解决后，要帮助员工总结经验教训，并完善相关程序与规范，以杜绝问题的再次发生。

3. 纠正偏差

当发现偏差时，有时需要管理者直接进行纠正。这种纠正的优点是作用直接、迅速，有利于问题的快速解决；但其带来的缺点是容易引起被纠正者的反感与抵制，甚至会扰乱正常指挥关系与工作秩序。在纠正时要注意：尽可能以平等协商的口气商量引导，让被纠正者自行纠正；要注意维护等级链的领导隶属关系，由员工的顶头上司去纠正，切不可越级指挥；一定要注意纠正的时间、地点与方式，要使员工容易接受，要有利于工作的正常进行；要提高纠正过程中的管理或技术含量，不是简单的就事论事，而是“就事论理”，把规律与要领交给员工，使其从中获得提高。

4. 沟通与激励

在评价后，特别是提出改进建议时，必须进行面对面的交谈，同员工进行深入的沟通。通过沟通，要将存在的问题与解决的途径达成共识；要明确具体改进目标、方案与措施；要对改进后的绩效提高充满信心，有改进的积极性；评价双方彻底消除隔阂，融通感情。并在整个过程注意运用各种有效方式进行激励，鼓舞士气，真正把绩效评价转化为巨大的激发力量。

拓展知识

微软：经理和员工双方沟通

微软公司对员工的业绩考核采取经理和员工双方沟通的形式。在每个财政年度伊始，经理会和员工总结上一年度的工作得失，指出改进的地方，然后定出下一年的目标。目标以报表的形式列出员工的工作职能和工作目的，经双方共同讨论后确定下来。半年后，经理会拿出这张表来和员工实际的工作对照，做一次年中评价。年底时经理还会和员工共同进行衡量，最后得出这个员工的工作表现等级，依此来决定员工的年度奖金和配股数量。这种办法的好处在于能使公司的发展目标和员工的业务目标结合在一起，也使员工有了努力的方向。另一方面，员工也可以提出，要实现目标希望公司给予什么样的发展机会和培训机会。这种形式不是一个简单的目标制定，而是双向沟通，更好地体现了公司尊重员工的理念，发挥了员工主动性的一面。

5. 建设更加有效的绩效改进与提高机制

通过改进计划，改革相关的运行机制、动力机制，健全各种程序与规范，加强精细化管理，解决存在缺陷的细节问题，全面提高工作质量。同时，要通过各种方式提高人员素质，这是改进绩效的根本所在。要运用在职辅导、系统培训等多种形式，提高员工的智力水平与技能，以更好、更快地完成各项工作任务，全面提高工作绩效。

职业能力训练

知识测试

1. 控制的基本类型和作用有哪些？
2. 简述控制过程中的3个基本环节。
3. 绩效考核的内容有哪些？
4. 简述绩效考核的方法。
5. 控制职能与管理的其他职能有什么关系？
6. 绩效考核的错误倾向有哪几种？
7. 绩效改进的措施有哪些？

学生小论坛

1. 对于一家公司而言，你认为该如何采用前馈控制来识别其管理岗位的最佳人选？
2. 试论组织中控制系统的制定是否会与激励员工士气相对立。
3. 试论绩效考核的过程中管理者应当如何激励员工积极配合。

技能训练

实训项目一　麦当劳公司的控制系统分析

1. 实训目标

(1) 掌握和运用控制的要领与基本方法。
(2) 掌握控制系统的构成要素和作用。

2. 实训内容和要求

(1) 认真阅读案例材料，先进行小组讨论，后进行班级讨论。
(2) 在班级讨论的基础上，每位学生对于自己讨论的内容，写出书面分析报告。
(3) 讨论下列几个题目。
① 麦当劳公司创设的管理控制系统由哪些基本构成要素？
② 麦当劳公司提出的口号如何反映公司的文化？这种口号的概括方式有哪些特色？
③ 麦当劳公司的控制系统如何促进了麦当劳公司全球化经营的战略？

麦当劳公司的控制系统

麦当劳公司是全球数一数二经营快餐的公司。鉴于在快餐饮食业中维持产品质量和服务水平是其经营成功的关键，公司在采取特许连锁店经营这种战略开辟分店和实现地域扩张的同时，就特别注意对各连锁店的管理控制。为此，麦当劳公司制定了一套全面、周密的控制办法。

公司各分店都由当地人所有和经营管理，公司主要通过授予特许权的方式来开辟连锁分店。使购买特许经营权的人在成为分店经理人员的同时也成为该分店的所有者，从而在直接分享利润的激励机制中把分店经营得更出色。特许经营使麦当劳公司在独特的激励机制中形成了对其扩展中的业务的强有力控制。公司在出售其特许经营权时非常慎重，总是通过各方面调查了解后挑选那些具有卓越经营管理才能的人作为店主，而且事后如发现其能力不符合要求则撤回这一授权。

公司还通过详细的程序、规则和条例规定，使分布在世界各地的所有分店的经营者和员工们都遵循一种标准化、规范化的作业。公司对制作汉堡、炸土豆条、招待顾客和清理餐桌等工作都事先进行详实的动作研究，确定各项工作开展的最佳方式，然后再编成书面的规定，用以指导各分店管理人员和一般员工的行为。公司在芝加哥开办了专门的培训中心——汉堡包大学，要求所有的特许经营者在开业之前都接受为期一个月的强化培训。回去之后，他们还被要求对所有工作人员进行培训，确保公司的规章条例得到准确的理解和贯彻执行。

为了确保所有特许经营分店都能按统一的要求开展活动，公司总部的管理人员还经常走访、巡视世界各地的经营店，进行直接的监督的控制。除此之外，麦当劳公司还定期对各分店的经营业绩进行考评。为此，各分店要及时提供有关营业额和经营成本、利润等方面的信息，这样总部管理人员就能把握各分店经营的状态和出现的问题，以便商讨和采取改进的对策。

麦当劳公司的另一个控制手段是在所有经营分店中塑造公司独特的组织文化，这就是大家熟知的“质量超群，服务优良，清洁卫生，货真价实”口号所体现的文化价值观。公司的共享价值观建设，不仅在世界各地的分店的上上下下的员工中进行，而且还将公司的一个主要利益团体——顾客也包括进这支建设队伍中。麦当劳的顾客虽然要求自我服务，但公司要求员工们要营造家庭式的氛围，这样既吸引了孩子们，也增强了成年人对公司的忠诚感。

3. 标准与评估

1) 标准

能运用控制过程和控制方法进行分析，并且能够提出有价值的意见或建议。

2) 评估

教师根据学生的任务完成情况进行考核与评价，给出实训成绩。

实训项目二　模拟管理：模拟公司的综合评价

1. 实训目标

(1) 培养收集与处理信息的能力。

(2) 培养总结与评价的能力。

2. 实训内容和方法

模拟公司的综合评价分两个阶段进行。

(1) 第一阶段为自评阶段。

经过一段时间的实践，由模拟公司的各个部门经理按工作性质的不同，写出自我评估报告；在此基础上，由总经理写出公司全面工作总结。

模拟公司每名成员给自己打自评分数；并共同给总经理评分；总经理要给每位成员评分。

(2) 第二阶段为互评和总评阶段。

召开交流与评估会。每位总经理都要在会上介绍本公司的绩效与经验；并开展各公司之间的互评；教师进行总结。

3. 标准与评估

1) 标准

能完整地搜集与整理有关本公司与本人绩效的信息，并能把握总结的方法与要领，进行客观、公正的总结评价。

2) 评估

① 每个公司成员提交自我评估报告或总结。

② 总经理提交本公司全面工作总结及为本公司成员评定成绩。

③ 各公司进行互评。

④ 课程指导小组、学生助教协助教师进行成绩汇总与评定。

第9章 管理创新

学习目标

知识目标

(1) 了解管理创新的概念、特征、作用。
(2) 明白管理的创新与维持的关系。
(3) 掌握管理创新的基本内容。
(4) 理解管理创新的过程及其组织。
(5) 掌握提高管理创新能力的方法。
(6) 了解我国企业管理创新面临的挑战、阻力，并掌握其相应的对策。

技能目标

(1) 能根据管理创新的知识对相关管理问题进行分析评价。
(2) 培养创新意识和创新能力。

本章知识结构图

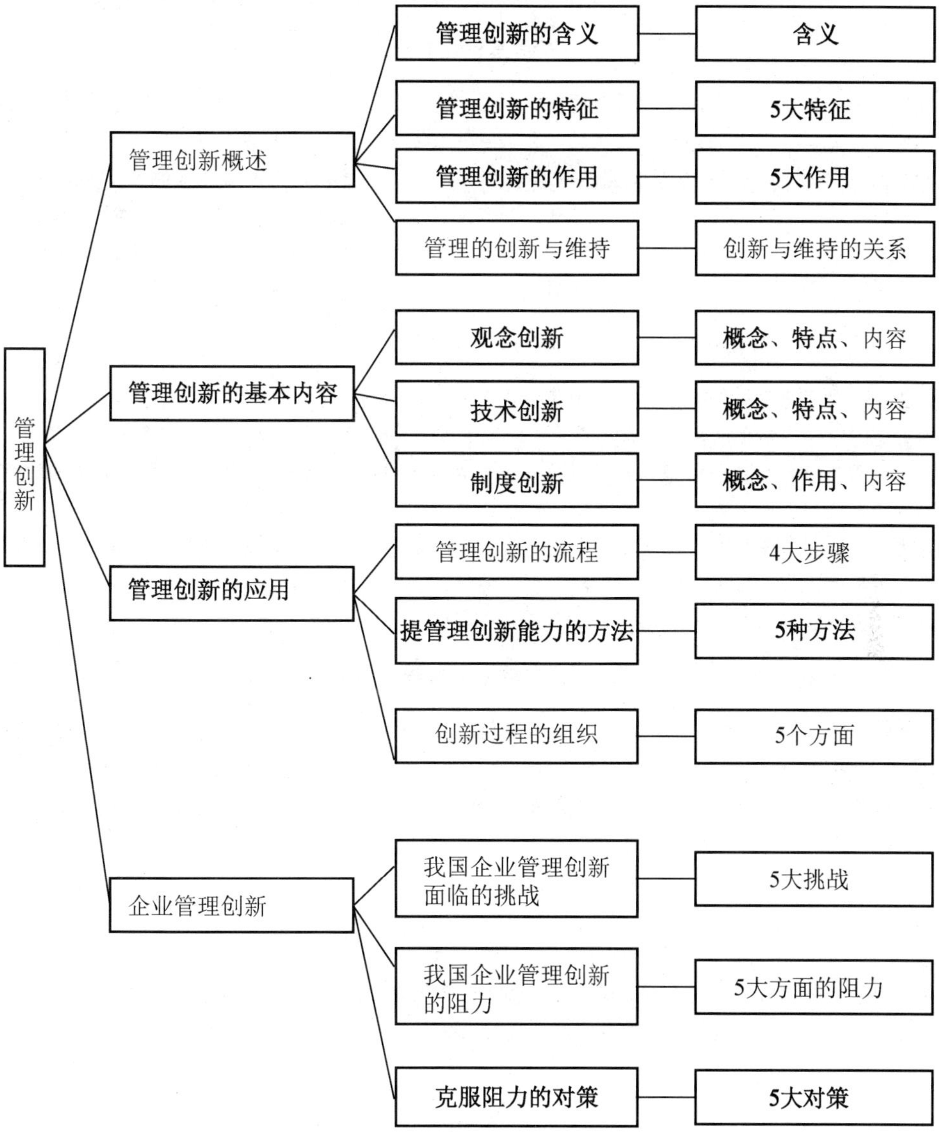

注：加粗字体表示本章的重点内容。

阅读小品

独特的创新

逆向思维的创新

一个秃头的男人坐在理发店里。发型师问："有什么可以帮你的吗？"那个人解释说："我本来去做头皮移植，但实在太痛了，如果你能够让我的头发看起来像你的一样，而且没有任何痛苦，我将付你 5 000 美元。""没问题。"发型师说。然后他很快将自己和对方剃了个光头。在思维过程中，需要合理想象与创造性思维，只有这样，人的认识能力才能得到进一步发挥，认识成果往往出其不意。而创造性思维的一个表现是，敢于打破常规，进行逆向思维。这个小幽默中的发型师面对秃头顾客提出的苛刻要求，他不是按照常规在顾客身上做文章，而是从自己身上做文章，赢得了顾客。

异想天开的创新

有一位家长带着上初中的孩子去池塘摸鱼。摸鱼前，他吩咐儿子摸鱼时不要弄出声，否则，鱼就会吓得往水深处跑，就捉不到鱼了。有一天，儿子一个人去捉鱼，竟捉了半盆鱼。家长忙问怎么捉的。儿子说，您不是说一有声响鱼就会往深处跑吗？所以，我就先在池塘中央挖了一个深水坑，再向池塘四周扔石子，当鱼跑进深坑，我只管摸鱼就是了。在分析与综合的思维过程中，如果伴随着合理想象与创造性思维，人的认识能力会得到进一步发挥，认识成果甚至是惊人的。此事例说明，家长看到的是几条鱼，而孩子看到的是整个池塘的鱼。成人随岁月的增长思维受到了束缚，丧失了思维的创造性，而孩子则不然，21 世纪的学生应该异想天开，发挥创造性思维，培养自己的创新能力。

突破才会创新

哥伦布是 15 世纪的著名航海家。他历经千辛万苦终于发现了新大陆。对于他的这个重大发现，人们给予了很高的评价和很多荣誉。但也有人对此不以为然，认为这没有什么了不起，话中经常流露出讽刺。一次，朋友在哥伦布家中做客，谈笑中又提起了他航海的事情，哥伦布听了，只是淡淡一笑，并不与大家争辩。他起身来到厨房，拿出一个鸡蛋对大家说："谁能把这个鸡蛋竖起来？"大家一哄而上，这个试试，那个试试，结果都失败了。"看我的。"哥伦布轻轻地把鸡蛋一头敲破，鸡蛋就竖立起来了。"你把鸡蛋敲破了，当然能够竖起来呀！"有人不服气地说。"现在你们看到我把鸡蛋敲破了，才知道没有什么了不起，"哥伦布意味深长地说："可是在这之前，你们怎么谁都没有想到呢？"过去讽刺哥伦布的人，脸一下子变得通红。这个故事讲的是一个关于突破创新的道理。要创新，有时就不得不进行"破坏"，甚至破坏自己亲手建造起来的大厦。要在创造中进行破坏，我们是否有勇气打破我们赖以成功的基石去寻找新的发展思路。

计划、组织、领导、控制是管理的"维持职能"，其任务是保证系统按预定的方向和规则运行。但是，管理是在动态环境中进行的，仅维持是不够的，还必须通过不断地调整系统获得的内容和目标，以适应环境的变化，这就需要组织在管理中实现创新。

9.1 管理创新概述

管理情景

有位老人在河边钓鱼，一个小孩子在一旁饶有兴趣地观看。老人技巧纯熟，没有多久就钓上了满篓的鱼。老人见小孩很可爱，要把整篓的鱼送给他，小孩摇摇头。老人惊异地问道："你为何不要？"

小孩回答："我想要你手中的钓竿。"

老人问："你要钓竿做什么？"

小孩说："这篓鱼没多久就吃完了，要是我有你这根钓竿，我就可以自己钓，一辈子也吃不完。"

【讨论】

这个小故事告诉了我们什么？

理论研习

9.1.1 管理创新的含义

创新是企业和国家竞争战略的核心。发达国家的企业、政府和经济学界都把创新放到了前所未有的战略高度。

创新(Innovation)一词起源于拉丁语里的"Innovare"，意思是更新、制造新的东西或改变。创新成为一种理论是 20 世纪初的事情。美籍奥地利人、美国哈佛大学教授约瑟夫·熊彼特(Joseph A．Schumpeter)第一个从经济学角度系统地提出了创新理论。熊彼特所说的创新概念包括下列 5 种情况：①创造一种新的产品；②采用一种新的生产方法；③开辟一个新的市场；④取得或控制原材料或半制成品的一种新的供给来源；⑤实现任何一种新的产业组织方式或企业重组。除了最后一种组织创新外，熊彼特的创新概念包括的几个方面都属于技术创新的范畴。其后许多学者的思想都是涉及技术创新，只有少数涉及组织制度创新。

彼得·德鲁克将创新概念引入管理领域，从而进一步发展了创新理论。他所定义的创新包括技术创新和社会创新。

所谓管理创新，就是根据内部条件和外部环境的变化，不断创造出新的管理制度、新的管理方法、新的工艺方式和新的市场等，促使管理要素更加合理地结合运行，实现组织目标的过程，也就是管理本身的过程。

拓展知识

蒙牛号召向伊利学习

1998 年底，原伊利副总牛根生出走伊利，创办蒙牛。对中国乳业来说，伊利就是一所黄埔军校。伊利把牛根生从一个刷奶瓶的小工培养成一个呼风唤雨的人物，伊利依托"公司连基地，基地连农户"的生产经营模式也被蒙牛当仁不让地拿来，并且做得更到位、更彻底。牛根生还别出心裁在产品包装盒上印上为民族工业争气，向伊利学习的口号，蒙牛的第一块广告牌也非常乖巧地写着做内蒙古第二品牌。

但正因为这种在学习中竞争的模式，伊利和蒙牛的发展速度都非常惊人。尤其是蒙牛，创造了中国企业史无前例的 1947.31%的成长速度，由名不见经传飙升到现在的前五之列。

9.1.2 管理创新的特征

1. 不确定性

任何创新都具有不确定性，管理创新也一样。创新意味着在旧事物上推陈出新或创造出从来没有的新事物，没有旧例可以遵循，进行创新的结果也无法预料，因此具有不确定性。管理创新的程度越高，不确定性就越大。管理创新的实现与扩散过程就是其不确定逐步消除的过程。

2. 受排斥性

管理创新意味着变革，通常会受到来自各方面的压力、排斥和抵制。管理创新是创造一种新的、更有效的资源整合模式，组织中已经适应原有生活工作和思维方式的人们往往不欢迎变革。

3. 价值性

管理创新是指管理者借助于系统的观点，利用新思维、新技术、新方法，创造一种新的、更有效的资源整合方式，以促进企业管理系统综合效益的不断提高，达到以尽可能少的投入获得尽可能多的产出，给消费者创造更高的价值与满足感，从而也给整个社会创造更多的价值，做出更多的贡献。

4. 动态性

管理创新是一种动态性的活动。由于企业是一个不断与外界环境进行物质、能量以及信息交换的动态开放系统，现代企业组织活动的内外环境具有很多不确定性因素和不完全信息，因此管理创新活动就应该是根据内外环境的变化，不断超越的创造性过程，具有动态性。

【管理漫画】

◎管理也要因时而变，创新进取。

5. 复杂性

企业的管理本身就是一种复杂的活动，而管理创新活动是创造一种新的管理范式，涉及企业的全过程、全方位、全面效益等，范围很广，具有复杂性，不可能一蹴而就。

拓展知识

路径依赖

在经济学中有一个路径依赖的故事，说美国铁路铁轨宽度之所以是 56.5 英寸(1 英寸 = 2.54cm)，因为是英国铁路设计师设计的，英国铁路就是 56.5 英寸。为什么英国铁路是这个数字？因为英国铁路是由设计有轨电车铁轨的人设计的，英国有轨电车的车轨就是 56.5 英寸。为什么英国有轨电车是这个数字？这是由马车的车轮距离决定的。为什么马车的车轮距离是 56.5 英寸？因为古代战车由两匹马拉动，而两匹马屁股就是 56.5 英寸。现代化铁路的轨距居然是由古代马屁股的宽度决定的！这真是创新难，难于上青天。

9.1.3 管理创新的作用

1. 提高企业的经济效益

管理创新的目标是提高企业优先资源的配置效率。提高企业的经济效益分为两个方面：一是提高目前的效益，一是提高未来的效益即企业的长远发展。

2. 降低交易成本

管理层级制的创新，可使现代企业将原来在企业之外的一些营业单位活动内部化，从而节约企业的交易费用。

3. 稳定企业，推动企业发展

企业管理的有序化、高水平是企业稳定与发展的重要力量，而管理创新的结果是为企业提供更有效的管理方式、方法和手段，从而推动企业稳定发展。管理层级制的创新，不仅使得层级制本身稳定下来，也使得企业发展的支撑架构稳定下来，而这将有效地帮助企业的长远发展。

4. 拓展市场，帮助竞争

管理创新若在市场营销方面进行，则将帮助企业有力地拓展市场、展开竞争。企业在进行市场竞争和市场拓展时，将会遇到众多竞争对手，管理的创新就是在能遇见对手的相对应对策条件下寻找最佳的、新的市场策略和运行方式。

5. 有助于企业家的形成

一个职业经理层即企业家阶层的形成，是现代企业管理创新的一个直接成果。职业企业家更关心创新，关心管理创新，因为他们知道管理创新的功效，因此职业企业家们往往成为重要的管理创新的主体。

9.1.4 管理的创新与维持

维持与创新是管理的本质内容，有效的管理在于适度维持与适度革新的组合。作为管理的基本内容，维持与创新的关系及其作用具体如下。

(1) 维持是保证系统活动顺利进行的基本手段，也是系统中大部分管理人员，特别是中层和基层的管理人员所从事的工作。

(2) 任何社会系统都是一个由众多要素组成的，与外部不断发生物质信息、能量交换的动态、开放的非平衡系统。系统内部因素和外部因素都是不断变化的，这种为适应系统内外变化而进行的局部和全局的调整，便是管理的创新。

(3) 系统的社会存在是以社会的接受为前提的，而社会之所以允许某个系统存在，又是因为该系统提供了社会需要的某种贡献，系统要向社会提供这种贡献，则必须首先以一定的方式从社会中取得某些资源并加以利用。

在管理实践中，整个管理活动的基本内容无非是维持与创新的矛盾统一。所谓有效的管理，就在于适度维持与适度创新的结合。维持与创新对组织系统的生存和发展都是非常重要的，它们是相互联系、不可或缺的。创新是维持基础上的发展，而维持则是创新的逻辑延续；维持是为了实现创新的成果，而创新则为更高层次上的维持提供了依托和框架。任何管理工作，都应围绕着系统运转的维持和创新而展开。只有创新没有维持，系统便会呈现无时无刻、无所不变的混乱状态；而只有维持没有创新，系统则会缺乏活力，最终将被环境所淘汰。卓越的管理是实现维持与创新动态平衡、最优组合的管理。

研讨与质疑

有人说："创新的本质就是杂乱无章，无规律可循。"请你谈谈对该观点的看法。

9.2 管理创新的基本内容

管理情景

去和尚庙推销梳子

有4个营销员接受任务，到庙里找和尚推销梳子。

第一个营销员空手而回，说到了庙里，和尚说没头发不需要梳子，所以一把都没销掉。

第二个营销员回来了，销售了十多把。他介绍经验说，我告诉和尚，头皮要经常梳梳，不仅止痒，头不痒也要梳，可以活络血脉，有益健康。念经念累了，梳梳头，头脑清醒。这样就销售了一部分梳子。

第三个营销员回来，销售了百十把。他说，我到庙里去，跟老和尚讲，您看这些香客多虔诚啊，在那里烧香磕头，磕了几个头起来头发就乱了，香灰也落在他们头上。您在每个庙堂的前面放一些梳子，他们磕完头烧完香可以梳梳头，会感到这个庙关心香客，下次还会再来。这一来就销掉百十把。

第四个营销员回来，销售了好几千把，而且还有订货。他说，我到庙里跟老和尚说，庙里经常接受人家的捐赠，得有回报给人家，买梳子送给他们是最便宜的礼品。您在梳子上写上庙的名字，再写上3个字"积善梳"，说可以保佑对方，这样可以作为礼品储备在那里，谁来了就送，保证庙里香火更旺。这一下就销掉了好几千把。

【讨论】

1. 这个案例告诉我们一个什么道理？

2. 这个案例中的故事是如何体现了管理创新的？

理论研习

管理创新的内容非常广泛，它涉及管理工作的各个方面。概括地讲，主要有观念创新、技术创新和制度创新等几项基本内容。

9.2.1 观念创新

人们的行为总是要受到一定思想观念的支配，思想解放是社会变革的前提，观念创新是一切创新的先导。所以，管理创新最基本的内容就是观念创新。

1. 观念创新的概念

所谓观念创新就是创造和运用体现现代进步的新思想、新方法处理现实问题的过程。相对于传统的思想观念和社会生产，观念的创新是一个否定自我、超越自我的过程；是一个改变现有利益格局、重新构建新的利益关系的过程；是一个不断学习、积累和提高的过程；是一个从现有信息和条件出发，对于未来不确定的事件做出重大决策的过程。因此，观念创新必须具有足够的勇气和无畏的精神。

2. 观念创新的特点

观念创新是管理创新的重要内容，它具有管理创新的一般特点，又有其他管理创新所不具有的特点。概括地讲，主要有以下4个方面。

(1) 观念创新要首先战胜自己。组织的管理思想是组织管理者思想的体现，组织能否抛弃落后的思想而重新建立一种符合时代发展的新思想，关键取决于组织管理者思想更新的程度。如果组织管理人员不能有效地战胜自己，不断地吐故纳新，更新自己的思想，那么，观念创新就只是空谈。

(2) 观念创新必须打破已有的利益格局。观念创新就是不满足于现状，就是要改变过去已经习惯了的工作方式和生活方式，就是要改变现有的利益格局，其困难程度可想而知。

(3) 观念创新的基础在于学习。学习既包括对前人、别人的思想和经验的学习，也包括创新主体本身在实践中的思考和学习，通过学习产生超前的观念并实现已有观念的突破。

(4) 观念创新面临着巨大的风险。观念创新所面临的风险主要有两个方面：一方面，观念创新是摈弃原有社会条件下的思想，而创造一种前所未有的新的观念，需要付出很大的代价。另一方面，当创新者首次提出一种创新观念时，这种观念是否符合社会发展的需要具有很大的不确定性。

3. 观念创新的内容

观念创新的主要内容包括以下几个方面：研究市场、以变应变的观念；顾客第一、用户至上的观念；可借鉴的、具有时代特色的创新观念；重在参与、以人为本的观念；竞争、优胜劣汰的观念；战略制胜、追求卓越的观念等。

管理小故事

海尔理念

在海尔集团的早期，可以看出“追求卓越”这一具有创新精神的核心理念——“要么不干，要干就要争第一”，“质量是生命，信誉是根本”，这对海尔集团的早期发展具有巨大影响。后来，海尔集团不断完善和创新它的核心经营理念：如“日事日毕、日清日高”的理念——“明天的目标比今天更高”、“高标准、精细化、零缺陷”；“品牌是帆”的理念——“先谋势，再谋利”、“卖信誉而不是卖产品”、“真诚到永远”；管理者“身体力行、言传身教、以身作则”的理念——“管理者承担80%的责任”、“授权加监督”；“人人是人才，赛马不相马”；“快速反应，马上行动”；“以变制变，否定自我，创造市场”；“没有淡季的产品，只有淡季的思想”等。

管理启示：分析海尔不断完善和创新的核心经营理念，可以看到海尔集团的发展脉络，也很容易解释在这样一个竞争激烈的家电行业中它区别于其他企业的经营行为和取得的突出成就。

9.2.2 技术创新

技术创新是一项高风险、高回报的科研生产经营活动，是组织实现可持续发展的基础，是一个国家实现经济持续增长的重要来源。在高新技术激烈竞争的今天，技术创新就显得尤为重要。

1. 技术创新的概念

关于技术创新的概念，目前理论界还没有一个完全统一的认识。狭义的技术创新是指新产品和新工艺设想的提出和开发，而广义的技术创新则是指一个创新的过程。它是从新产品或新工艺设想的提出，经过研究与开发，到实现产业化、商业化生产，而且在市场上获得成功的全过程，是技术与市场的有机结合。我们这里所提到的技术创新，主要是指广义的技术创新。

2. 技术创新的特点

技术创新不同于组织日常性的生产经营活动，与其他形式的管理创新相比较，也具有一些不同的特点。一般说来，技术创新有以下 4 个方面的特点。

(1) 技术创新具有信息化的特点。主要是指技术创新对信息和信息技术的依赖程度。技术创新是一种人们认识世界和改造世界的活动，而这个活动过程必须不断从外界获得信息，并对信息进行交换、传递、储存、处理、比较、分析、判断和提取。技术创新活动是否能够成功，在很大程度上取决于信息的获取与利用。

(2) 技术创新具有多学科性的特点。目前的技术创新是多学科的综合，是以群体形式出现的。所以，技术创新是多学科技术的融合、渗透、互补和合作，赋予了技术创新无穷无尽的生命力。

(3) 技术创新具有很大的风险性特点。主要是指技术创新具有许多不确定性和高投入性。这是因为技术创新具有许多试验性问题，其中每一个环节都包含了很大的不确定因素。技术创新成功率低下是其风险的主要因累。此外，与其他管理创新相比较，技术创新的投资较大。

(4) 技术创新具有继承性的特点。从技术创新的发展来看，任何技术创新活动都是建立在以前技术创新成果的基础之上，并攀登前进的。技术创新的这种继承性创造了一代又一代不断完善的新产品。一代技术创新要善于继承前人的技术成果，并在新的起点上有所发明和创造。

3. 技术创新的内容

技术创新的内容主要包括以下几个方面：要素创新主要包括材料创新、设备创新；要素组合技术创新主要包括生产工艺和生产过程的时空组织两方面；产品创新主要指物质产品本身的创新，包括品种和结构的创新。

拓展知识

柯达相机之路

1877 年，照相机已被发明出来，但当时的照相设备极为复杂，带着出去旅行都极为不方便。而且，没有专门的知识和技术，谁也无法使用这个相机。柯达创始人乔治·伊斯曼，第一次接触到照相机时，忍不住想：照相机能不能做得小一些呢？摄影技术能否弄得像“用铅笔写字那么简单”？这些伟大的疑问加上伊斯曼坚持不懈的追求，终于给感光业带来了一场划时代的革命。1886 年，小型、轻便、人人都会用的照相机诞生了。伊斯曼为它起了个响亮的名字：“柯达”。1888 年，柯达打出了第一个广告，画面上一只手举着一架柯达相机，旁边是伊斯曼写的自信与自豪的承诺：“你压下按钮，其余由我负责。”柯达上市，一举获得成功。

从此，“人人都会用”这一思想贯穿于整个柯达的经营历程，如何方便消费者使用相机，一直是柯达公司孜孜以求的目标。1964年，柯达经过10年的研究，推出了一种“拍立得”相机。这种相机机型更加轻便，易于携带；操作简便，无须测距对光，就能获得清晰的照片；底片装卸便利安全。这种老少皆宜的照相机上市之初，就销售了750万架，一举创下了相机销售量的世界最高纪录。同年，正值“拍立得”旺销之际，柯达了解到电子闪光灯设备不够完善，每照一张就得换一个灯泡，于是在1965年推出使用方便的方形四闪镁光灯装置。1970年，柯达为弥补方型四闪镁光灯离不开电池的缺陷，进一步推出了“新奇X系列光灯”。1973年，超小型匣式柯达相机诞生，这种相机方便到可以放在口袋或手提袋里，而且照出的相片画面清晰。这种相机上市后仅3个月在美国一地就售出了100多万架，全世界销量达1 000万架；在台湾，柯达相机的家庭普及率增到40%。人们亲切地称它为“傻瓜相机”。

9.2.3 制度创新

对于经济增长起着决定性作用的因素是制度性因素，而非技术性因素。制度创新为技术创新的持续涌现和经济持续增长提供了体制保障。

1. 制度创新的概念

所谓制度创新就是改变原有的组织制度，塑造适应社会生产力发展的市场经济体制和现代化大生产要求的新的微观基础，建立起产权清晰、权责明确、政企分开、管理科学的现代组织制度的过程。如产权制度创新、系统化管理制度创新、管理制度的制定方式创新，以及管理制度效用评价体系创新等等。

2. 制度创新的作用

制度创新是组织发展的基础，是组织整体创新的前提和条件，同时也是实现一个组织不断创新的保障。制度创新的作用突出表现在以下4个方面。

(1) 适时的制度创新能够使组织站在发展的前沿。组织的外部环境总是处在不断发展变化之中，随着世界经济一体化、国际化、区域化和网络化格局的形成和加深，组织比任何时候都更开放，组织只有和外界保持良好的关系，才能经久不衰，站在发展的前沿。相反，如果组织的体制僵化，创新不足，便会造成毁灭性的打击。

(2) 制度创新是搞好组织各项管理工作的基础。从广义的角度上讲，组织的制度就是管理的制度化。管理本身就是强制性与艺术性的统一。为了使组织的各项管理工作符合组织内外环境变化的需要，并取得良好的管理成效，就必须首先从体制上、制度上为其开路。

(3) 制度创新能够为创新过程中的合作提供基础。随着人类创新活动的不断拓展，随着社会化、专业化程度的不断提高，创新活动已经从个人行为转变为集团行为，这就使得不同创新者之间的合作变得越来越重要。没有制度的创新，不同创新者之间的“共识”就难以形成，创新合作也就不可能。

(4) 制度创新将为组织的其他创新活动提供激励机制，刺激其他创新活动的开展。任何一种制度的基本任务就是对个人的行为形成一个激励集，通过这些激励，每个人都将受到鼓励而去从事那些对他们有利的经济活动。因此，任何组织都必须不断地进行制度创新，不断地形成新的激励机制，最大限度地刺激组织其他创新活动的开展。

【管理漫画】

3. 制度创新的内容

制度创新的主要内容包括以下几个方面：重组企业机构，调整组织框架；注重人力资源，严格控制人员；加强经营管理，优化经营策略；加强基础工作，严格管理措施；突出财务管理，注重效益核算等。

管理小故事

切蛋糕

老张和老李一人出一百块钱买了一个蛋糕，老张说我来切，老李怕他切得不公平，就找了3个朋友，第一个人是搞政治思想工作的，他对老张说，你要提高你的道德素质，不可以权谋私。第二个人是搞技术的，他说，老李，你好好把这个面积测定一下，再考虑这个蛋糕做得均匀度，计算好，通过优化计算，选择切入的面。第三个人是制度经济学的，他说，不用费事，老张你切，切完以后，老李先挑，保证它会尽量切得公平。

管理启示： 制度创新是技术创新和管理创新的基础。所以要特别注意制度创新。

研讨与质疑

你是否赞成本书将管理创新的内容概括为上述3方面？你能举出上述3方面以外的管理创新吗？

9.3 管理创新的应用

管理情景

朝鲜战争中的逃生

在朝鲜战争时，美国空军聘用了刚刚获得心理学博士学位的保罗·托兰斯来开发一个训练计划，用于指导飞行员和机组人员在物质缺乏和极度危险的状态下的逃生，例如严寒或酷热；缺少食物、水或者避难所；在水下，在丛林中，甚至被敌人俘虏时，他的工作任务就是使飞行工作人员做好接受各种挑战的准备，因为他们有可能会成为朝鲜的战俘。托兰斯查阅了文献，研究了当前的训练计划。他也采访了几百个第二次世界大战期间在同样经历中幸存的美国空军。最后，他惊讶地发现，那些逃生至关重要的本领是训练计划没有教过的：创新。当前的课程提供了大量如何应付不同困境的训练，讨论了幸存者甚至是从战俘集中营脱逃者的真实实例，还常常包含一些逼真的模拟练习。但是托兰斯发现，不管人们接受多少训练，当真正面临这些状况时，他们几乎无一例会外地遇到新的意外情形。只有那些把训练中学到的东西与自身的经历结合起来，发明了全新的逃生技巧的士兵才能幸存。

(资料来源：艾伦·鲁宾逊，萨姆·斯特恩. 企业创新力[M]. 北京：新华出版社，2005)

【讨论】

这个案例体现了一个什么道理？简要阐述各自观点。

理论研习

9.3.1 管理创新的流程

要有效地组织系统的管理创新活动，就必须研究与揭示创新的规律性，研究创新的流程。其流程图如图 9.1 所示。

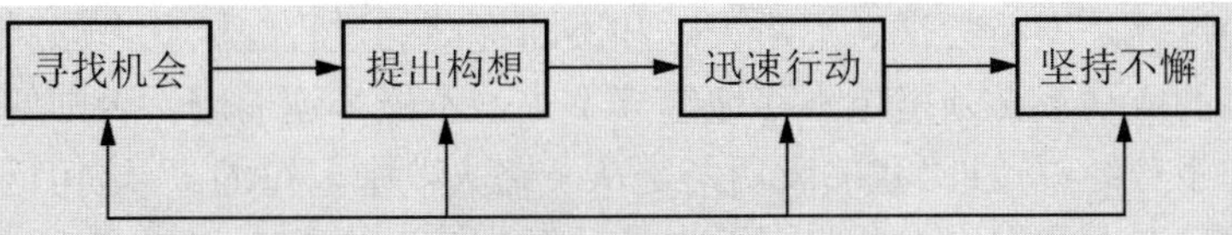

图 9.1 管理创新的流程图

1. 寻找机会

创新是对原有秩序的破坏。原有秩序之所以要打破，是因为其内部存在着或出现了某种不协调的现象。这些不协调对系统的发展提供了不利的机会或造成了某种不利的威胁。管理创新活动正是从发现和利用旧秩序内部的这些不协调现象开始的。

2. 提出构想

敏锐地观察到了不协调现象的产生以后，还要透过现象究其原因，并据此分析和预测不协调现象的未来变化趋势，估计它们可能给组织带来的积极或消极后果，并在此基础上，努力利用机会或将威胁转换为机会，消除不协调，使系统在更高层次实现平衡的创新构想。

管理小故事

富翁故事

一个富翁即将退休。他指着一间空屋对 3 个儿子说："我给你们每人一万块钱，谁能用这笔钱将此屋填满谁就是我的继承者。"大儿子买了一棵树叶茂盛的树拖到屋里，占满了大半个房间；二儿子买了一大堆草放到屋子里，也占满了大半个房间；小儿子只花了几块钱买了一根蜡烛放到屋子里，晚上点燃，光明充满了房间。富翁对小儿子很满意，让他继承了财产。

管理启示：取得成功，需要恰当的方式，需要创造性和敏捷性地思考问题的方法，只有这样才能事半功倍，才能提高成长速度。

3. 迅速行动

提出的构想可能还不完善，甚至可能很不完善，但这种并非十全十美的构想必须立即付诸行动才有意义。“没有行动的思想会有生有灭”。管理创新的构想要在不断地尝试中才能逐渐完善，企业只有迅速地行动才能有效地利用“不协调”提供机会。

管理小故事

猎人故事

两个猎人兄弟前去打猎，一天他们发现天空飞来了一只肥肥的大雁，一定是顿美餐了。老大提弓准备射杀大雁，嘴中念念有词，射下来，咱们煮了吃。老二也提起弓要射，说不行，煮了不如蒸着吃。老大一听，放下弓，说道，蒸着有什么好吃的，还是煮着吃啦。老二也放下弓，说一定要蒸。于是哥俩就开始为到底是蒸着吃还是煮着吃吵了起来。看到事态这样发展下去不是个办法，最后哥俩商定还是煎了吃。在达到意见一致后，哥俩准备抬弓射大雁时，却发现大雁不知飞向了何处。

管理启示：机会时不我待，稍纵即逝。成功的创新往往在于适时地抓住机会。

4. 坚持不懈

管理创新的过程是不断尝试、不断失败和不断提高的过程。因此，创新者在开始行动以后，为取得最终的成功，必须坚定不移地继续下去，不能半途而废，否则便会前功尽弃。伟大的发明家爱迪生曾经说过：“我的成功乃是从一路失败中取得的。”这句话对创新者的启示在于，创新的成果在很大程度上要归因于“最后五分钟”的坚持，“失败是成功之母。”

9.3.2 提高管理创新能力的方法

1. 有意识地进行管理创新

创新行为常常在有意识和无意识之间发生。创新行为并不一定带来创新的成果。有价值的创新行为和成果常常与某些特定的机遇或事件相关联。虽说机遇可遇不可求，但机遇更垂青于有所思想准备的人或组织。那是因为，有准备的人总是能比别人更早、更快地意识到某些机遇中所蕴涵的创新意义和价值。所以，应该培养有意识地进行管理创新。

2. 创造一个怀疑的、解决问题的文化

富有创新力的组织通常在企业文化方面表现出以下特征：鼓励尝试，允许失败；容忍不切实际的想法；容忍冲突，鼓励冒险；注重结果而放松对过程的控制；强调开放系统思维方式。管理者要主动去创造一个良好的企业文化氛围，鼓励员工们用怀疑的眼光去解决问题，以便培养他们的创新精神。

3. 利用外部的变革来源来探究自身的新想法

伴随着组织与环境的发展，创新是无止境的。在一个充满创新的外部环境下，更应该要不断探究自身的新想法，发掘自身的潜力。富有创新力的员工，可以在宽裕的资源、良好的企业文化氛围下，懂得举一反三，激发员工勇于创新，成为革新能手，形成创新的成果，也享受到创新过程的乐趣以及给个人带来的实质性好处。

【管理漫画】

◎开放的文化氛围，可以带来特别的创新思维。

4. 建立学习型组织

建立学习型组织就是在内部形成完善的学习机制，把组织成员与工作持续地结合起来，使组织在个人、工作团队及整个系统 3 个层次上得到共同发展，形成“学习—持续改进—建立竞争优势”的良性循环。学习型组织的核心在于解决问题和提升员工解决问题的能力，因此，新时代的组织管理者需要通过在整个组织范围内培养和提升员工的学习能力来保证组织获得持续的创新能力，并保持竞争优势。

5. 持续地进行管理创新

创新是对旧事物的否定，是对新事物的探索。这个世界就是新事物取代旧事物的一个不断发展的过程，如此循环反复。因此，创新也不会停止。要使企业不被这个社会淘汰，必须持续地进行管理创新，使企业永远保持活力！

9.3.3 创新过程的组织

管理创新是现代管理的一个重要内容，它对现代管理人员的要求主要有两个方面：一方面，及时根据内外环境的变化，对自己的工作进行创新，努力使自己的工作符合社会和组织发展的需要；另一方面，组织下属的创新活动，主要是为下属的创新提供条件、创造环境，以及提供激励等。

1. 正确理解和扮演“管理者”的角色

在组织内外环境变化不大的情况下，管理者普遍认为自己的主要职责就是维持组织的运行，就是保证预先制定的规则的执行和计划的实现。因此，他们自觉地或不自觉地扮演了现有规章制度的守护神的角色。为了减少组织运行的风险，防止大祸临头，他们往往对创新尝试中的失败吹毛求疵、反感甚至敌视创新。随着组织内外环境的巨大变迁，现代组织的生存与发展对管理创新的依赖越来越大，客观上要求现代管理人员重新理解自己的职责，正确扮演管理者的角色，不仅自己要自觉地带头创新，而且要为组织成员提供和创造一个有利于创新的环境，鼓励、支持和引导组织成员的创新活动。

2. 创造需要一个鼓励创新的组织氛围

创新是一项高风险的活动，是一个艰苦的过程，创新者必须投入大量的时间和精力，有些创新活动甚至需要非常苛刻的条件。没有组织的大力扶持，没有一个鼓励创新的组织氛围，创新者的积极性就难以调动起来，或者无法开展。促进组织创新活动开展的最好方法就是大张旗鼓地宣传创新，激励创新，树立“无功便是错”的新观念；促使每一个组织成员都奋发向上，努力进取，大胆尝试；营造出一种人人谈创新，时时想创新，无处不创新的氛围，推动组织各项创新工作的开展。

3. 制订有弹性的计划

如果想要将创新工作开展好，就必须使计划富有弹性。创新需要时间、物质条件、场所等方面的支持，如果缺少了这些，创新工作将失去基地。管理者如果将其下属的工作日程安排得满满的，并且要求每一个部门在任何时间都严格地制订和执行严密的计划，这就会造成下属无法创新，所以，管理者制订的计划一定要有弹性。

4. 正确对待失败

创新是一项具有很大不确定性的风险性活动，一帆风顺，马到成功，是极为罕见的事情。关于这一点，不仅创新者应该清醒地认识到，而且组织的管理者也必须认识到。只有认识到失败是正常的，甚至是必须的，管理人员才可能允许失败，支持尝试，甚至鼓励失败。当然，支持尝试，允许失败，并不意味着鼓励组织成员马马虎虎，而是要引导创新者不断从失败中总结经验教训，缩短下次失败到成功之间的距离。

5. 建立合理的奖惩制度

管理系统还需要建立起合理的评价和奖惩制度。创新的原始动机也许是个人的成就感、自我实现的需要，但是如果创新的努力不能得到组织和社会的承认，不能得到公正的评价和合理的报酬，则继续创新的动力就会渐渐失去。所以物质的和精神的激励，也是维持组织不断出现创新成就的保证。

在奖惩方面，要注意物质奖励与精神奖励的结合，并且奖励不能视作“不犯错误的报酬”，而应是对特殊贡献，甚至是对希望做出特殊贡献的努力的报酬。同时，奖励制度要既能促进内部之间的竞争，又能保证成员间的合作。内部的竞争与合作对创新者是重要的，防止相互封锁和保密、破坏合作的现象。

研讨与质疑

对于管理者而言，将组织创新活动总结成以上5点是否适当？有需要补充的吗？

9.4 企业管理创新

管理情景

小天鹅的“末日管理”

无锡小天鹅公司是一个以国有资本为主体的股份制企业。几年来，在企业内部推行“末日管理”，以建立全球性“横向比较”的信息体系手段，以全员化、立体化、规范化的营销管理体系为支柱，以强有力的人才开发机制为保证，从追求卓越到追求完善，小天鹅人的危机意识已成为全体员工的共同意识。

(1) 竞争就是争取消费者。小天鹅运用特殊的比较法参与竞争，将传统的“纵向”改为“横向”，比出了“危机”。

(2) 参与竞争就是提高市场占有率。市场占有率既是企业成功的条件，又是企业成功的标志。占有了市场就是争取了消费者。

(3) 建立面对市场的全员化、立体化、规范化的营销管理体系。全员化就是多让职工参与营销。立体化就是企业内部在生产、科技、营销、人事等方面面对市场发扬团队精神，参与市场竞争；规范化就是把行之有效的营销方式制度化。

(4) 注重服务。小天鹅在服务上推出了“金奖产品信誉卡”的承诺，将服务监督权交给了用户，把服务公约公布于中，坚持做到“1，2，3，4，5”的特色服务。

(5) 实施名牌战略，扩大经济规模，提高竞争力。经营只是今天，创新才是明天，随着市场经济的深入，末日管理又有了新的拓展，推行战略联盟，壮大销售同盟军，也壮大了小天鹅自己。

【讨论】

1. 管理的创新职能在这个案例中体现在什么地方？

2. 小天鹅的末日管理的最大的特点是什么？

理论研习

9.4.1 我国企业管理创新面临的挑战

我国企业目前正处于一个巨大创新的时期。在这一时期，我国企业既要使自己能够与经济体系的转变同步，又要使本来管理水平就不高的企业状况能够得以改变并有所创新，以便跟上世界现代企业管理发展的步伐。这种双重任务使我国的企业在其发展过程中面临着管理创新的挑战。

1. 经济制度和体系创新的挑战

我国要由计划经济制度和体系向市场经济制度和体系转变，这种转变意味着企业要对原有的经营理念、生产运作方式、管理方式等进行扬弃和取舍，并重新在企业运行过程中学习和建立一套新的理念、方式和方法。企业在市场竞争中会遇到各种各样现代经营管理上的问题，这些问题在现代企业管理中已经得到解决或者正在探讨，但对于我国的企业来说却需要在实践中进行探索。

2. 知识经济和经济全球化的挑战

在我国加入 WTO 之后，面对的不再是相对封闭的国内市场，而是一个在世界贸易组织规则之下的、开放而畅通的国际大市场，制度性开放将把我国经济发展提升到一个新的水平，我国企业经营和管理与国际管理的接轨势在必行。但是我国多数企业尚未从根本上解决这个“转型”问题，导致企业经济效益不高等各种问题。

3. 企业制度创新的挑战

我国企业在改革进程中要将现有的制度创新为现代企业制度，我国企业面临着产权的重新确认等各种情况。尽管近年来，我国有很多企业以产权为核心进行了深化改革，但并没有做到产权明晰，产权不明晰，企业就丧失了所有制基础优势，竞争力必然大为削弱，这对我国企业来说无疑是一种巨大挑战。

4. 现代生产运作管理方式的挑战

随着信息技术和现代生产运作管理技术的飞速发展，国外许多企业以智能化、数字化、虚拟化、网络化等提升企业竞争力。而我国许多企业才刚刚将计算机等现代管理手段和技术运用到生产运作领域。因此，我国企业面临着迅速将管理手段现代化的过程，否则在全球化竞争中无法与国外先进企业进行竞争，从而将会被淘汰。

5. 技术创新能力薄弱的挑战

当今世界的竞争，归根到底是科技实力与技术创新能力的竞争。我国的教育水平和科技水平总体还比较落后，市场机制正在建立，科技转化为现实生产力的能力比较薄弱，科技对经济的贡献率还不是很高。许多企业缺少拥有自主知识产权的技术和产品，生产工艺落后，缺乏国际竞争力等。存在这些的问题的实质在于技术创新能力不够，产业创新体系和机制尚未完全形成。

9.4.2 我国企业管理创新的阻力

我国企业在经济全球化竞争中要遵循新的游戏规则，创新是唯一的出路，在进行管理创新时不可避免地会遇到阻力。根据我国企业的实际情况，企业在管理创新过程中通常会出现以下方面的阻力。

1. 创新思维的缺少

事实证明，旧的习惯、观念和思维定势，是创新的最大阻力。创新者最重要的是发现自己的思想禁锢，能及时地突破思想的“重围”，走向新的天地。然而，许多管理者都不愿意改变前人和现有的思想，以致于许多管理活动不能有新的见解、新的发现、新的突破。

2. 观念上墨守成规

创新的最大阻力不是来源于技术的改进，也不是来源于先进体系的缺乏，而来源于观念的改变。中国很多企业长期以来习惯于计划经济体制下的经营管理，对市场经济快速多变的情况感到不适应，因此企业在不得不进行创新时往往首先要克服来自观念方面的墨守成规。

3. 目标过高，没有可行性

由于我国企业整体水平不高，在制定创新目标时，不应好高骛远或照搬成功企业的创新经验，使得企业创新目标过高，导致阻碍了企业创新。如果企业在创新活动过程中，没有仔细分析西方国家成功企业的管理理论和方法的适用性，在不了解这些理论和方法的来龙去脉的情况下就生搬硬套或是张冠李戴，其结果势必适得其反。

【管理漫画】

◎管理者不要“张冠李戴”哦

4. 目光短浅

有很多企业由于目光短浅，仅考虑眼前利益或畏难不前，不能进行创新，其结果是这样的组织不能产生创新的火苗，在竞争中被淘汰。还有的情况是有很多人认为管理创新不符合组织的目标和最佳利益，为一时的得失而斤斤计较，看不到创新对组织的长远影响而错失创新的良机。

5. 过度分析论证，扼杀创新萌芽

管理本身具有不可复制性，对于创新，更意味着前无古人，它总包含着一定的风险因素。挑剔的眼光以及过度的分析、论证都可能将创新扼杀在摇篮之中。实质上任何一种行动方案，在实施过程中势必都会随着实际情况的变化而调整，通过一个反馈的环节而日趋完善。我国很多企业在实施创新时为了求稳求好，往往会因为这个原因导致创新破灭。

9.4.3 克服阻力的对策

管理者要成功地实施管理创新，必须克服来自各个方面的阻力，争取员工的合作。

1. 思维创新

现代组织的一切创新活动首先是思维的创新，管理者的创新思维是管理创新的基本前提和内容。创新思维并不十分看重别人的经验和方法，不完全遵循现有的程序，它在方式、方法、程序、途径等各方面都是没有框框的，因而可以自由想象，可以多方位地试探解决问题的方法。

对于管理者来说，是否具有创新思维，是由各个方面的因素决定的，他的管理经验、知识水平和文化素养都是创新思维的前提。但在管理活动中，最能激发管理者的创新思维的因素是目标、意志、兴趣、情感等。创新思维不是无源之水，人要进行创新思维，必须具备一定的知识和经验，知识和经验越丰富往往越能够进行创新思维。

拓展知识

地图的另一面

一天早上，一位贫困的牧师，为了转移哭闹不止的儿子的注意力，将一幅色彩缤纷的世界地图，撕成许多细小的碎片，丢在地上，许诺说：“小约翰，你如果能拼起这些碎片，我就给你二角五分钱。”牧师以为这件事会使约翰花费上午的大部分时间，但没有十分钟，小约翰便拼好了。牧师：“孩子，你怎么拼得这么快？”小约翰很轻松地答道：“在地图的另一面是一个人的照片，我把这个人的照片拼在一起，然后把它翻过来。我想，如果这个‘人’是正确的，那么，这个‘世界’也就是正确的。”牧师微笑着给了儿子二角五分钱。

管理启示：完成目标不仅只有一种方法。自由想象，多方位地试探可以很好的解决问题。

2. 观念创新

观念创新是企业创新的先导，决定企业的生死存亡。企业观念创新就是指形成能够比以前更好地适应环境的变化并更有效地利用资源的新概念或新构想的活动。管理创新是一个否定自我的过程，要超越固有的思维模式，打破旧的利益分配格局。

我国企业遇到的许多问题之所以束手无策，就是因为观念受到了束缚，我们已经习惯于在自己熟悉的范围内寻找对策，而事实上现在的环境与过去相比已经发生了根本性的变化。企业管理者和员工应该不断学习、吸收先进企业的管理创新思想和经验，首先从思想上树立创新的意识。企业的经营者应该主动进行观念创新，以便适应现在这个变化迅速的企业外部环境。

3. 领导风格的创新

任何一种实施工作，首先都需要有一支强有力的创新领导队伍。没有好的领导，创新很难取得成功。创新的决策和运行需要控制，这就要求各级主管得善于领导，还应该具有创造、沟通远景与策略的能力，这也就意味着企业管理者对自身的领导能力要有非常清醒的认识。我国企业管理者在进行创新时，应该重新审视自己的领导风格，打破传统的等级观念，改变依靠命令推行创新的思想，通过建立适合企业长远发展的创新目标和措施以及与企业内外部环境的沟通与协调推行创新。

4. 实事求是地分析企业实际情况

企业在进行创新时，目标过高或目光短浅都可能导致创新失败。这就要求企业能够客观地评价历史和现状。只有对历史和现状都提出了正确的评价，才可能让人员在认识上体会到创新的理由，制定合理的目标和采取正确的措施。在分析企业情况时，要防止出现前面提到过的过度论证分析的情况，导致创新裹足不前。

5. 创新计划的交流

管理机关应该在创新之前，提前对员工进行教育，使员工做好创新的准备，需要向员工传达创新的动因、性质、内容、目的以及可能的结果等。有时就算是管理机关的改革建议能使每个人收益，人们也可能因为没有领会它的目的而反对它。此时，管理层和员工之间的良好沟通可以预防或消除抵制。管理应该在沟通的基础之上再引导员工参与到创新计划的制订和实施中来。

除了组织内部的成员外，还必须顾及利益相关的外部人员，如政府机关等，因为有时外部力量对创新也起着很重要的作用。为了创新的成功实施，企业对这些外部环境也不应该忽视。

研讨与质疑

根据所学的我国企业管理创新的内容，谈谈我国企业管理创新的趋势如何？

职业能力训练

知识测试

1. 什么是创新？创新与维持在管理过程中有哪些关系和作用？
2. 利用你所了解的创新或改革实际说明管理创新的特征。
3. 管理创新的作用表现在哪些方面？
4. 简述管理创新的内容体系。
5. 创新过程包括哪些阶段的工作？如何进行有效的创新？
6. 简述提高我国企业管理创新能力的方法。

7. 简述管理创新过程的组织。
8. 简述我国企业管理创新面临的挑战。
9. 简述我国企业管理创新的阻力。
10. 简述克服创新阻力的对策。

学生小论坛

1. 为什么说“维持和创新是管理的本质内容，有效的管理在于适度的维持与创新的组合”？结合实例来说明。

2. 根据你对观念创新的了解，你怎样看待观念创新在企业创新系统中的地位和作用？

技能训练

实训项目 管理创新计划

1. 实训目标

(1) 训练科学分析问题的能力。
(2) 训练创造性思维。
(3) 培养出管理创新能力。

2. 实训内容

(1) 以模拟公司为单位，针对教学、学生管理工作中的一个突出问题，提出解决这一问题的创新方案。如果有条件，提倡深入某一个社会组织进行调研，解决该组织的实际问题。
(2) 运用本章提出的创造性解决问题模型，按照其程序深入分析该问题。
(3) 运用头脑风暴法等方式，形成解决这一问题的创意。
(4) 提出本公司创新方案，制订创新计划。
(5) 以班级为单位，召开创新方案论证会。各公司代表介绍，其他公司成员质疑与评价。

3. 实训效果

(1) 评价对问题的分析解决过程是否符合创造性解决问题模型的基本程序与要求，按照三分准则评分。
(2) 评价各公司解决方案创意的创新程度，按照二分准则评分。
(3) 根据各公司的创新计划及在会上的表现，按照三分准则评分。

参 考 文 献

[1] 张铃枣．管理学概论[M]．厦门：厦门大学出版社，2006．
[2] 莫寰，等．新编管理学[M]．北京：清华大学出版社，2005．
[3] 戴淑芬．管理学教程[M]．2 版．北京：北京大学出版社，2005．
[4] 王俊柳．管理学教程[M]．北京：清华大学出版社，2005．
[5] 李金，等．管理学原理[M]．北京：北京工业大学出版社，2004．
[6] 王冰，等．管理学——理论与实践[M]．北京：电子工业出版社，2011．
[7] 孙凤芝，等．管理学原理[M]．青岛：中国海洋大学出版社，2004．
[8] 李镜．管理学基础[M]．3 版．大连：大连理工大学出版社，2010．
[9] 张卓．管理学[M]．北京：科学出版社，2011．
[10] 李杰，等．管理学原理[M]．北京：清华大学出版社，2011．
[11] 张永良．管理学基础[M]．北京：北京理工大学出版社，2010．
[12] 吴照云．管理学[M]．5 版．北京：中国社会科学出版社，2006．
[13] 刘汉一，等．管理学[M]．湖北：武汉大学出版社，2009．
[14] 高兴，等．管理能人 88 天特训[M]．黑龙江：黑龙江人民出版社，1999．
[15] 孙永波，等．管理学[M]．徐州：中国矿业大学出版社，2005．
[16] 施斌．管理学基础[M]．海口：南海出版公司，2004．
[17] 谭力文．管理学[M]．北京：高等教育出版社，2010．
[18] 刘宁杰，等．管理学辅导用书[M]．北京：中国财政经济出版社，2005．
[19] 赵涛．管理学习题库[M]．天津：天津大学出版社，2005．
[20] 余敬，等．管理学案例精析[M]．北京:地质出版社，2006
[21] 宋瑞卿，等．管理学[M]．北京：中国财政经济出版社，2004．
[22] 崔生祥，等．管理学[M]．武汉：武汉理工大学出版社，2005．
[23] 王俊柳，等．管理学教程 [M]．北京：清华大学出版社，2003．
[24] 顾宝炎．管理学导论[M]．上海：东方出版中心，1991．
[25] 李品媛．管理学[M]．大连：东北财经大学出版社，2005．
[26] 朱秀文．管理学教程[M]．天津：天津大学出版社，2004．
[27] 陈红，等．管理学[M]．徐州：中国矿业大学出版社，2004．
[28] 杨想生，等．管理学原理[M]．北京：科学出版社，2004．
[29] 王凤彬，等．管理学教学案例精选[M]．上海：复旦大学出版社，2009．
[30] 都国雄．管理原理[M]．南京：东南大学出版社，2003．
[31] 孙永正．管理学[M]．北京：清华大学出版社，2003．
[32] 胡延松，等．管理学教程[M]．上海：立信会计出版社，2004．
[33] 张瑞夫，等．管理学——知识与技能[M]．上海：同济大学出版社，2006．
[34] 单凤儒．管理学基础[M]．3 版．北京：高等教育出版社，2008．
[35] 魏旭东．管理学基础[M]．大连：大连理工大学出版社，2010．
[36] 赵应文．组织行为学概论[M]．北京：清华大学出版社，2011．
[37] 张娓．变革管理[M]．北京：中国纺织出版社，2004．
[38] 陈红，等．管理学[M]．徐州：中国矿业大学出版社，2004．
[39] 黄仕楚．管理学基础[M]．长沙：国防科技大学出版社，2005．
[40] [美]史蒂芬 • P • 罗宾斯．管理学原理[M]．毛蕴诗，等译．5 版．大连：东北财经大学出版社，2005．

[41] [美]斯蒂芬・P・罗宾斯. 管理学[M]. 孙健敏，等译. 9版. 北京：中国人民大学出版社，2008.
[42] 徐光华，等. 管理学：原理与应用[M]. 北京：清华大学出版社；北京交通大学出版社，2004.
[43] 吴文辉. 管理学基础[M]. 北京：北京理工大学出版社，2011.
[44] 蒋永忠，等. 管理学基础. 大连：东北财经大学出版社，2006.
[45] 周三多. 管理学[M]. 2版. 北京：高等教育出版社，2005.
[46] 蒋永忠，等. 管理学基础[M]. 大连：东北财经大学出版社，2006.
[47] 李昱. 管理学[M]. 武汉：武汉大学出版社，2009.
[48] 刘志坚，等. 管理学——原理与案例[M]. 广州：华南理工大学出版社，2005.
[49] 蒋丽君. 管理学原理[M]. 杭州：浙江大学出版社，2004.
[50] 孙军. 管理学[M]. 北京：机械工业出版社，2003.
[51] 孙晓红，等. 管理学[M]. 大连：东北财经大学出版社，2005.
[52] 朱占峰，等. 管理学原理[M]. 武汉：武汉理工大学出版社，2005.
[53] 许洁虹. 管理学教程[M]. 广州：中山大学出版社，2005.
[54] 赵丽芬. 管理理论与实务[M]. 北京：清华大学出版社，2004.
[55] 赵丽芬. 管理学教程[M]. 上海：立信会计出版社，2006.
[56] 蒋运通，等. 管理学[M]. 北京：北京工业大学出版社，2004.
[57] 许庆瑞. 管理学[M]. 北京：高等教育出版社，2005.
[58] 朱雪琴. 管理学原理[M]. 北京：清华大学出版社，2011.

北京大学出版社第六事业部高职高专经管教材书目

本系列教材的特色：

1. 能力本位。以学生为主体，让学生看了就能会，学了就能用；以教师为主导，授人以渔；以项目为载体，将技能与知识充分结合。

2. 内容创新。内容选取机动、灵活，适当融入新技术、新规范、新理念；既体现自我教改成果，又吸收他人先进经验；保持一定前瞻性，又避免盲目超前。

3. 精编案例。案例短小精悍，能佐证知识内容；案例内容新颖，表达当前信息；案例以国内中小企业典型事实为主，适合高职学生阅读。

4. 巧设实训。实训环节真实可行，实训任务明确，实训目标清晰，实训内容详细，实训考核全面，切实提高能力。

5. 注重立体化。既强调教材内在的立体化，从方便学生学习的角度考虑，搭建易学易教的优质的纸质平台，又强调教材外在的立体化，以立体化精品教材为构建目标，网上提供完备的教学资源。

专业基础课系列

序号	书　　名	书　　号	版次	定价	出版时间	主　　编
1	财经法规	978-7-81117-885-2	1-2	35	2012 年 2 月	李萍，亓文会
2	财经英语阅读	978-7-81117-952-1	1-3	29	2013 年 1 月	朱琳
3	经济学基础	978-7-301-21034-5	1-2	34	2014 年 7 月	陈守强
4	经济学基础	978-7-301-22536-3	1-1	32	2013 年 5 月	王平
5	管理学基础	978-7-81117-974-3	1-3	34	2012 年 5 月	李蔚田
6	管理学原理	978-7-5038-4841-4	1-3	26	2010 年 7 月	季辉，冯开红
7	管理学实务教程	978-7-301-21324-7	1-2	33	2015 年 1 月	杨清华
8	管理学原理与应用	978-7-5655-0065-7	1-2	27	2012 年 8 月	秦虹
9	管理心理学	978-7-301-23314-6	1-1	31	2013 年 10 月	蒋爱先，杨元利
10	人力资源管理实务	978-7-301-19096-8	1-2	30	2013 年 7 月	赵国忻，钱程
11	公共关系实务	978-7-301-20096-4	1-1	32	2012 年 3 月	李东，王伟东
12	现代公共关系原理与实务	978-7-5038-4835-3	1-2	25	2010 年 3 月	张美清
13	经济法实用教程	978-7-81117-675-9	1-3	39	2011 年 11 月	胡卫东，吕玮
14	经济法原理与实务	978-7-5038-4846-9	1-3	38	2009 年 7 月	孙晓平，邓敬才

财务会计系列

序号	书　　名	书　　号	版次	定价	出版时间	主　　编
1	财务活动管理	978-7-5655-0162-3	1-2	26	2013 年 1 月	石兰东
2	财务管理	978-7-301-17843-0	1-2	35	2013 年 1 月	林琳，蔡伟新
3	财务管理	978-7-5655-0328-3	1-2	29	2013 年 7 月	翟其红
4	财务管理教程与实训	978-7-5038-4837-7	1-3	37	2009 年 11 月	张红，景云霞
5	财务管理实务教程	978-7-301-21945-4	1-1	30	2013 年 2 月	包忠明，何彦
6	中小企业财务管理教程	978-7-301-19936-7	1-1	28	2012 年 1 月	周兵
7	财务会计（第 2 版）	978-7-81117-975-6	2-1	32	2010 年 3 月	李哲
8	财务会计	978-7-5655-0117-3	1-1	40	2011 年 1 月	张双兰，李桂梅
9	财务会计	978-7-301-20951-6	1-1	32	2012 年 7 月	张严心，金敬辉
10	财务会计实务	978-7-301-22005-4	1-1	36	2013 年 1 月	管玲芳
11	Excel 财务管理应用	978-7-5655-0358-0	1-2	33	2013 年 5 月	陈立稳
12	Excel 在财务和管理中的应用	978-7-301-22264-5	1-2	33	2014 年 6 月	陈跃安，张建成，袁淑清，刘啸尘
13	会计基本技能	978-7-5655-0067-1	1-3	26	2012 年 9 月	高东升，王立新
14	会计基础实务	978-7-301-21145-8	1-1	27	2012 年 8 月	刘素菊，潘素琼
15	会计基础实训	978-7-301-19964-0	1-1	29	2012 年 1 月	刘春才
16	会计英语	978-7-5038-5012-7	1-2	28	2009 年 8 月	杨洪
17	企业会计基础	978-7-301-20460-3	1-1	33	2012 年 4 月	徐炳炎
18	初级会计实务	978-7-301-23586-7	1-1	40	2014 年 1 月	史新浩，张建峰
19	初级会计实务学习指南	978-7-301-23511-9	1-1	30	2014 年 1 月	史新浩，朱云萍
20	基础会计实务	978-7-301-23843-1	1-1	30	2014 年 2 月	郭武燕
21	基础会计	978-7-5655-0062-6	1-1	28	2010 年 8 月	常美
22	基础会计教程	978-7-81117-753-4	1-1	30	2009 年 7 月	侯颖

序号	书　名	书　号	版次	定价	出版时间	主　编
23	基础会计教程与实训(第2版)	978-7-301-16075-6	2-3	30	2014年5月	李洁，付强
24	基础会计实训教程	978-7-5038-5017-2	1-3	20	2011年6月	王桂梅
25	基础会计原理与实务	978-7-5038-4849-0	1-3	28	2009年8月	侯旭华
26	成本费用核算	978-7-5655-0165-4	1-2	27	2012年9月	王磊
27	成本会计	978-7-5655-0130-2	1-1	25	2010年12月	陈东领
28	成本会计	978-7-301-21561-6	1-1	27	2012年11月	潘素琼
29	成本会计	978-7-301-19409-6	1-2	24	2012年11月	徐亚明，吴雯雯
30	成本会计	978-7-81117-592-9	1-3	28	2012年7月	李桂梅
31	成本会计实务	978-7-301-19308-2	1-1	36	2011年8月	王书果，李凤英
32	成本会计实训教程	978-7-81117-542-4	1-4	23	2013年1月	贺英莲
33	会计电算化实用教程	978-7-5038-4853-7	1-1	28	2008年2月	张耀武，卢云峰
34	会计电算化实用教程(第2版)	978-7-301-09400-6	2-1	20	2008年6月	刘东辉
35	会计电算化项目教程	978-7-301-22104-4	1-2	34	2014年1月	亓文会，亓凤华
36	会计电算化技能实训	978-7-301-23966-7	1-1	40	2014年2月	李焱
37	电算会计综合实习	978-7-301-21096-3	1-1	38	2012年8月	陈立稳，陈健
38	审计学原理与实务	978-7-5038-4843-8	1-2	32	2010年7月	马西牛，杨印山
39	审计业务操作	978-7-5655-0171-5	1-2	30	2013年1月	涂申清
40	审计业务操作全程实训教程	978-7-5655-0259-0	1-2	26	2012年4月	涂申清
41	实用统计基础与案例	978-7-301-20409-2	1-2	35	2013年7月	黄彬红
42	统计基础理论与实务	978-7-301-22862-3	1-2	34	2014年7月	康燕燕，刘红英
43	统计学基础	978-7-81117-756-5	1-2	30	2011年1月	阮红伟
44	统计学原理	978-7-301-21924-9	1-1	36	2013年1月	吴思莹，刑小博
45	统计学原理	978-7-81117-825-8	1-3	25	2011年11月	廖江平，刘登辉
46	统计学原理与实务	978-7-5038-4836-0	1-5	26	2010年7月	姜长文
47	管理会计	978-7-301-22822-7	1-1	34	2013年7月	王红珠，邵敬浩
48	预算会计	978-7-301-20440-5	1-1	39	2012年5月	冯萍
49	行业特殊业务核算	978-7-301-18204-8	1-1	30	2010年12月	余浩，肖秋莲

财政金融系列

序号	书名	书号	版次	定价	出版时间	主编
1	财政基础与实务	978-7-5038-4840-7	1-2	34	2010年1月	才凤玲
2	财政与金融	978-7-5038-4856-8	1-2	37	2008年8月	谢利人
3	涉税业务核算	978-7-301-18287-1	1-1	29	2011年1月	周常青
4	税务代理实务	978-7-301-22848-7	1-1	34	2013年7月	侯荣新，赵晶
5	新编纳税筹划	978-7-301-22770-1	1-1	30	2013年7月	李丹
6	纳税申报与筹划	978-7-301-20921-9	1-2	38	2014年6月	李英艳，黄体允
7	企业纳税计算与申报	978-7-301-21327-8	1-1	30	2012年10月	傅凤阳
8	企业纳税实务	978-7-5655-0188-3	1-1	25	2011年1月	王建辉，司宇佳
9	企业纳税与筹划实务	978-7-301-20193-0	1-1	38	2012年3月	郭武燕
10	税务会计实用教程	978-7-5038-4848-3	1-2	37	2007年8月	李克桥
11	资产评估	978-7-81117-645-2	1-3	40	2013年8月	董亚红
12	货币银行学	978-7-301-21181-6	1-1	37	2012年9月	王菲，李松华
13	货币银行学	978-7-5038-4838-4	1-4	28	2012年6月	曹艺，卞桂英
14	金融英语	978-7-81117-537-0	1-3	24	2010年9月	刘娣
15	国际金融	978-7-301-21097-0	1-1	26	2012年8月	张艳清
16	国际金融实务	978-7-301-21813-6	1-1	36	2013年1月	付玉丹
17	国际金融基础与实务	978-7-5038-4839-1	1-2	33	2007年8月	冷丽莲
18	国际投资	978-7-301-21041-3	1-1	33	2012年8月	高田歌
19	保险实务	978-7-301-20952-3	1-1	30	2012年7月	朱丽莎
20	商业银行会计实务	978-7-301-21132-8	1-1	35	2012年8月	王启姣
21	商业银行经营管理	978-7-301-21294-3	1-1	27	2012年9月	胡良琼，李远慧
22	商业银行综合柜台业务	978-7-301-23146-3	1-1	30	2013年9月	曹俊勇，杨天平

经济贸易系列

序号	书　名	书　号	版次	定价	出版时间	主　编
1	国际贸易概论	978-7-81117-841-8	1-4	28	2012年4月	黎国英
2	国际贸易理论与实务	978-7-5038-4852-0	1-2	40	2007年8月	程敏然
3	国际结算	978-7-5038-4844-5	1-2	32	2009年7月	徐新伟
4	国际结算	978-7-81117-842-5	1-2	25	2012年7月	黎国英
5	国际贸易结算	978-7-301-20980-6	1-1	31	2012年7月	罗俊勤

序号	书　　名	书　　号	版次	定价	出版时间	主　　编
6	国际贸易实务	978-7-301-20929-5	1-1	30	2012 年 8 月	夏新燕
7	国际贸易实务	978-7-301-16838-7	1-1	26	2012 年 8 月	尚洁，肖新梅
8	国际贸易实务	978-7-301-22739-8	1-1	33	2013 年 7 月	刘笑诵
9	国际贸易实务	978-7-301-19393-8	1-2	34	2013 年 1 月	李湘滇，刘亚玲
10	国际贸易实务	978-7-301-20192-3	1-2	25	2013 年 5 月	刘慧，吕春燕
11	国际贸易实务操作	978-7-301-19962-6	1-2	37	2014 年 1 月	王言炉，刘颖君
12	国际贸易与国际金融教程	978-7-301-22738-1	1-1	31	2013 年 7 月	蒋晶，石如璧
13	报关实务	978-7-301-21987-4	1-1	35	2013 年 1 月	董章清，李慧娟
14	报关与报检实务	978-7-301-16612-3	1-2	37	2014 年 6 月	农晓丹
15	报检报关业务：认知与实操	978-7-301-21886-0	1-1	38	2013 年 1 月	姜维
16	进出口商品通关	978-7-301-23079-4	1-1	25	2013 年 8 月	王巾，佘雪锋
17	进出口贸易实务	978-7-5038-4842-1	1-2	30	2008 年 5 月	周学明
18	国际海上货运代理实务	978-7-301-22629-2	1-1	27	2013 年 6 月	肖旭
19	国际货运代理实务	978-7-301-21968-3	1-1	38	2013 年 1 月	张建奇
20	国际商务单证	978-7-301-20974-5	1-1	29	2012 年 7 月	刘慧，杨志学
21	外贸单证	978-7-301-17417-3	1-1	28	2011 年 9 月	程文吉，张帆
22	新编外贸单证实务	978-7-301-21048-2	1-1	30	2012 年 8 月	柳国华
23	商务谈判	978-7-301-20543-3	1-1	26	2012 年 5 月	尤凤翔，祝拥军
24	商务谈判	978-7-5038-4850-6	1-2	32	2009 年 8 月	范银萍
25	商务谈判实训	978-7-301-22628-5	1-1	23	2013 年 6 月	夏美英，徐姗姗
26	国际商务谈判（第 2 版）	978-7-301-19705-9	2-2	35	2014 年 1 月	刘金波，王葳
27	国际商务谈判	978-7-81117-532-5	1-3	33	2010 年 1 月	卞桂英，刘金波
28	商务英语学习情境教程	978-7-301-18626-8	1-1	27	2011 年 8 月	孙晓娟
29	外贸英语函电	978-7-301-21847-1	1-1	28	2012 年 12 月	倪华
30	国际商法实用教程	978-7-5655-0060-2	1-2	35	2012 年 4 月	聂红梅，史亚洲
31	国际市场营销项目教程	978-7-301-21724-5	1-1	38	2012 年 12 月	李湘滇
32	互联网贸易实务	978-7-301-23297-2	1-1	37	2013 年 10 月	符静波
33	外贸综合业务项目教程	978-7-301-24070-0	1-1	38	2014 年 4 月	李浩妍

工商管理系列

序号	书　　名	书　　号	版次	定价	出版时间	主　　编
1	企业管理	978-7-5038-4858-2	1-3	34	2010 年 7 月	张亚，周巧英
2	企业管理实务	978-7-301-20657-7	1-1	28	2012 年 5 月	关善勇
3	企业经营 ERP 沙盘实训教程	978-7-301-21723-8	1-1	29	2013 年 1 月	葛颖波，张海燕
4	企业经营管理模拟训练（含记录手册）	978-7-301-21033-8	1-1	29	2012 年 8 月	叶萍，宫恩田
5	ERP 沙盘模拟实训教程	978-7-301-22697-1	1-1	25	2013 年 6 月	钮立新
6	现代企业管理	978-7-81117-806-7	1-1	38	2009 年 8 月	于翠华，贾志林
7	企业行政管理	978-7-301-23056-5	1-1	25	2013 年 9 月	张秋埜
8	企业行政工作实训	978-7-301-23105-0	1-1	32	2013 年 9 月	楼淑君
9	现代物流管理	978-7-5038-4854-4	1-4	37	2011 年 7 月	沈默，李承霖
10	管理信息系统	978-7-81117-802-9	1-1	30	2009 年 7 月	刘宇
11	通用管理实务	978-7-81117-829-6	1-2	39	2011 年 1 月	叶萍
12	中小企业管理（第 2 版）	978-7-301-21124-3	2-2	39	2013 年 5 月	吕宏程，董仕华
13	中小企业管理	978-7-81117-529-5	1-4	35	2011 年 8 月	吕宏程
14	连锁经营与管理	978-7-5655-0019-0	1-4	37	2013 年 8 月	宋之苓
15	秘书与人力资源管理	978-7-301-21298-1	1-2	25	2013 年 8 月	肖云林，周君明
16	秘书理论与实务	978-7-81117-590-5	1-1	26	2008 年 12 月	赵志强
17	商务沟通实务	978-7-301-18312-0	1-4	31	2013 年 7 月	郑兰先
18	职场沟通实务	978-7-301-16175-3	1-2	30	2012 年 8 月	吕宏程，程淑华
19	商务礼仪	978-7-5655-0176-0	1-2	29	2012 年 7 月	金丽娟
20	商务礼仪	978-7-81117-831-9	1-4	33	2014 年 7 月	李巍
21	现代商务礼仪	978-7-81117-855-5	1-3	24	2012 年 6 月	覃常员，张幸花
22	商务统计实务	978-7-301-21293-6	1-1	29	2012 年 9 月	陈晔武
23	连锁门店管理实务	978-7-301-23347-4	1-1	36	2014 年 1 月	庞德义
24	连锁门店开发与设计	978-7-301-23770-0	1-1	34	2014 年 3 月	马凤棋
25	现代企业管理（第 2 版）	978-7-301-24054-0	2-1	35	2014 年 4 月	刘磊

市场营销系列

序号	书　名	书　号	版次	定价	出版时间	主　编
1	市场营销	978-7-81117-957-6	1-2	33	2012 年 6 月	钟立群
2	市场营销学	978-7-301-22046-7	1-2	33	2014 年 6 月	饶国霞，徐红梅，朱付金
3	市场营销学	978-7-5038-4859-9	1-2	28	2008 年 8 月	李世宗
4	市场营销理论与实训	978-7-5655-0316-0	1-1	27	2011 年 6 月	路娟
5	市场营销项目驱动教程	978-7-301-20750-5	1-1	34	2012 年 6 月	肖飞
6	市场调查与统计	978-7-301-22890-6	1-1	26	2013 年 7 月	陈惠源
7	市场调查与预测	978-7-5655-0252-1	1-1	27	2011 年 5 月	徐林，王自豪
8	市场调查与预测	978-7-301-19904-6	1-1	31	2011 年 12 月	熊衍红
9	市场调查与预测	978-7-301-23505-8	1-1	34	2014 年 1 月	王水清
10	市场调查与预测情景教程	978-7-301-21510-4	1-1	36	2012 年 11 月	王生云
11	市场调研案例教程	978-7-81117-570-7	1-3	25	2011 年 1 月	周宏敏
12	市场营销策划	978-7-301-22384-0	1-1	36	2013 年 4 月	冯志强
13	营销策划	978-7-301-20608-9	1-1	37	2012 年 5 月	许建民
14	营销策划技术	978-7-81117-541-7	1-2	26	2010 年 12 月	方志坚
15	营销渠道开发与管理	978-7-301-21214-1	1-2	34	2013 年 8 月	王水清
16	推销与洽谈	978-7-301-21278-3	1-1	25	2012 年 9 月	岳贤平
17	现代推销技术	978-7-301-20088-9	1-1	32	2012 年 1 月	尤凤翔，屠立峰
18	消费心理学	978-7-81117-661-2	1-5	31	2012 年 5 月	臧良运
19	消费心理与行为分析	978-7-301-19887-2	1-2	30	2013 年 5 月	王水清，杨扬
20	零售学	978-7-81117-759-6	1-2	33	2011 年 11 月	陈文汉
21	商品学概论	978-7-5038-4855-1	1-3	20	2010 年 7 月	方凤玲，杨丽
22	广告实务	978-7-301-21207-3	1-1	29	2012 年 9 月	夏美英
23	广告原理与实务	978-7-5038-4847-6	1-2	32	2010 年 7 月	郑小兰，谢璐
24	电子商务实用教程	978-7-301-18513-1	1-2	33	2012 年 11 月	卢忠敏，胡继承
25	电子商务项目式教程	978-7-301-20976-9	1-1	25	2012 年 8 月	胡雷
26	电子商务英语	978-7-301-17603-0	1-3	22	2014 年 2 月	陈晓鸣，叶海鹏
27	网络营销理论与实务	978-7-5655-0039-8	1-2	32	2011 年 12 月	范军环，宋沛军，柳西波